高等职业教育"十四五"规划旅游大类精品教材

编委会

总主编

马 勇　教育部高等学校旅游管理类专业教学指导委员会副主任
　　　　湖北大学旅游发展研究院院长，教授、博士生导师

编 委（排名不分先后）

朱承强　全国旅游职业教育教学指导委员会委员
　　　　上海师范大学MTA教育中心主任
　　　　上海旅游高等专科学校酒店研究院院长，教授

郑耀星　全国旅游职业教育教学指导委员会委员
　　　　中国旅游协会理事，福建师范大学教授、博士生导师

王昆欣　全国旅游职业教育教学指导委员会委员
　　　　浙江旅游职业学院党委书记，教授

谢 苏　全国旅游职业教育教学指导委员会委员
　　　　武汉职业技术学院旅游与航空服务学院名誉院长，教授

狄保荣　全国旅游职业教育教学指导委员会委员
　　　　中国旅游协会旅游教育分会副会长，教授

邱 萍　全国旅游职业教育教学指导委员会委员
　　　　四川旅游学院旅游发展研究中心主任，教授

郭 沙　全国旅游职业教育教学指导委员会委员
　　　　武汉职业技术学院旅游与航空服务学院院长，副教授

罗兹柏　中国旅游未来研究会副会长，重庆旅游发展研究中心主任，教授
徐文苑　天津职业大学旅游管理学院教授
叶娅丽　成都纺织高等专科学校旅游教研室主任，教授
赵利民　深圳信息职业技术学院旅游英语专业教研室主任，教授
刘亚轩　河南牧业经济学院旅游管理系副教授
张树坤　湖北职业技术学院旅游与酒店管理学院院长，副教授
熊鹤群　武汉职业技术学院旅游与航空服务学院党委书记，副教授
韩 鹏　武汉职业技术学院旅游与航空服务学院酒店管理教研室主任，副教授
沈晨仕　湖州职业技术学院人文旅游分院副院长，副教授
褚 倍　浙江旅游职业学院人力资源管理专业带头人，副教授
孙东亮　天津青年职业学院旅游专业负责人，副教授
闫立媛　天津职业大学旅游管理学院旅游系专业带头人，副教授
殷开明　重庆城市管理职业学院副教授
莫志明　重庆城市管理职业学院副教授
蒋永业　武汉职业技术学院旅游与航空服务学院讲师
朱丽男　青岛酒店管理职业技术学院旅游教研室主任，讲师
温 燕　浙江旅游职业学院讲师
张丽娜　湖州职业技术学院讲师

高等职业教育"十四五"规划旅游大类精品教材

旅游礼仪实务教程

主　编 ◎ 熊鹤群
副主编 ◎ 张秀兰

Manners and Etiquette in Tourism

华中科技大学出版社
http://press.hust.edu.cn
中国·武汉

内 容 提 要

随着我国旅游业的迅猛发展,熟练掌握旅游服务礼仪已经成为旅游工作者的必然要求。本书根据旅游企业实际工作所涉及的各方面礼仪而设定内容,分为服饰礼仪、仪容仪态礼仪、沟通交际礼仪、服务礼仪和涉外礼仪等章节。每章由"引例"激发学生的学习兴趣;"知识活页"内容辅以图片、增加课外知识,信息量大,生动形象,易于理解;"教学互动"通过角色模拟训练,让学生在做中学、学中练,提高学生的实践操作技能,找出自己在学习中的不足;"同步案例"列举若干相关案例并进行解析,使学生从中直接获得启示,加强学生对知识的理解和巩固。本书注重针对性、实用性和创新性,将着力点放在旅游礼仪的实践练习上,以增强其适用性,扩大其使用范围,使之可以作为高等职业院校、中等专科学校旅游专业学生的礼仪教材,也可作为饭店、旅行社和旅游景区景点等企业人员的培训教材和参考读物。

图书在版编目(CIP)数据

旅游礼仪实务教程/熊鹤群主编. —武汉:华中科技大学出版社,2016.8(2024.8重印)
ISBN 978-7-5680-1802-9

Ⅰ.①旅… Ⅱ.①熊… Ⅲ.①旅游业-礼仪-高等职业教育-教材 Ⅳ.①F590.63

中国版本图书馆 CIP 数据核字(2016)第 103109 号

旅游礼仪实务教程　　　　　　　　　　　　　　　　　　　　　熊鹤群　主编
Lüyou Liyi Shiwu Jiaocheng

策划编辑:李　欢　周小方
责任编辑:苏克超
封面设计:原色设计
责任校对:曾　婷
责任监印:周治超

出版发行:华中科技大学出版社(中国·武汉)　　电话:(027)81321913
　　　　　武汉市东湖新技术开发区华工科技园　　邮编:430223
录　　排:华中科技大学惠友文印中心
印　　刷:武汉市籍缘印刷厂
开　　本:787mm×1092mm　1/16
印　　张:16.5　插页:2
字　　数:402 千字
版　　次:2024 年 8 月第 1 版第 5 次印刷
定　　价:48.00 元

本书若有印装质量问题,请向出版社营销中心调换
全国免费服务热线:400-6679-118　竭诚为您服务
版权所有　侵权必究

总序

大众旅游时代,旅游业作为国民经济战略性支柱产业,对拉动经济增长和实现人民幸福发挥了重要作用。2015年,中国旅游业步入了提质增效时期,旅游业总收入超过4万亿元,对GDP(国内生产总值)的综合贡献率高达10.51%,成为推动我国供给侧改革的新的增长点。伴随着旅游产业的迅猛发展,旅游人才供不应求。因此,如何满足社会日益增长的对高素质旅游人才的需要,丰富旅游人才层次,壮大旅游人才规模,释放旅游人才红利,提升旅游专业学生和从业人员的人文素养、职业道德和职业技能,成为当今旅游职业教育界急需解决的课题。

国务院2014年颁布的《关于加快发展现代职业教育的决定》,表明了党中央、国务院对中国职业教育的高度重视,标志着我国旅游职业教育进入了重要战略机遇期。教育部2015年颁布的《普通高等学校高等职业教育(专科)专业目录(2015年)》中,在旅游大类下设置了旅游类、餐饮类与会展类共12个专业,这为全国旅游职业教育发展提供了切实指引,为培养面向中国旅游业大转型、大发展的高素质旅游职业经理人和应用型人才提供了良好的成长平台。同年,国家旅游局联合教育部发布的《加快发展现代旅游职业教育的指导意见》中,提出"加快构建现代旅游职业教育体系,培养适应旅游产业发展需求的高素质技术技能和管理服务人才"。正是基于旅游大类职业教育变革转型的大背景,出版高质量和高水准的"全国高等职业教育旅游大类'十二五'规划教材"成为当前旅游职业教育发展的现实需要。

基于此,在教育部高等学校旅游管理类专业教学指导委员会和全国旅游职业教育教学指导委员会的大力支持下,在"十三五"开局之时率先

在全国组织编撰出版了"全国高等职业教育旅游大类'十三五'规划教材"。该套教材特邀教育部高等学校旅游管理类专业教学指导委员会副主任、中国旅游协会教育分会副会长、中组部国家"万人计划"教学名师马勇教授担任总主编。为了全方位提升旅游人才的培养规格和育人质量,为我国旅游业的发展提供强有力的人力保障与智力支撑,同时还邀请了全国近百所旅游职业院校的知名教授、学科专业带头人、一线骨干"双师型"教师和"教练型"名师,以及旅游行业专家等参与本套教材的编撰工作。

为了更好地适应"十三五"时期新形势下旅游高素质技术技能和管理服务人才培养与旅游从业人员的实际需要,本套教材在以下四大方向实现了创新与突破。

一是坚持以"新理念"为引领,通过适时把握我国旅游职业教育人才的最新培养目标,借鉴优质高等职业院校骨干专业建设经验,围绕提高旅游专业学生人文素养、职业道德、职业技能和可持续发展能力,尽可能全面地凸显旅游行业的新动态与新热点。

二是坚持以"名团队"为核心,由中国旅游教育界的知名专家学者、骨干"双师型"教师和业界精英人士组成编写团队,他们教学与实践经验丰富,保证了教材的优良品质。

三是坚持以"全资源"为抓手,全面发挥"互联网+"的优势,依托配套的数字出版物,提供教学大纲、PPT、教学视频、习题集和相关专业网站链接等教学资源,强调线上线下互为配套,打造独特的立体教材。

四是坚持以"双模式"为支撑,本套教材分为章节制与项目任务制两种体例,根据课程性质与教材内容弹性选择,积极推行项目教学与案例教学。一方面增加项目导入、同步案例、同步思考、知识活页等模块,以多案例的模式引导学生学习与思考,增强学生的分析能力;另一方面,增加实训操练模块,加大实践教学比例,提升学生的技术技能。

本套教材的组织策划与编写出版,得到了全国旅游业内专家学者和业界精英的大力支持与积极参与,在此一并表示衷心的感谢!应该指出的是,编撰一套高质量的教材是一项十分艰巨的任务,本套教材中难免存在一些疏忽与缺失,希望广大读者批评指正,以期在教材修订再版时予以补充、完善。希望这套教材能够满足"十三五"时期旅游职业教育发展的新要求,让我们一起为现代旅游职业教育的新发展而共同努力吧!

规划教材编委会

2016 年 5 月

前言 Preface

"不学礼,无以立。"早在春秋战国时期,大思想家孔子就把礼仪看作是道德规范,十分重视,整个社会呈现出"以礼为贵"的良好风尚。当今,交际礼仪的重要性更是日益显现,成为衡量个人文明程度和交际技巧的准绳。而在旅游服务中,礼仪不仅关系到个人的形象和旅游服务质量,更关系到国家、民族的形象和社会精神文明建设的进程。正因为礼仪在现代社会生活中的特殊作用,已有不少高等院校把礼仪作为一门必修课程,而"旅游礼仪"更是成为高等院校旅游类专业学生的核心专业课程。

作为新型实用教材,本教材不同于传统旅游礼仪教材的"重理论轻实践",而是对"工学结合、以任务为导向"特色教材编写的一次有益尝试和创新。其内容是根据旅游企业实际工作所涉及的各方面礼仪而设定的,分为基础知识、服饰礼仪、仪容礼仪、仪态礼仪、交际礼仪、沟通礼仪、服务礼仪、涉外礼仪、宗教礼仪共9章,每章就是一个旅游礼仪活动训练单元,由"引例"、"知识活页"、"教学互动"、"同步案例"、"同步思考"几个部分组成。"引例"激发学生的学习兴趣、启发学生思考;"知识活页"内容翔实,信息量大,辅以图片,生动形象,易于理解,便于学生学习和参考,也便于旅游从业人员系统全面地掌握旅游礼仪的知识和规范;"教学互动"通过角色模拟训练,让学习在做中学、在学中练,提高学生的实践操作技能,找出自己在学习礼仪方面存在的疏漏和不足;"同步案例"列举了若干案例并进行解析,使学生从中直接获得启示,并加强学生对知识的理解,提高分析问题的能力;"同步思考"精选相关礼仪知识,激发学生自主思考的能力,开阔视野,拓展思维,提高旅游礼仪文化素养。

本教材由武汉职业技术学院熊鹤群任主编,武昌职业学院张秀兰任副主编,由武汉职业技术学院彭婷、武汉民政职业学院梅俊方、山东旅游职业学院张婷婷等参编。参编者均是各高职院校的旅游类"双师型"专业

教师,既有多年的教育教学经验,也有企业挂职锻炼的经历,对旅游服务礼仪有深刻认识。

具体编写任务分工如下:第一、六章由张秀兰编写;第二、三章由彭婷编写;第四、五章由梅俊方编写;第七、八章由张婷婷编写;第九章由熊鹤群编写。

本教材可作为高等职业院校、中等专科学校旅游专业学生的礼仪教材,也可作为饭店、旅行社和旅游景区景点等企业人员的培训教材和参考读物。

在本教材出版之际,衷心感谢本教材所有参考文献涉及的作者和编者,他们杰出的研究成果为本教材增添了光彩。本教材从网络及其他相关资料中参考并引用了诸多图片和表格,由于篇幅有限,未能将作者及图片中的相关人员的信息一一列出,我们表示由衷的歉意和衷心的感谢。本教材的出版也得到了华中科技大学出版社的大力支持,在此一并致谢。

尽管我们在本教材的特色建设方面已经做出了很大努力,但由于高职教育的发展尚处于发展阶段,教材建设还处于探索阶段,因此难免存在不足之处,恳请各位读者在使用本教材的过程中提出宝贵意见,以便我们进一步修订与完善。

编 者
2016 年 4 月

目录 Contents

第一章　基础知识
第一节　礼仪的基本概念　/2
第二节　旅游礼仪的含义与作用　/20

第二章　服饰礼仪
第一节　旅游从业人员服饰礼仪概述　/30
第二节　旅游从业人员着装礼仪　/35
第三节　旅游从业人员配饰礼仪　/48

第三章　仪容礼仪
第一节　仪容礼仪基本概述　/56
第二节　仪容礼仪——头发修饰　/62
第三节　仪容礼仪——面部修饰　/67

第四章　仪态礼仪
第一节　身体语言　/80
第二节　气质塑造　/85
第三节　行为仪态　/94

第五章　交际礼仪
第一节　见面与介绍礼仪　/108
第二节　拜访与接待礼仪　/117
第三节　亲友礼仪　/120

　　　　　　　第四节　馈赠礼仪　/124
　　　　　　　第五节　宴会礼仪　/129
　　　　　　　第六节　舞会与"沙龙"礼仪　/136

第六章　　沟通礼仪

　　　　　　　第一节　旅游从业人员口头沟通礼仪　/142
　　　　　　　第二节　旅游从业人员书面沟通礼仪　/164

第七章　　服务礼仪

　　　　　　　第一节　导游服务礼仪　/181
　　　　　　　第二节　空乘服务礼仪　/185
　　　　　　　第三节　酒店服务礼仪　/193

第八章　　涉外礼仪

　　　　　　　第一节　旅游涉外礼仪概述　/208
　　　　　　　第二节　主要客源国礼仪　/211
　　　　　　　第三节　旅游涉外礼仪实务　/221

第九章　　宗教礼仪

　　　　　　　第一节　宗教礼仪概述　/233
　　　　　　　第二节　佛教礼仪　/236
　　　　　　　第三节　基督教礼仪　/241
　　　　　　　第四节　伊斯兰教礼仪　/246

推荐阅读　/252

参考文献　/254

第一章
基础知识

学习目标

通过本章学习,应当达到以下目标:

职业知识目标:了解中国古代礼仪的形成与发展、特点,中国近现代礼仪的形成与发展;掌握礼仪的概念、功能,中国近现代礼仪的基本特征和基本原则,东方礼仪与西方礼仪的联系与区别。

职业能力目标:运用本章知识,研究相关案例,提高对旅游礼仪的认识,掌握礼仪在旅游行业中的特殊性,并能够将旅游礼仪付诸旅游实践。

职业道德目标:结合"旅游礼仪"教学内容,结合职业道德规范或标准,分析企业或从业人员在旅游礼仪中的言行规范,强化职业道德素质。

引例:姿势是修养的镜子

背景与情境:一个人走进饭店要了酒菜,吃罢摸摸口袋发现忘了带钱,便对店老板说:"店家,今日忘了带钱,改日送来。"店老板连声说:"不碍事,不碍事。"并恭敬地把他送出了门。

这个过程被一个无赖给看到了,他也进饭馆要了酒菜,吃完后摸了一下口袋,对店老板说:"店家,今日忘了带钱,改日送来。"

谁知店老板脸色一变,揪住他,非剥他衣服不可。

无赖不服,说:"为什么刚才那人可以赊账,我就不行?"

店家说:"人家吃菜,筷子在桌子上找齐,喝酒一盅盅地筛,斯斯文文,吃罢掏出手绢揩嘴,是个有德行的人,岂能赖我几个钱。你呢?筷子往胸前找齐,狼吞虎咽,吃上瘾来,脚踏上条凳。端起酒壶直往嘴里灌,吃罢用袖子揩嘴,分明是个居无定室、食无定餐的无赖之徒。我岂能饶你!"一席话说得无赖哑口无言,只得留下外衣,狼狈而去。

(资料来源:http://www.wtoutiao.com/p/vd3mVV.html.)

启示:动作姿势是一个人思想感情和文化修养的外在体现。一个品德端正、富有涵养的人,姿势必然优雅;一个趣味低级、缺乏修养的人,是做不出优雅的姿势

来的。

在人际交往中,我们必须留意自己的形象,讲究动作与姿势,因为我们的动作姿势,是别人了解我们的一面镜子。

第一节 礼仪的基本概念

随着时代与社会经济的飞速发展,礼仪现已渗透到了人们社会生活的各个领域并且占据着越来越重要的位置。礼仪作为一种社会文化现象,从大的方面来讲,它反映了一个民族的文明程度和一个国家的国民素质。而具体到人们的社会生活,则更是无处不在,俯拾即是,无论是人际沟通与交往,还是企业整体形象宣传,无论是企业产品品牌推介,还是员工素质高低衡量,都离不开礼仪、礼节、礼貌这类媒介。

学习礼仪知识、研究不同的礼仪文化和礼仪现象、提高个人的道德修养、净化社会风气、按照礼仪规范去规定和约束个人的行为等,都需对礼仪的形成与发展追根溯源。本章将系统介绍人类礼仪的起源与发展过程及其对人类的文明进步所起的重要作用。

一、中国古代礼仪的形成与发展

礼仪究竟起源于何时?对此,人们一直在进行种种论述和探讨。现代人类学、考古学、历史学的研究成果表明,礼仪起源于人类最原始的两大信仰即天地信仰和祖先信仰。天地信仰和祖先信仰的产生源于人类初期对自然界变幻莫测的敬畏和无助,面对千变万化的自然现象,如日月、星辰、山川、河流、风雨、雷电等,人们无法做出解释,于是把自然的力量神秘化、人格化,认为上有天神,下有地神,所以才有了天神与地神控制的电闪雷鸣、地震洪水等。他们对自然现象充满了神秘感,充满了敬畏和恐惧,由此产生了各种崇拜祭祀活动,拜天地、祭神明,祈求神明和祖先保佑他们风调雨顺,祈祷降福免灾。

知识活页

"禮"("礼"的繁体字)从"示",从"豊(lǐ)"。说文解字上的解释是:"豊"是行礼之器,在字中也兼表字音。本义:举行仪礼,祭神求福。王国维认为"豊"为行礼之器,从豆,像两块玉在器中,盛玉在器中以奉神明为"礼"之初意。因为礼与上古宗教有着如此深厚的渊源,学者们的研究往往认为礼来源于宗教,其实,"礼"字的初义远不足以概括其上千年的发展历史。

随着人类社会的发展,人们表达敬畏、祭祀的活动日益频繁,逐步形成了各种固定的模式,并终于成为相应的约定俗成的礼仪规范。古代礼仪发展经历了以下四个时期。

(一) 古代礼仪的孕育时期——尧舜时期

尧舜时期,已经有了成文的礼仪制度,即"五礼":祭祀之事为吉礼,冠婚之事为嘉礼,宾客之事为宾礼,军旅之事为军礼,丧葬之事为凶礼。"五礼"的内容相当广泛,从反映人与天、地、鬼神关系的祭祀之礼,到体现人际关系的家族、亲友、君臣之间的交际之礼;从表现人生历程的冠、婚、丧、葬诸礼,到人与人之间在喜庆、灾祸、丧葬时表示的庆祝、凭吊、慰问、抚恤之礼,可以说是无所不包。

(二) 古代礼仪的形成时期——夏、商、周时期

尧舜时期制定的礼仪经过夏、商、周这三个时代1000余年的总结、推广而日趋完善。在这个时期,礼仪被打上了阶级的烙印。为了维护自己的统治地位,奴隶主开始将原始的宗教礼仪发展为符合奴隶社会政治需要的"礼制",将礼仪制度化,并专门制定了一整套礼的形式和制度。特别是《周礼》、《仪礼》、《礼记》(简称"三礼")三部礼仪专著的出现标志着礼仪的发展已相对系统化了。《周礼》讲官制和政治制度。《仪礼》记述有关冠、婚、丧、祭、乡、射、朝、聘等礼仪制度,为人事、举止进退和社会的规范。《礼记》则是一部秦汉以前各种礼仪论著的选集。而周公提出的所谓"礼仪三百"、"威仪三千"则更是将礼推崇到高于一切的地步,天子用礼制来约束臣下,"王命诸侯,名位不同,礼亦异数"。"礼"为社会构建了等级阶梯,任何僭越行为都是不允许的,因此西周社会等级森严,君臣、嫡庶、上下、贵贱、妻妾等等,其间的界限一目了然。可谓君有君之威仪,臣有臣之礼仪。通过各种礼仪以及与之相匹配的音乐,西周统治者不断地强化人们的尊卑意识,以维护统治阶级的利益,巩固其统治地位。

(三) 古代礼仪的变革时期——春秋战国时期

春秋战国时期,诸子百家争鸣,礼仪也产生了分化。礼仪制度为国礼,民众交往的礼俗逐渐成为家礼。《管子·牧民》中有"大礼"和"小礼"之说,注释为"礼大者在国家典章制度,其小者在平民日用居处行为之间"。以孔子、孟子为代表的儒家学者系统地阐述了礼仪的起源、本质和功能,第一次在理论上全面而深刻地论述了社会等级秩序划分及其意义。

(四) 古代礼仪的强化时期——秦汉到清末

秦汉到清末,纵观封建社会的发展历程,可以说历代统治者都十分重视礼仪,自秦汉以后的历代统治都推崇儒家的"礼治"。汉武帝时期,"罢黜百家,独尊儒术"的治国方略确定之后,礼仪作为社会道德、行为标准、精神支柱,其重要性被提升到了前所未有的高度。统治者根据自己的统治需要,在演习周礼的基础上,不断对礼制加以修改、补充和完善。"道之以德,齐之以礼",让人们以"礼"为准绳,不得逾越。这种"以礼治国"的做法,对于稳定当时的社会秩序起到了重要作用。统治者还在朝廷设置掌管天下礼仪的官僚机构,如汉代的大鸿胪、尚书礼曹,魏晋时的祠部(北魏又称仪曹),隋唐以后的礼部尚书(清末改为典礼院)等。

封建社会时期,礼制的核心思想已从奴隶社会的尊君观念发展为"君权神授"的理论体系,即"天子受命于天,天下受命于天子","天不变,道亦不变",并将这种"道"具体化为由"天"安排、受"天"的意志决定的"三纲五常"。"三纲"即"君为臣纲、父为子纲、夫为妻纲","五常"即仁、义、礼、智、信。"三纲五常"形成了完整的封建礼仪道德规范,再加上有意志的

"天",就构成了封建政权、族权、神权、夫权四种统治权力。这种封建伦理关系准则,构成了整个封建社会礼仪的核心,成了束缚人民的精神枷锁,阻碍了人类的平等交往。

到了宋代,封建礼制有了进一步的发展,产生了封建理学理论,并把道德和行为规范作为规范礼制的中心。"三从四德"成为这一时期妇女的道德礼仪标准。"三从"即未嫁从父、出嫁从夫、夫死从子;"四德"包括:"妇德",妇女的一切言行要符合忠、孝、节、义;"妇言",妇女说话要小心谨慎;"妇容",女子的容貌打扮要整齐美观;"妇功",出嫁女要把侍奉公婆和丈夫当作最重要的事情来做。按照当时封建统治阶级的设想,只要人人在家尽"孝",在社会尽"忠",每个妇女对丈夫尽"节",那么封建社会各阶级就会"和谐相处",封建统治自然也就长治久安了。

明、清二朝延续了宋代以来的封建礼仪,并有所发展,家庭礼制更进一步严明,将人的行为限制到"非礼勿视,非礼勿听,非礼勿言,非礼勿动"的范畴,从而使封建礼仪更加完善。

二、中国古代礼仪的特点

(一)礼仪涉及范围广泛

中国古代礼仪可以说涉及社会的方方面面,上至国家制度,下至百姓生活,甚至个人的一举一动。如古代女子以笑不露齿为美,否则会被视为有失风范,不合礼仪。以饮食的仪容为例,食礼告诫人们吃饭时不要把饭搞成一团搁在碗里,喝汤的时候别让汤倾流不止,咀嚼的时候不要发出声音,不要把咬过的鱼肉放回食盘,不要当众剔牙等。

(二)政治生活强调尊君

在政治生活中以维护封建等级制度为中心,强调尊君。秦大一统建立之前,孟子曾提出"君末民本"的君民关系,但自秦始皇确立了至高无上的皇权后,西汉汉武帝时更进一步将"君"视为"天子"。见了皇帝要行三拜九叩大礼,男子相见行抱拳礼(见图1-1),女子相见行万福礼(见图1-2)等,从此"天子"之下,人分三六九等,尊卑贵贱各不同。

图1-1 抱拳礼

图1-2 万福礼

(三)社会生活强调男权

社会生活中,以维护封建等级制度为中心,强调男权思想,歧视妇女。如果说西汉时期的"三纲五常"开始把妇女置于国家政治生活、社会生活的底层,那么,宋代以后的"三从四德"则无疑把妇女推进了吃人礼教的火坑,"嫁鸡随鸡,嫁狗随狗",不知道葬送了多少女子原本应该享有的幸福生活。

三、中国近现代礼仪的形成与发展

鸦片战争之后,伴随着西方政治、经济、文化、思想的渗透,中国的传统礼仪文化也受到了冲击,一些西方流行的礼节在我国被接受和运用,如我们今天普遍使用的握手礼、注目礼、敬礼等。辛亥革命后,符合现代社会道德、思想、伦理观念的新礼仪开始兴起。例如,人们纷纷剪了辫子留起短发以示革命,还有的人脱去长袍马褂并穿上了西服,跪拜礼也被鞠躬礼和握手礼所取代等。1915年开始的"新文化运动"对以儒家学说为代表的维护封建专制制度的旧礼教、旧道德发动了猛烈的攻击,并大力宣传了男女平等、个性解放的新思想。这些礼仪形式的变化,反映了时代的进步及当时中国资产阶级革除陈规陋习的良好愿望,推动了礼仪文化的发展。新中国的成立,使中国人民彻底推翻了"三座大山",真正成了国家的主人,人与人之间的关系发生了根本性的变化。人与人之间的地位平等,不分贵贱、不分等级,人与人之间的关系也以平等相处、友好往来、互相帮助、团结友爱为主要原则。

今天,在以社会主义公有制为主体的经济条件下,尽管社会分工仍然存在,人们的社会地位也不尽相同,但职业无尊卑之分、岗位无贵贱之别,人与人之间的关系在本质上是平等的。因此,在礼仪的表达方式上,人们见面相互问候、致意都是得体的。

四、礼仪的概念

礼仪是行礼的过程和仪式,是指在日常交往中人们所认同和必须遵循的表示尊重和友好的一系列行为、道德、社会规范和惯用形式。对个人而言,礼仪是一个人内在修养和素质的外在表现;对于社会而言,礼仪是社会文明程度、道德风尚和生活习俗的反映。人类在不同的历史时期有不同的行为规范,不同民族、不同地域有着各自不同的行为规范,所以礼仪在不同民族、不同国家、不同时代有不同的表现形式。礼仪主要包括礼貌、礼节、礼俗等内容。

(一)礼貌

歌德说:"一个人的礼貌就是一面照出他的肖像的镜子。"礼貌,一般是指在人际交往中,通过语言、动作向交往对象表示谦虚和恭敬。它侧重于表现人的品质与素养,礼貌行为是一种无声的语言,如微笑、点头、欠身、鞠躬、握手、合十、拥抱、鼓掌等;礼貌语言是一种有声的行动,在交往时讲究礼貌,不仅有助于建立相互尊重或友好合作的新型关系,而且能调节公共场所的人际关系,缓解或避免冲突。旅游服务人员对宾客开展礼貌服务可以让身处异国他乡的宾客有如同在家般的亲切、温暖之感。如餐厅的引座员在接待客人时,要主动微笑问候客人:"小姐(先生),您好!""请问,一共几位?您预订过吗?"在服务过程中,餐厅服务员倒茶、上菜、斟酒、递毛巾等应遵循先主宾后主人、先女宾后男宾等礼遇顺序进行。

(二)礼节

礼节通常是指人们在人际交往中相互表示尊重和友好的惯用形式。实际上,礼节是礼貌的具体表现形式,即没有礼节就没有礼貌,有了礼貌,就必然需要以具体的礼节表现出来。培根说过:"礼节要举动自然才显得高贵。假如表面上过于做作,那就丢失了应有的价值。"礼节是最容易做到的事,也是最珍贵的东西。

(三)礼俗

中国历来以礼仪之邦著称于世。所谓礼仪,就是人们在生活、生产、社会交际等各种活动中所遵守的社会规则和道德规范,这些规范需要人们以一定的礼节和形式来表现,这种种礼节规范累月经年,日益扩散,渐渐沿袭成为人们普遍认可并依照实行的社会风俗——礼俗。传统的礼俗内容有冠礼、生辰、婚姻、祭拜、座次、丧葬、孝悌等。

五、中国近现代礼仪的基本特征和基本原则

凡是有人类生活的地方,就存在着各种各样的礼仪规范。了解和掌握礼仪的基本特征和基本原则,有利于我们灵活应对生活和工作中的各种问题。

(一)礼仪的基本特征

1. 普遍性

礼仪是人类在社会生活的基础上产生的行为规范,全体社会成员都离不开一定的礼仪规范的制约。在生活中,许多礼仪是不以人的意志为转移的,它的存在本身具有很强的普遍性,人们自觉不自觉地在遵守礼仪规范,人们也都在用礼仪规范来衡量和判断他人。例如,最简单的问候语"你好"、"再见"等,几乎是全世界通用的一种问候礼节。远古时代,人类为了生存,要祭神以求保护,这种礼仪形式至今在一些地区依然存在。例如,在春节时,家家户户要摆起烛台祭祖宗,祭天神、地神和灶神,以求来年风调雨顺、合家幸福,这是人类一种美好愿望的寄托。

现代礼仪的内容已渗透到社会的方方面面,从政治、经济、文化领域到人们的日常生活,礼仪活动普遍存在。例如,大到一个国家的国庆庆典,小到一个公司的开张贺喜,再到人们日常生活中的接待、见面谈话、宴请等,都需要讲究礼仪规范,遵守一定的礼仪行为准则。

2. 多样性

礼仪作为一种行为规范,涉及社会生活的各个方面,从而决定了礼仪具有多样性的特征。这种多样性具体表现在以下两个方面。

1) 不同的职业具有不同的礼仪规范

礼仪具有鲜明的职业特征,不同的职业具有不同的礼仪规范。各行各业都有自己特定的角色形象,规范礼仪的侧重点也不同。例如,医务工作者被称为白衣天使,他们应具有的基本礼仪规范应是自信、干练,举止轻盈、利落,待人耐心、体贴,用高尚的职业道德为患者服务;教师是人类灵魂的工程师,是学生学习的典范,教师的礼仪形象应该是端庄文雅、气宇轩昂、充满自信、精力充沛;学生也有自己的礼仪形象,朴素勤奋是学生最基本的礼仪要求,着装、举止、谈吐各方面都必须符合这一礼仪规范。另外,军人、服务人员、新闻记者、演艺界人士等,各自都有其职业所应遵守的行业礼仪规范。

2) 不同的生活领域具有不同的礼仪规范

随着社会的发展,人们的生活领域也在不断拓展,天上、海下、北极、南极都已经有了人类的足迹。但无论怎样发展,生活领域以社会职能为标准都可以划分为三大领域,即社会生活领域、职业生活领域和家庭生活领域。我们每个人都在不同的生活领域中扮演着不同的角色。就学生来说,这三个领域具体表现为社会、学校和家庭。在社会生活领域中,到商场

购物是消费者,到医院就诊是患者,由此会产生各种各样的社会关系;在学校生活领域中,是学生,由此会产生和老师、同学之间的关系;在家庭生活领域中,是女儿、儿子,还可能是哥哥、姐姐,由此会产生与父母、弟弟、妹妹之间的相互关系。

要把在不同的生活领域中所扮演的各种角色都演好,就必须遵守不同生活领域中的礼仪规范,否则会产生角色冲突,引起麻烦和痛苦。例如,在家庭生活中,孩子有时对自己的父母任性,父母不会计较,甚至会更加疼爱;但如果在学校任性,就有可能处理不好与同学、老师之间的关系。所以,宽容、谅解、合作、互助显得格外重要。

3. 差异性

礼仪的差异性主要体现为民族性和等级性。

1)民族性

礼仪不是随便制定的,各种礼仪都是一种约定俗成的行为规范。在各国各民族礼仪拥有共性的同时,由于国家、地区、民族的不同,影响礼仪形成的政治、经济、文化等因素的特征也各不相同,使得礼仪规范不可避免地具有一定的地域性。如东方民族的含蓄、深沉;西方民族的直率、奔放;东方人见面习惯于拱手、鞠躬;西方人见面习惯于接吻、拥抱。又如西方新娘多穿白色礼服表示纯洁,而中国传统婚礼多用红色表示喜庆;西方葬礼用黑色表示悲哀、肃穆,而中国葬礼用白色表示虚无、悲痛;西方人一般不能问别人的收入,更不能问女士的年龄,而在我国,人们对这些提问都习以为常。即便是同一区域中的民族,如中华民族,其所包含的56个民族也不无体现着礼仪的民族差异性。不同宗教信仰的民族行为方式,其礼仪的差异性表现得更为明显,民间有"百里不同风,千里不同俗"的说法。

2)等级性

礼仪的差异性除了地域性差异外,还表现在礼仪的等级差别上,对不同身份地位的对象会施以不同的礼仪。礼仪的规范性内容针对不同的公司、场合、对象具有不同的要求,如问候时对男士和女士回礼的规范要求就不尽相同;同样是宴会,会因招待对象的身份和地位高低的差别而有所不同,身份和地位高的人可能会受到更高级别的款待,身份低的人则相反。同时,在礼仪规范中,不同的组织、个人处于不同的礼仪尊末位置(如年长者、上级、客人、女士被列为尊位,相对的年幼者、下级、主人、男士被列为末位),表现在礼宾次序上,具有严格的等级性,如握手礼的伸手顺序、服务过程中的服务次序等。

4. 适应性

礼仪的适应性主要表现为互动性和融合性。

1)互动性

礼仪是在人与人相互交往的过程中、在人与社会发生关系时发挥作用的,互动性是礼仪的一个重要特征。古人云:"礼尚往来,往而不来,非礼也;来而不往,亦非礼也。"这也体现了礼仪的互动性。因此,要想得到别人的尊重,首先要尊重别人;要想让别人怎样对待自己,就要先怎样对待别人。

2)融合性

尽管不同的国家、不同的民族、不同的社会制度所构成的礼仪有一定差异性,但某些礼仪如讲文明、懂礼貌、相互尊重、礼貌待客、礼尚往来、遵时守约等基本礼仪是全人类、各民族共同遵守的准则。另外,礼仪作为一种文化现象,各民族之间的礼仪是可以互相渗透、互相

适应、互相学习和互相接受的,如中国人过生日,过去讲究吃馒头、面条和鸡蛋,如今越来越多的人喜欢点生日蜡烛、吃蛋糕、唱生日歌。此外,近年来我国新娘结婚穿白色婚纱也蔚然成风,这进一步说明随着交往范围的不断扩大,原先由于地域和文化交流限制所造成的礼仪规范的差异逐渐被打破,礼仪的融合性特点将会日趋明显。礼仪作为全人类的共同财富,它跨越了国家和地区的界线,为世界各国人民共同拥有。

5. 发展性

礼仪的形成和完善是历史发展的产物。它是经过一个又一个时代不断去粗取精,逐渐"过滤"形成相对固定的内容,而且一旦形成,通常会世代相传,经久不衰。如礼仪在封建时代具有强烈的阶级性。

当然,礼仪规范不是一成不变的,它一方面随着时代及本国、本民族的发展而产生变化;另一方面由于国家间的交流日益频繁,不同国家的政治、文化、经济、思想、观念等因素的渗透作用而变更,礼仪的发展随处可见。如以往逢年过节或遇喜庆之事,中国人有燃放烟花爆竹的习惯,但随着人口密度的增加,人们的安全意识逐渐增强,燃放烟花爆竹的习俗已悄然改变;又如过年时串门拜年的形式也逐渐被贺卡、电话、手机短信、网络等取代。现如今张扬个性的服饰文化、日益普及的网络文化,正是现代人丰富的内心世界的反映,也是礼仪规范更加国际化、礼仪变革同国际接轨的外在体现。随着时代的不断进步,人类的礼仪规范必将更文明、优雅、实用。

(二)礼仪的基本原则

礼仪原则是指人们在社会交往过程中,约定俗成并共同遵守的对他人表示尊敬的基本要求和规范。要想在日常交往中赢得他人的好感,就应遵守以下礼仪原则。

1. 相互尊重原则

礼仪源起于敬神,后发展演变为尊重他人,由此说明尊重是礼仪的核心宗旨。尊重他人,也尊重自己;给他人方便,也给自己方便;令他人舒适,也令自己舒适。

为了与世界各国人民友好往来,周恩来总理在新中国成立初期提出了在外交工作中"入乡随俗,不强人所难"的礼仪原则,充分体现了对别国、别民族历史文化的尊重。使用礼仪一定要具体情况具体分析,因人、因事、因时、因地而恰当处理。"入境而问禁,入国而问俗,入门而问讳""到什么山唱什么歌""进门见礼,出门问忌",这些俗语都说明了尊重各地不同风俗与禁忌的重要性。

知识活页

中国的以左为尊和国际的以右为尊

在家人聚餐时,通常是爷爷奶奶正面尊位就座。如果把老人挤到角落里,就是尊卑颠倒。在礼仪活动中,我们常常会碰到"左尊"与"右尊"的问题。那么,到底什么时候"以左为尊",什么时候"以右为尊"呢?下面对"左尊"与"右尊"的区别加以辨析。

一、在站位和座位安排上,中国是左尊右卑

目前,我国国家的非涉外礼仪活动,仍遵照传统礼仪"左高、右低"的做法。全国人大、国务院等举行会议、礼仪活动,均以左为上。

二、国际交往遵循"右尊左卑"的惯例

在国际交往中,为表示对对方的尊重和礼遇,座位排列、手势、动作以及语言形式都要遵循一定的规范。位次排列的基本原则是,让尊者处于安全并醒目的位置。国际交往中的习惯做法是以右为尊,大到政务往来、商务谈判,小到私人接触、社交应酬,凡是涉及排列位次以体现主次尊卑时,都坚持"以右为尊"原则。如商务谈判,主谈居中就座,二号人物坐在主谈的右边;两国政府人员交往时,悬挂国旗以旗面面向为准,来访国国旗挂在右边,东道国国旗挂在左边;签字仪式上,如果签字桌横放,双方签字人以进门方向为准,客方坐签字桌右侧,主方坐签字桌左侧;合影留念时,主人居左,主宾居右。总之,在国际交往中,以右为尊的原则在很多方面都有体现,这与中国传统的"以左为尊"是截然相反的。

那么,造成这种差异的原因是什么呢?归根结底还是中西文化的差异。在欧美国家,人们认为太阳从东方升起,朝气蓬勃,东边按照他们的思想就是右侧。西边就是左侧,而日落西山,黑暗将要降临,所以西边是不吉利的。正因为如此,在西方社会,左手常常被认为只能行不洁之事。西方国家的俗语"伸出吉利的那只脚"实际上就是指右脚。因而在西方国家,人们走路通常先迈右脚。其实,我们只要看看"right"这个单词的用法就可以知道西方文化对"右"是青睐有加。"right"除了译为"右,右边"之外,最常用的意思是"适当的,对的,正确的"。在英语里有"Right this way"的说法,中文意思为"这边请"。我们通常所说的"左右"在英语里说成"right and left",右在前,左在后。在为客人引路的时候,也都是抬起右手以示方向。

通过比较我们发现,"左尊"还是"右尊",不能一概而论,应该根据具体情况来判断。在国际交往中,通常要遵循国际惯例——以右为尊;而在国内的政务礼仪活动中,则遵循"以左为尊"的原则。因此,我们既要尊重西方文化,表明国人的国际视野和开放姿态,又要坚持中国特色,继承和发扬我们的民族文化。

2. 遵时守信原则

孔子曰:"民无信不立","与朋友交,言而有信"。遵守时间、恪守信用是现代人应有的最基本、最重要的礼貌修养。在社交场合,尤其要讲究以下两点:一要守时,凡事都应事前预约,并准时赴约,如果不能如约到达,就应提前通知对方,以便让其心中有数或另作安排;二要守约,答应别人的事一定要认真去做,并且尽力做好。如果没有十分的把握,不要轻易向他人许诺,否则如果许诺做不到,会给人留下不守信的印象,从此失信于人。失信是对别人极大的不尊重。

同步案例：预约

背景与情境：一天晚饭后单身的小张没事可做,想起中午和局长聊天时,局长对他非常关心,说"没事可以经常上家里来玩"。小张就决定到局长家去玩,小张敲开局长家的门后发现局长夫妇穿着非常正规,似乎要准备出门,局长却说"没事,没事"。小张就坐下和局长聊了一个多小时后才告辞,第二天才知道局长夫妇想去散步并观看一场电影的计划因他而落空了。

（资料来源：http://www.docin.com/p-645078537.html。）

问题：结合礼仪的基本原则来评析本案例。

分析提示：遵时守信原则是人际交往中最基本的原则,是全世界范围内都应该遵守的礼仪。在这则案例中,小张没有预约这是第一个失礼的表现,在感觉到局长夫妇要准备出门的时候没有及时致歉,也没有离开,这是第二个失礼的地方。

3. 理解宽容原则

在人际交往中,人与人之间可能会因为文化层次、风俗习惯、职业、年龄等原因,一方会产生失礼行为,从而冒犯了另一方。出现这种情况时,失礼的一方应主动道歉,另一方也应以宽容的态度理解原谅对方,避免出现心存怨恨、过后报复的现象。理解宽容原则要求人们在交际活动中严于律己、宽以待人。

在交际活动中除了应遵守共同的法律规范和行为准则外,还应尊重和理解他人的思想和行为,尤其要尊重和理解与自己观点、立场、态度不同的人。即使是在对方不理智的时候,也要忍让,待对方冷静下来再有理、有礼、有节地处理问题,并以宽容大度之心予以谅解。俗话说:"忍一时风平浪静,退一步海阔天空。"

只有让对方体会到你是真正理解他时,才可能使对方与你推心置腹,从而结成相互信赖的关系,宽容大度可以化解矛盾、融洽关系,可以增强凝聚力和团队精神,可以推动工作的顺利进行。

4. 真诚自信原则

在人际交往中应以礼相待、真诚待人。做到真心实意,言行一致;避免表里不一,只行礼仪之事,而无真诚之心。真诚是建立良好人际关系的基础,是一个人外在行为与内在道德的有机统一。待人真诚的人会很快得到别人的信任,而表里不一、口是心非的人,即便一时不会被识破,但终究还是会失去人们的信任。同时,在社交场合中唯有心理健康,对自己充满信心,才能如鱼得水,受人欢迎。自信是社交场合中一份很可贵的心理素质。一个有充分自信心的人,才能在交往中不卑不亢、落落大方,遇到强者不自惭,遇到艰难不气馁,遇到侮辱敢于挺身反击,遇到弱者会伸出援助之手;一个缺乏自信的人,往往会处处碰壁。

5. 平等适度原则

平等原则要求我们在处理人际关系中不骄不躁,不我行我素,不自以为是,不厚此薄彼,不傲视一切、目中无人,不以貌取人,尤其在旅游服务接待工作中,对服务对象不管是外宾,还是内宾和侨胞,都要满腔热情、一视同仁地对待他们,决不能有任何看客施礼的意识,更不能以衣帽取人。应本着"来者都是客"的真诚态度,以优质服务取得宾客的信任,使他们乘兴而来，满意而去。

适度原则要求人们在交往中把握分寸，应根据具体情况，针对不同对象，注意社交距离、谈话技巧，控制感情尺度，有区别、分场合地选择恰当的言行。如待人冷若冰霜、拒人于千里之外，会被认为是高傲或故意摆架子，但过度的热情也是一种失礼的行为。过度的热情会让人十分尴尬，同时，也会让人觉得轻浮。又如在与人交往时，恰当称赞对方会让人感到惬意，有助于拉近彼此的关系，但过度的赞誉反而会让人觉得虚假；交往中赠送礼品本身无可厚非，但如果礼品价值过重，会成为别人的心理负担，令人怀疑你别有用意。因此，在与人交往时，既要彬彬有礼，又不能低三下四或趾高气扬；既要热情大方，又不能阿谀奉承。对个人行为的基本要求是：举止不出格，谈吐不失礼，交往不失态。

6．自律原则

孔子曰："己所不欲，勿施于人。"在交往中，要克己、慎重，积极主动，自觉自愿，礼貌待人，自我对照，自我反省，自我要求，自我检点，自我约束，养成非礼勿视、非礼勿听、非礼勿言、非礼勿动的自觉性，不能妄自尊大、口是心非。礼仪的最高境界是"慎独"，即在没有他人监督的情况下，自己一人也能按照礼仪规范的要求来约束自己的言行，努力树立良好的形象，做一个受大家欢迎的人。

六、礼仪的功能

现代社会中，礼仪无时不在、无处不在，渗透到日常生活的方方面面，发挥着越来越大的作用。礼仪之所以被广泛提倡，之所以受到社会各界的高度重视，主要是因为它对社会、对个人具有多方面的功能，其中，最主要的功能如下。

（一）教育功能

礼仪是现代文明的集中体现。从大的方面讲，它是衡量一个国家的文明程度、社会风尚和道德水准的重要标志。而落实到个人，是否讲礼节、懂礼貌，不仅反映着一个人的交际技巧和能力，更反映着一个人的气质、风度和教养。

礼仪作为行为规范，对人们的行为具有很强的教育导向作用。礼仪规范告诉人们应该做什么，不应该做什么，应该怎么做。每个人都应遵守和服从，都会自觉或不自觉地受到约束，以避免出现不合乎礼仪的行为。如严肃的工作会议上、沉痛的葬礼上、高雅的音乐殿堂里有人的手机骤然响起铃声，就会受到与会者的侧目，被视为极不礼貌。

清代思想家颜元说过："国尚礼则国昌，家尚礼则家大，身有礼则身修，心有礼则心泰。"社会生活中的礼仪对国民综合素质，尤其是道德素质的提高具有十分重要的教育和导向功能。加强礼仪教育，提高全体国民的道德素质，做到讲文明讲礼貌，社会就会更安定和谐，从而快速进步与发展。

（二）沟通功能

维系人际沟通与交往的礼仪，承担着十分重要的"润滑剂"作用。交流双方的行为规范只有符合礼仪的要求，人际交流才能得以正常进行和延续。热情的问候、友善的目光、亲切的微笑、文雅的谈吐、得体的举止等，可以唤起人们的沟通愿望。彼此建立起好感和信任，可以促进交流的成功和交往范围的扩大。

(三) 协调功能

各人受教育程度不同、成长环境不同,以及个性、职业、年龄、性别等方面的差异,导致人们在人际交往中具有不同的角色取向。在人际交往中,为了维护自身利益,人们在行为方式上往往不同程度地带有"利己排他"的倾向,这就必然会使交往双方发生不同程度的矛盾和冲突。而礼仪作为人际关系和谐发展的调节器,在人际交往中往往能起到"润滑剂"的作用。人们在交往时按礼仪规范去做,有助于建立人们之间互相尊重、友好合作的新型关系,增进友谊,缓和或避免不必要的情感对立与障碍,从而较好地协调人际关系。如家庭生活中的尊老爱幼、夫妻恩爱、兄弟姊妹间情同手足;朋友中的坦诚相见、同事间的无私帮助等,都能因礼仪而造就和谐的人际关系、社会关系。而人际关系的不和谐同样可以借助礼仪来进行有效调节。如聚会、宴会、联谊活动的开展有助于调节不和谐的人际关系使之变得和谐,使原本和谐的人际关系得到更健康的发展。

(四) 创造功能

历史上,孔子主张"为政以德",即以德治国,并认为:"道之以政,齐之以刑,民免而无耻;道之以德,齐之以礼,有耻且格。"孔子把礼仪列为立国要素之首,充分说明了礼仪在国家建设和社会发展中的重要地位和作用。现代礼仪作为规范和约束人们行为的准则,不仅潜移默化地净化和熏陶着人们的心灵,还从行为美学方面指导着人们不断地充实和完善自我。通过接受良好的礼仪训练,人们的谈吐变得越来越文雅;人们的服饰与装扮变得越来越富有个性,并符合大众的审美原则;人们的仪态变得越来越符合规范,体现出时代特色和精神风貌。总之,礼仪帮助人们创造了一个全新的自我,使人们在社交场合、在公众面前更加注意塑造自身良好的形象,充分展示自己的风采。

(五) 服务功能

在现代社会的旅游与服务行业,优质服务的标准是最大限度地满足客人的需求,尤其是满足客人的精神需求。

在客人的各种需求中,获得尊重的需求始终处于第一位,而礼仪的"退让以敬人"原则,恰好满足了客人的这种需求。所以,在旅游服务行业,礼仪服务是优质服务的主要内容。它通过服务人员良好的仪容、仪表、仪态,规范得体的礼貌服务用语与标准的服务操作程序,亲切的笑脸、耐心的态度、细致而周到的体贴与关怀,将"客人是上帝"这一传统而又全新的服务理念演绎得淋漓尽致。

(六) 维护功能

社会生活中,不论是生产活动还是日常生活,都必须按一定的客观规律办事,都必须有正常的社会秩序,每个人的行为都必须遵守一定的社会生活准则和规范,否则社会就会陷于混乱而无法正常运行。礼仪约束着人们的态度和动机,规范着人们的行为方式,协调着人与人之间的关系,维护着社会的正常秩序,在社会交往中发挥着巨大的作用。可以说,社会的健全与稳定、家庭的和谐与安宁、邻里的和睦、同事之间的信任与合作,都依赖于人们共同遵守礼仪的规范与要求;而礼仪作为营造温馨氛围的法宝、伸缩有度的准绳,对维护社会稳定与家庭和睦具有不可估量的作用。

七、东方礼仪与西方礼仪

东方礼仪主要是指以中国、日本、朝鲜、泰国、新加坡等亚洲国家为代表的具有东方民族特点的礼仪。东方是人类历史的发源地之一,它以富含人情味的传统礼仪向世人展示其悠久的历史文化和无穷的魅力。

(一)东方礼仪及其特点

与西方礼仪相比,东方礼仪具有以下特点。

1. 重视长幼秩序和血缘关系

东方民族尤其信奉"血浓于水"这一传统观念,人际关系中最稳定的因素是血缘关系。当多种利益发生矛盾和冲突时,多数人都会选择维护与自身有血缘关系者的利益。

"老吾老以及人之老,幼吾幼以及人之幼",在重视家族和血缘关系的东方,尊老爱幼,古风依然。很多中国传统的大家庭,四世同堂,儿孙满堂,家长维系着家庭中各个成员之间的关系,并具有绝对的权威性。家长终生操劳,从养育儿女到孙辈,甚至重孙辈,不仅不以为苦,反而自得其乐。庞大的家庭结构虽然矛盾重重,但"人丁兴旺,儿孙满堂"就足够了。另外"父母在,不远游"、"故土难离"、"落叶归根"等传统思想也充分体现了中国传统的家庭宗族观念。

这在西方人看来是不可思议的。西方国家的家长,注重培养儿女的独立性和自理能力,儿女一旦成年就要离家自谋生计,继续要父母养活会被认为是一种耻辱。

2. 谦虚、含蓄

与率直、坦诚的西方人相比,东方人通常显得谦虚、含蓄。以送礼这一较为普遍的社会交往习俗为例,西方人总是对受礼人直截了当地说明:"这是我精心为你挑选的礼物,希望你喜欢。"或者说"这是最好的礼物"之类的话。受礼方则总是当着送礼者的面将礼物打开,还要评价一番,表示欣赏与欢喜。而东方人则不同,中国人及日本人在送礼时尽管也费尽心机、精心挑选,但在受礼方面前总是谦逊而恭敬地说"微薄之礼不成敬意,请笑纳"之类的话。东方人在受礼时,往往只说"不敢当"、"谢谢!您太客气了"、"你太见外了"等之类的套话,并再三推却,其实未必有不受之意。收到礼物也往往并不马上打开礼物,唯恐礼物过轻或不尽如人意而有失对方的面子,或显得自己重利轻义而有失礼貌。

东方人的谦虚,还表现在面对别人的夸奖和满腔热情招待朋友所采取的态度上。西方人对于别人真诚的赞美或欣赏,往往用"谢谢"来表示接受对方的美意,而中国人往往用"做得不好"来表示自己的谦虚。招待朋友时,哪怕中国人拿出的是自己最珍爱的东西,也会谦虚地说一声"家常便饭,不成敬意"。这在外国人眼里会被视作主人不看重自己,用普通便饭招待自己。

同步案例　东西方跨文化交流中的礼仪差异

背景与情境: 据说清朝末年,中国外交官李鸿章去法国巴黎一家著名的大饭店宴请法国社会名流。席间,他根据中国习惯顺口说:"今晚的菜不好,请大家不要客气,随便用点。"法国客人听了,很不高兴,他们认为:"我们都是身份很高的人,为什

么不用最好的菜来招待我们,莫非看不起我们?"接着饭店老板也来抗议,他说:"我们今晚做了法国最好的菜,你为什么说菜不好?"就这样,一句客气话引起了一场外事风波。

（资料来源:http://wenku.baidu.com/link?url=B3ljMDPyAYK08JvC1W9kolozlvqmm1TN_CsOusx_gECtBdVQjtxVM-miRgoy6eaZGwKYwoU9otDLjtCzfL-E4yzEnegaKZScy09ZIkHBCeu.）

问题:根据文化交流的差异来评析本案例。

分析提示:与率直、坦诚的西方人相比,东方人通常显得谦虚和含蓄,不仅仅表现在宴请这个方面,还有其他表现,如接受赞美、馈赠礼物等方面。

3. 承认现实、满足现状

大多数东方人随着年龄的增长,从心态上逐渐趋于平稳,这一特点表现在很多方面,如对"老"的认识上。"老"在东方,尤其在中国是褒义,在称呼前面冠之以"老",是一种尊称。例如,经验丰富的技术工人被人称作"老师傅"。有的人尽管年龄不老,被人冠之以"老",心里却非常高兴。所以,德高望重的学者被人称为"吴老、赵老"等;即使一般的年长者,也被尊称为"老大爷"、"老大娘";而"姜还是老的辣"、"老当益壮"等词语,则更是对"老"的一种赞美。

西方人独立意识强,不愿老、不服老。美国一所大学的中国留学生在欢迎校长的母亲光临时,尊称她为"老妇人",结果"老妇人"拂袖而去。对她来说,"老"意味着"魅力丧失","风韵不再"。老人最忌讳别人以"老"来称呼自己,因此,无论男女老少,都喜欢别人直呼其名,即使父子、母女之间也不例外,以此表示亲切友好。

从着装和化妆方面也同样表现出较为明显的差异。东方人上了年纪,在服装的选择上便逐渐趋于保守,往往不再选择鲜艳、亮丽的色彩,而偏重于中性色或中性偏冷色,这种选择自己并不一定喜欢,而是担心别人说自己"老来俏"或"老不正经"等。而老年人在化妆上更是慎之又慎、少而又少了。

西方人在这方面与东方截然不同,在化妆品的使用方面呈年龄上的倒挂状态。年轻女性崇尚自然美,若不是出席正式场合,她们一般素面朝天、不施粉黛;倒是那些上了年纪的老太太每天都要精心涂抹,即便去马路对面的超市逛一趟,也要精心涂抹,将自己装扮一新之后,才愿走出家门。在服装的选择方面她们更是大胆,无论多么亮丽鲜艳的服装,只要她们喜欢,都敢买来穿在身上。如果以东方人的审美观视之,则觉得太不可思议了。

4. 强调共性,忽略个性

东方人非常注重共性,国民都有较强的民族感,强调国家、民族、集团的利益高于个人利益。这一点在日本表现得尤为突出,日本人国家、民族甚至集团的凝聚意识非常强烈,所以日本人为企业做事,有很强的"敬业精神"。很多日本的著名企业,如丰田汽车公司,其经营管理充满着家庭色彩,富有人情味,人人以为公司谋事出力而感到光荣。

西方人提倡个性自由,崇尚个人力量,对家庭观念、孝顺老人、哺育孩子等,看得比东方人淡得多。他们将责任、义务分得很清楚,责任必须要尽,义务则完全取决于实际的能力,不会勉为其难。

5. 礼尚往来

中国人往往更富有人情味和感情色彩,强调礼尚往来。礼是联系人际交往的媒介和桥梁。这里的"礼",主要指礼物,其实礼物本身并不重要,重要的是渗透其中的情感。

"来而不往非礼也",意思是说,接受了别人的礼物而不懂得回赠,是很不礼貌的行为。

东方人送礼的名目繁多,除了重要的节日相互拜访需要送礼外,平时的婚、丧、嫁、娶、生日、提职、加薪都可以作为送礼的理由。

西方人则不同,他们一般不轻易送礼物给别人,除非相互间建立了较为稳定的人际关系。另外,西方人送礼在形式上也比东方人简单得多。

(二)西方礼仪及其特点

西方礼仪主要指以英、法、德、美、意等欧美国家为代表的具有西方民族特点的礼仪。西方礼仪最早萌芽于古希腊。礼仪发展最初为宫廷规矩,后在美国得以迅速传播,并被以美国为首的西方国家使其在人们生活中日趋合理化、规范化,并迅速形成体系,被国际社会认可,成为西方国家共同遵循的礼仪规范。在西方礼仪文化中,尤其强调规范个人的行为,注重良好的教养,如尊重妇女、绅士风度、淑女风范等。综合起来,西方礼仪具有以下特点。

1. 崇尚个性自由

西方人开放洒脱、不拘小节、感情外露,十分注重自我价值和自我感觉,西方礼仪处处强调以个人为本、个人至上,个人在法律允许的范围内拥有绝对的自由。

在社会交往中,西方人把个人作为社交的主体,习惯以自己的立场作为行为的中心,很少因别人和环境的影响而说违心话、办违心事,认为人人都有自己的立场和自己的事,谁都不愿勉强别人或被别人勉强。在社会生活中崇尚个人力量,追求个人利益。在生活中强调以个人为单位,以个人为对象,十分注意维护个人的隐私,西方人不会过问别人的年龄、恋爱、婚姻、家庭、职业、工资、奖金等个人隐私。没有得到允许,父母不能随便进入儿女房间。别人接电话,你在一旁听也是不礼貌的。丈夫的信,妻子不能随便拆阅,反之亦然。冒犯对方"私人的"所有权,是非常失礼的行为。因此,西方人尊重别人的隐私权,同样也要求别人尊重自己的隐私权。

2. 遵时守信

西方人把遵守诺言看得极其重要,赴约须提前到达,至少要准时,且不应随意改动。迟到、失约、轻易更改时间均被视为不可容忍的事情。这一点在德国人的思想观念中表现尤为突出,他们与人约会常将时间精确掌握到分秒不差。所以,与德国人约会迟到,对方是不会容忍的,尽管在我们看来只不过是几分钟的区区小事。遵守时间秩序,养成了西方人严谨的工作作风,办起事来井井有条。西方人工作时间和业余时间区别分明,下班时间、休假时间不打电话谈论工作,甚至在休假期间断绝非生活范畴的交往。

很多中国人无时间观念,迟到、失约对他们来讲根本不算什么。上班时间忙私事、休息时间忙工作很不可取,西方人的时间观念值得东方人学习和借鉴。

同步案例 签约

背景与情境: 中国一家拥有职工约6000人的大型国有企业,为了避免濒临破产的局面,想寻找一家资金雄厚的企业做合作伙伴。经过多方努力,这家企业终于找到

了一家具有国际声望的日本大公司。经过双方长时间艰苦地讨价还价,终于可以签合约了,全厂职工为之欢欣鼓舞。本以为大功告成的中方人员,没想到在第二天的签字仪式中,公司领导因官僚作风,到达签字地点的时间比双方正式的约定晚了10分钟。待他们走进签字大厅时,日方人员早已排成一行,正恭候他们的到来。中方领导请日方人员坐上签字台,日方全体人员却整整齐齐、规规矩矩地向他们鞠了一个躬,随后便集体退出了签字大厅。中方领导莫名其妙,因为迟到10分钟对他们来讲实在不算什么。事后,日方递交给中方一份正式信函,其中写道:"我们绝不会为自己寻找一个没有任何时间观念的生意伙伴。不遵守约定的人,永远都不值得信赖。"无疑,双方的合作搁浅了,中方公司为自己迟到的10分钟付出了沉重的代价——破产倒闭,约6000人下岗。

（资料来源：http://www.njliaohua.com/lhd_6gj8o9c12g01k8200sr6_1.html.）

问题：对此案例,你有哪些感想？

分析与提示：在一切公务接待活动中,都必须认真严格地遵守自己的所有承诺,说话务必算数,许诺一定兑现,约会必须准时。万一由于难以抗拒的因素而失约,必须尽早向有关各方通报,如实解释,郑重致歉,主动承担损失。

3. 遵守社会秩序

西方人遵守社会秩序,养成了严谨的工作作风,办起事来井井有条。除了上述所说的遵时守信外,西方人在遵守社会秩序上还表现为能为则为,不能为则坚决不为。据说德国电话亭规定男士、女士各分一边,即便女士一边无人使用,排长队的男士也没有一人会因为图一时之便而使用女士一方的电话。西方发达国家办事效率高,这和他们遵守社会公共秩序不无关系。

4. 自由、平等、开放

从古希腊开始,在与自然的抗争中,西方人就形成了独立进取的乐观精神。西方人提倡"自由、平等、博爱","一切人生而自由平等",包括男女平等、尊重老人、爱护儿童。对儿童不溺爱和娇惯,而是注重培养儿童的自主精神。对儿童如同对成人,尊重儿童,一般不训斥打骂儿童。

在人际交往中,西方人一般思想活跃、兴趣广泛、幽默风趣、开放自由,敢于发表自己的意见,富有竞争精神。虽然西方礼仪并没有彻底改变旧时代礼仪的不平等实质,但其礼仪的文明程度超过了封建社会及以往的各个社会,许多方面值得我们学习借鉴。

5. 简单实用

西方礼仪强调简易务实,认为在交际活动中,既要讲究礼貌,表示对对方的尊敬,又要简洁便利、实事求是。在交往中,不提倡过分的客套,不欢迎过度的自谦、自贬,尤其反对虚假、自轻、自贱。另外,西方礼仪也在一定程度上反映出西方人感情外露、富于创新和在交往中注重效率的精神,具有很强的现实性。

（三）东西方礼仪的典型差异

礼仪是人与人之间交流的规则,是一种语言,也是一种工具。由于形成礼仪的重要根源——宗教信仰的不同,使得世界上信仰不同宗教的人们遵守着各不相同的礼仪。中国是四大文明古国之一,中华民族是唯一未出现过文明断层的民族。中国的礼仪,始于夏商周,盛于唐宋,经过不断发展变化,逐渐形成体系。西方国家,是几大古代文明的继承者,曾一直和东方的中国遥相呼应。经过中世纪的黑暗,西方国家最终迎来了文艺复兴,并孕育了资本主义和现代文明,产生了现代科技和文化。中西方有着截然不同的礼仪文化。

随着我国改革开放的步伐日益加快,跨国交际日益增多,中西方礼仪文化的差异越发显露出来,这种差异带来的影响也是不容忽视的,在中西礼仪没有得到完美融合之前,我们有必要了解这些礼仪的差异。

1. 称谓语的差异

在汉语里,一般只有彼此熟悉亲密的人之间才可以直呼其名。但在西方,直呼其名比在汉语里的范围要广得多。在西方,常用"先生"和"女士"来称呼不知其名的陌生人,对十几或二十几岁的女子可称呼"小姐",结婚了的女性可称"女士"或"夫人"等。在家庭成员之间,不分长幼尊卑,一般可互称姓名或昵称。在家里,可以直接叫爸爸、妈妈的名字。对所有的男性长辈都可以称"叔叔",对所有的女性长辈都可以称"阿姨"。这在我们中国是不行的,必须要分清楚辈分、长幼等关系,否则会被认为不懂礼貌。

2. 招呼语的差异

熟人在路上相遇后,以特定的语言相互打招呼、寒暄应酬,这是一种全人类性的礼貌,但中西方的表达方式不同。中国人通过对对方的衣、食、住、行等切身利益的询问,以示自己的关切;而西方人对别人的私事不大关心。如,中国人除了说"您好!""您早!"之外,还说"吃过饭了吗?""吃了吗?""您去哪?""您逛街去?""您买什么去?"等等,这种见面时的招呼语,问者并非真想知道些什么,不过是就情境脱口而出的招呼语,应答者也是应酬性的,并非是要告诉问者一些实质性的内容,但人们习惯如此,觉得十分自然。如果遇到西方人,也按中国人的这些习惯招呼,会令对方感到突然、尴尬,甚至不快,因为西方人会把这种问话理解成一种"盘问",感到对方在询问他们的私生活。如问候"Have you eaten(您吃过饭了吗)?""Where are you going(您去哪)?"对方听了会很生气,在他们看来,吃没吃饭、去什么地方纯属个人私事,别人无权干涉。

西方文化中的一般招呼语是:"How do you do(您好)!""Good morning/ afternoon/ evening(早上/下午/晚上好)!"美国口语中"How are you going?"的用法也十分普遍,等于简洁的"Hi!"没有实际意义,随便附和一下就很得体。而英国人见面会说:"It is a fine day today(今天天气不错啊)!"

除了用口语表达以外,点一点头、笑一笑或作一个打招呼的手势,也很得体。

3. 发问语的差异

在中国,一般熟人之间对年龄、婚姻、体重、工资收入等发问很随便,甚至属于半公开性的,无需保密,谁也不会见怪(当然,近些年来这种情况有所改变)。但对西方人,这样的发问令人反感,他们觉得这些都是他们的私事,私事是不该打听的。在日本,问别人的东西多少钱买的,在他们看来是失礼的,如果他主动告诉你多少钱。而你又脱口说"真贵",这也是失礼的,因为他们认为你把他们的社会经济地位看得太低,只会买便宜货。相反,在中国说"真贵",则让买方觉得有上当受骗之感。

4. 宴请语的差异

出于中国的传统礼貌,中国人在接受对方邀请赴宴或参加晚会时,往往不是爽快地答应下来,而是内心极想去但表面上要表现出半推半就的应承(婚宴除外)。这种态度令西方人困惑不解。

如一位赴美访问者在接受美籍导师家宴邀请时,在电话里不停地说:"Thank you, I will try to come(谢谢,我争取去)!"这让导师着急起来,不知道他究竟来不来,不得不直接问他:"Yes or no(来,还是不来)?"在西方人看来,是否接受邀请,要明确答复,而不能模棱两可,它关系到这次家宴的准备问题。

按照中国人的习惯,举行宴会,尤其是家宴,总会拿出最好的食物、酒水来招待客人,但在宴会开始时会说:"今天请各位来吃顿便饭,没什么好吃的,大家随意吃。"这本是中国人习惯上的一句客气话,在西方人听来却是不可思议的:"既然没什么好吃的,那请我们来干什么?"甚至怀疑自己被戏弄了。一顿饭吃下来,好酒好菜、美味佳肴,品味之余,心里越发纳闷:"明明这么多好酒好菜,还说是没好吃的'便饭',为什么?是不是还有比这更好吃的?"

在宴会上劝食、劝酒,这对中国人来说是一种好客的表现,而西方人对此却十分讨厌,对西方人而言,正确的说法是:"Help yourself(请自便)!"两者的不同之处在于:中国人往往先客套一番,继而会做得过分一些。如喝酒,一开始客人说不喝,实际上还是喝。直到后来,客人一再谢绝说不能再喝了,可是好客的主人还是一个劲地说"斟满,斟满!"甚至有时让客人喝醉才罢休。这和西方人的习惯正好相反,一般西方人,不吃不喝是真的,不是客气,如果他不想喝酒而想喝咖啡,他会直截了当地对主人说:"给我一杯咖啡,好吗?"同样,主人也不会有上述的劝酒习惯。

送客时,中国人一般会说"没招待好,请多包涵"、"不好意思,没有让大家吃好、喝好"这类的话,即使自己对客人招待得很好,也会这样说。客人也常说:"打扰你了,耽误了你的时间。"西方人在这种情况下往往会说"但愿你在这里过得很愉快!"言外之意是"我已经尽力招待你了"。

5. 道别语的差异

在告别时,中西方礼仪也有较大差异。中国主人把客人送出门时,除了说"再见"、"一路顺风"等外,更多的时候还会说"慢走"、"您走好",或者"外面很冷,请添件衣服吧!"等表示关切的话。这对西方人来说非常奇怪,可能会被客人误解为别人怀疑他的生活能力:"难道我不会走?"对开车而来的人叮咛"Be careful(小心点)",则会引起他的不快,认为你对他的驾驶技术不信任,在对他指手画脚、发号施令。西方人独立意识强,自我意识更强,过分的关心,将会事与愿违。同西方人道别,只需一声"Goodbye(再见)"、"Bye-bye(再见)"就行了。

6. 致谢语的差异

中西方对致谢及其反应有着极大的差异。按照中国人的心理和习俗,在亲朋好友、家庭成员之间得到帮助一般很少说"谢谢",说了反而"见外",或者根本就不好意思,只是在心中默默地记住"滴水之恩当涌泉相报"。而西方人则把"Thank you"(谢谢)挂在嘴边,它既可用于社交场合,又可以是家常用语。甚至在拒绝别人的帮助时,也要说"Thank you"。不仅如此,答谢语也比汉语多。

7. 赞誉及其反应语的差异

中国人和美国人在赞誉方面有较强的差异。美国人常谈家人如何出色,而中国人则很少在别人面前夸自己的家人。即使接受赞扬,中国人也往往使用"否认"或"自贬"的方式,以示谦虚。而西方人则往往采取"迎合"的态度表示感谢,或流露出十分高兴的情绪。如一位外宾说:"Your English is very good"(你的英语讲得很好)!"中国人往往会说:"My English is very poor"(我英语讲得很不好)!"而西方人只需用"Thank you"就自然地回答了,简洁得体。在旅游服务过程中,常令外国旅游者反感的是我们的一些翻译、服务员、导游在接受道谢时,习惯按照汉语说"That is my duty"(这是我的责任),这让客人很不愉快。在英语里,这句话有"责任在身,不得已而为之"的意思。

8. 数字运用的差异

在与西方人接触中,要注意数字运用的差异。首先,数字13是最为忌讳的,在日常生活中和工作中想方设法避开13,宴客避免13人同坐一桌,门牌、房间号、楼房避免标号13。其次,4和9是日本人的忌讳,日常生活中,他们喜欢3、5、7等单数。而中国人特别喜欢双数(除数字4),尤其在喜庆的日子里,互赠礼品都喜欢成双成对,以偶数象征美满幸福,这与日本人的习惯正好相反。

9. 动植物象征意义的差异

在东西方礼仪中,动植物时常会代表正好相反的含义。在动物方面,如山羊,在英国是不正经男子的象征,而中国人却很喜欢;熊猫是中国的国宝,但信仰伊斯兰教的国家却十分忌讳;龙,在中国是皇帝的象征,吉祥,高贵,西方却认为是邪恶之物;对于乌鸦与猫头鹰,中国人认为是不祥之物,西方人却认为"乌鸦报喜不报忧",两鸟皆属吉祥鸟;中国南方人嗜吃狗肉,还说是大补之物,加拿大法律却规定屠狗为犯罪,听到吃狗肉犹如听到吃人肉一样害怕。在植物方面,中国人很喜欢菊花,在重阳节登高望远、欣赏菊花是流传久远的民间习俗,但在阿根廷等拉美国家,菊花是最常用的葬礼之花。

10. 色彩象征意义的差异

在东西方文化中,色彩所表示的寓意是不同的。如白色,西方婚纱是白色的,象征纯洁;中国人丧服是白色的,取其"朴素",象征哀丧。又如绿色,在大多数国家,尤其在伊斯兰国家十分流行,但在中国,绿色不能作为帽子的颜色,尤其不能作为成年男子的帽子的颜色,因为它被视为一种羞辱色而由来已久。再如红色,在中国它是吉祥、热情的象征,但在有些国家,它被视为一种不吉利,在他们看来只有消防车才用红色。

同步思考

东方和西方有哪些共同遵守的礼仪?请举例说明。

理解要点:入乡随俗、信守约定、女士优先等。

第二节　旅游礼仪的含义与作用

社会生活中处处有礼仪,旅游活动也不例外,旅游礼仪是现代礼仪的重要组成部分。旅游活动中充满着人与人之间的交往,既有旅游者与旅游者之间的交往,也有旅游者和旅游从业人员之间的交往,特别是旅游者与旅游从业人员之间的交往,使旅游者自我实现和受尊重的需要得到了满足,使旅游活动中的人际交往形成了区别于其他交往的本质特征。此外,旅游也十分讲究规范和程序,整个旅游活动的行程以及每个环节的安排都是精心设计、严格要求、有条不紊的。由此可以认为,旅游也是一种重要的人际交往活动,而且是一种以旅游从业人员对旅游者提供优质服务为前提的人际交往,而这种服务也是十分有序的服务,这就要求旅游工作者在旅游活动中必须注重旅游礼仪,讲求旅游礼仪修养。

一、旅游礼仪的本质

(一) 旅游礼仪的定义和内容

旅游礼仪以礼仪为基础和内容,是礼仪在旅游接待服务活动中的具体运用。旅游礼仪是旅游过程中人际交往的礼节礼仪,包括旅游过程中旅游者与旅游者之间、旅游工作者与旅游者之间以及其他交往场合的礼节礼仪。本书侧重于旅游工作者与旅游者之间的礼仪,即在旅游过程中旅游从业者为旅游者提供行、吃、住、游、购、娱全方位旅游服务时的礼节礼貌和服务程序。

旅游礼仪既然是旅游从业者为旅游者在旅游活动中所提供的符合礼仪规范和准则的礼仪服务,而这种礼仪服务又是通过旅游从业者来体现和实现的,因此,旅游礼仪应包括两个方面的内容:一方面是旅游从业者在旅游活动中的礼仪修养,即旅游从业者自身应具备的基本礼仪;另一方面则是旅游从业者在旅游服务的不同部门和岗位的服务礼仪。

1. 旅游从业者的基本礼仪修养

1) 具备良好的思想品德和职业道德

旅游接待人员首先应具有强烈的民族自尊心和个人自尊心,能将全心全意为人民服务的思想和"宾客至上"、"服务至上"的服务宗旨紧密结合起来,认真学习礼仪规则,并严格要求自己,以确保旅游接待工作顺利完成。

2) 具有良好的工作态度

不管在哪个工作岗位,平凡的或重要的,喜欢的或不喜欢的,都应尽心尽力、脚踏实地,对职责范围内的事不推脱、不拖拉,认真地完成每一项任务,这是对从业者的基本要求。

3) 具有高雅、亲切、自然、和谐的仪态

旅游接待人员在做接待工作时,要面带微笑、充满自信,具体要求如下:

(1) "站如松,行如风"。应给人以挺拔、优美的感觉,而不是疲软、精神不饱满的印象。

(2) 眼神应保持坦然、和善、亲切,以促进人际关系的和谐。眼神交流时要注意以下几点:不回避正常的目光交流,也不盯着别人,以免造成对方的不适与难堪;忌用冷漠、轻视甚至狡黠的眼神与客人交流,如不可白眼或斜眼看人、不可上下打量人等。

(3) 手势语言要自然、得体、到位、有力。手势美是一种动态美,在工作中或交际中,要适当运用手势辅助语言传情达意,为交际形象增辉。

4) 具有丰富的文化知识和较强的语言表达能力

旅游接待服务是知识密集型、高智能的工作,尤其是导游人员的工作。旅游者总希望他们的导游是一位"万事通",因此,导游的知识面要广,拥有的知识越丰富越好,而且能把各种知识融会贯通,这样才能最大限度地满足游客的需求。

2. 旅游各部门和主要岗位的服务礼仪

旅游活动全过程主要涉及行、吃、住、游、购、娱六个方面,这六方面的礼仪服务要求也就构成了旅游服务礼仪的基本内容。"行"的礼仪包括旅游中乘坐各种交通工具时的服务礼仪,主要通过交通部门,如民航、铁路和公路的司乘人员的服务来实施和体现;"吃"的礼仪包括旅游活动中进餐和赴宴会时的礼仪;"住"的礼仪包括旅游活动中入住宾馆饭店时的礼仪服务,主要通过宾馆饭店服务人员提供的服务来实施和体现;"游"的礼仪服务,包括参观游览中的讲解和生活服务,主要通过旅行社导游人员的服务来实施和体现;"购"和"娱"的礼仪服务,则分别指在旅游中到商店购物和从事娱乐活动的礼仪服务,主要通过旅游商店售货员和娱乐场所的服务员来实施和体现。

二、旅游行业中礼仪运用的特殊性

旅游行业中做好对客服务是行业礼仪的基本要求,旅游产品中顾客购买的大部分为服务类无形产品,客人事前无法体验和参与产品生产过程,对产品的陌生会产生求安全、求便利、求时效的心理特点,因此服务人员必须综合掌握服务礼仪的基本理论和技能,并将其灵活运用于工作实践中,才能更好地满足消费者的需求,做好旅游服务工作。在具体运用中应注意把握以下几点。

(一) 客我关系的特殊性

旅游服务是旅游从业人员同游客之间为了沟通思想、交流感情、表达意愿、解决在旅游活动中共同关心的问题而相互施加各种影响的过程。由于旅游服务人员所处的特定角色,以及游客所处的特定地位,客我双方的交往关系具有一系列特殊性。如旅游服务是人对人的活动,具有不稳定的特性;客人登记时提供的信息可以为服务人员的针对性服务提供有利条件;客人对酒店的陌生与服务人员对酒店许多事物的熟视无睹会产生对服务礼仪评价产生很大反差的情况,等等。这些都要求旅游从业人员应从客人的心理状态出发,随机应变地采取对策,调整自我言行,认真按照礼仪规范进行服务。

(二) 准确进行角色定位

旅游从业人员在工作岗位上应准确确定自己的社会角色,而不是自己的生活角色或性别角色。旅游从业人员所扮演的社会角色是服务角色,其作用和任务是从物质和心理上满足客人的需求。因此在服务中就礼仪的等级性而言,客人永远处于尊贵的地位。例如"客人

第一"、"把尊贵让给客人"等就是旅游行业各个部门共同的行为准则。

(三) 无 No 服务

无 No 服务即决不在客人面前使用"没有"和"不"这两个词。客人提出某项服务,总是从他的需要出发,他不希望听到否定的回答。即使因客观条件所限,一时无法提供客人所需要的服务,也不能说"不"和"没有"。可使用礼貌的言行与客人进行有效沟通,提示客人转向其他服务,如言明正在积极办理,让客人等候,在此期间,劝说客人自己提出取消该项服务;提供相类似的服务,给予客人心理补偿;不回答可否,让客人看到你已尽心尽力,因不好意思而取消;用微笑式的反问,请客人自己提出变通办法等方式进行解决,等等。

(四) 相互补位整体服务

现代旅游企业是一种综合性强、跨度大的服务性行业。旅游礼仪贯穿于整个旅游活动的全过程。在行、吃、住、游、购、娱等旅游活动的各个环节上,涉及面较广。客人对旅游服务的评价不是具体针对某一个项目、某一位服务员,如果不满意,那就是对整个企业不满意。因此,加强全行业的礼仪素养,全体员工要明确自己的地位——个人的礼节礼貌代表着整个旅游企业,严格按照旅游礼仪的各种规范接待宾客,并注意各行业(部门)之间的协调与衔接,不管自己在何种岗位,碰到何种问题,都必须站在企业的整体立场上去努力满足宾客需求。一名旅游从业人员就个人而言不可能提供一切服务,即使是其本职岗位,也难免存在疏漏之处,关键在于在某个工作区域的全体员工要有强烈的整体意识。

(五) 旅游礼仪的实用性

旅游礼仪是在旅游活动中对礼仪的具体操作和运用,所以具有较强的实用性。旅游过程中的"六大要素"在实践过程中涉及的礼仪各不相同。如餐厅礼仪中就有"中餐礼仪"和"西餐礼仪";饭店、旅行社都有自己的一整套礼仪规范;在交通服务方面,飞机、火车、轮船和汽车的接待服务方式也各不相同。因此,旅游礼仪在接待服务的方式、内容、特点及要求上有各种不同的服务程序和操作规范。

三、旅游礼仪基本准则

旅游活动中,在旅游者和旅游从业人员之间创造一个良好的人际交往氛围,懂得并切实遵守旅游礼仪基本准则具有十分重要的意义。归纳起来,旅游礼仪基本准则大致包括以下几点。

(一) 宾客至上原则

宾客至上是服务行业的座右铭、服务宗旨和行动指南。旅游企业的生存与发展离不开旅游者,为客人提供尽善尽美的服务是旅游服务人员的基本意识。只有树立了宾客至上的服务意识,才能真正理解旅游服务的工作价值,同时才能理解客人的要求,自然而然地向客人提供热情、周到、礼貌、快捷的服务,使客人生活在和谐融洽的氛围之中。为此,要求工作人员做到以下两点。

1. 不干扰客人

工作人员要避免可能对客人造成干扰的行为。干扰主要表现在声音干扰和空间干扰上。为了避免声音干扰,工作人员在工作期间应做到"三轻":说话轻、走路轻和操作轻。为避免空间干扰,工作人员不应随意出入客人的私人空间,各种形式的服务都应在客人方便的时间内进行,不能影响客人的正常活动。

2. 不冒犯客人

工作人员在工作过程中,绝不能有任何损害客人自尊心的行为,也不能与客人发生争执。如果客人对服务不满意,工作人员应虚心接受,不能为自己"据理力争";如果客人提出不合理要求,工作人员只能礼貌地予以拒绝,不能以无礼对无礼;如果客人行为偏激,工作人员应"以理服人"。

(二)热情周到、一视同仁原则

京剧《沙家浜》里有一句著名的唱词:"来的都是客,全凭嘴一张。"我们可以借此来解释接待人员的职业道德规范。接待人员作为服务行业的工作人员,不应该挑剔客人,要做到"来的都是客,接送不走样"。近年来,我国旅游业可谓是蓬勃发展,游客贫富有差异,他们在旅游消费上自然也存在着差异,因此在接待工作中不要带有嫌贫爱富的情绪,而应自始至终本着"来的都是客"的原则做好接待工作,真正做到"一视同仁"。

(三)差异性原则

由于历史、文化、经济、政治的差异,在与国内外游客的交往过程中,接待人员不仅要意识到语言的不同,而且要注意在意识形态方面存在的诸多差异。如价值观不同、行为准则不同、生活方式不同、风俗习惯不同、审美情趣不同等。"进门见礼、出门问忌"等格言都说明了各地风俗的差异性。了解风俗民情,有助于在接待工作中为客人提供更体贴、周到的服务。如接待西方旅游者可以行握手礼,而接待来自佛教国家的旅游者则行合十礼等。

> **同步思考**
>
> 在旅游交往中,举例说明差异性原则的具体行为表现。
>
> 理解要点:如见面礼仪的不同表现,包括寒暄礼、握手礼、拥抱礼、举手礼、亲吻礼、点头礼、介绍礼、名片礼、合十礼、拱手礼、脱帽礼及其具体运用场合。

(四)灵活性原则

在不同的场合,根据不同交往对象的不同特点,旅游接待主体的礼仪行为不尽相同。如初次见面,适度的礼仪可以表现人们的教养,展现气质与人格魅力,而乱用礼仪则会弄巧成拙。又如酒店工作人员在楼层与客人相遇时应避让一旁,主动问候;但是,若在洗手间与客人相遇,则点头致意即可。因此,使用礼仪一定要具体问题具体分析,因人、因事、因时、因地而恰当处理。

四、旅游服务中礼仪的功能与实践

旅游业是我国的"窗口"服务行业,要发挥好旅游业的"窗口"作用并提高其服务质量,首先必须牢固树立"顾客至上"的服务意识,以礼相待,即讲究礼貌礼节。讲究礼貌礼节是旅游优质服务的重要组成部分,是称职员工必备的行为规范和素质条件。同时,旅游从业人员的礼貌礼仪整体水平对于改善国际交往、增进各国人民之间的了解和友谊、展示中华民族的精神风貌和维护我国的声誉、传播社会主义精神文明等有着重要的现实意义。公司员工是否懂得和运用现代商务活动中的基本礼仪,不仅反映出该员工自身的素质,而且折射出该员工所在公司的企业文化水平和经营管理能力。

(一) 旅游服务礼仪的功能

1. 提供优质服务的功能

当前旅游业激烈的市场竞争,实质上体现的是旅游服务质量的竞争。一个旅游企业的生存与发展、市场与客源,靠的是为顾客提供全方位的优质服务。研究表明:在旅游企业硬件设施相同的情况下,影响优质旅游服务的主要因素是服务意识与服务态度。"顾客至上"的服务意识与热情友好、真诚和蔼的服务态度,可直观地使客人在感官上、精神上产生尊重感、亲切感。所以说讲究礼貌礼节是提供优质服务的关键,而旅游服务质量的高低,将直接关系到我国旅游业在国际上的声誉。

2. 人际沟通的功能

古人曾说:"世事洞明皆学问,人情练达即文章。"其实就是在讲交际的重要性。"礼"不仅有着协调各类人际关系的作用,而且还规定了人们的社会角色,并通过道德关系,以礼貌礼仪规范明确人们的社会义务与责任。运用礼仪,除了可以使个人在交际活动中充满自信,胸有成竹,处变不惊之外,还能够帮助人们规范彼此的交际活动,更有效、更好地向交往对象表达自己的尊重、敬佩、友好与善意,增进彼此间的了解与信任。旅游服务人员必须做到礼貌待客、热情服务。礼貌待客要求服务人员对客人尊重、友好,在服务中注重仪表、仪容、仪态和语言规范;热情服务则要求服务人员发自内心、满腔热忱地向客人提供主动、周到的服务,从而表现出服务人员良好的风度与素养。

3. 提升行业形象、社会教养的功能

对于旅游行业来说,养成以礼处事的习惯,就能使旅游者与目的地居民、旅游供应商之间和睦和谐相处,从而提升整个旅游行业的形象。提供旅游服务时,难免会出现缺点和错误。通过诚恳而适当的方式及时道歉,采用适当合理的处理方法,就可使游客满意,使旅游服务正常进行。通过良好的旅游服务礼仪,不仅可以形成一种具有强大约束力的职业道德力量,还可以反映出行业、社会的精神面貌和一个民族的文化素质,从而实现社会教育功能。从这个意义上说,礼仪、礼节对于整个旅游服务业起着重要作用,也是推动行业、社会进步的一种不可忽视的力量。

4. 展示传播的功能

旅游服务礼仪不仅是各种人际沟通和社会教育的有效途径,而且也是对旅游行业进行直接、有效的展示与传播的窗口。在现代服务礼仪中,每个服务成员都在有意无意地通过自己的仪表服饰传递着一定的信息,直接或间接给旅游者及社会其他成员展示旅游带给人们的愉悦,传播着这个行业的各种服务信息。因此,仪表服饰礼仪作为一种直接诉诸人们视觉形象的非语言手段,其功能也是异常显著的。文化具有传递性和共享性特征,这种文化的传递和共享就是文化传播。旅游是一种特殊的文化现象,其发展壮大过程就是东西方文化渐

渐融合的直接结果,世界化进程更是加快了这一文化传播的速度并拓展了共享范围。

(二)旅游服务礼仪的实践

礼仪修养不是先天具备的,而是后天磨炼的结果,每个人都可以通过自己的努力学习、不断磨炼而具备良好的礼仪修养。礼仪修养不仅是一种外在的行为表现形式,而且是一个人内在的道德、文化和艺术修养的反映和折射。礼仪修养是自我学习、自我磨炼、自我养成的过程,学习礼仪需要长期的知识积累、情操陶冶和实践锻炼。培养礼仪修养有以下途径。

1. 加强道德修养

一个人礼仪修养水平的高低,是受其道德修养水平制约的。有德才会有礼,修礼必先修德。优良的道德品质本身就是一种魅力。公正、诚实、善良的道德品质,是高尚人格的标志。只有自身具备良好的道德品质,在处理人与人之间的关系时,才会公正坦率、胸怀坦荡,坚持实事求是的原则,既不会盛气凌人,也不会低三下四。谦虚谨慎的态度是一种良好的品行与作风,谦虚的核心是一分为二地认识自己。只有正确认识自己,才能虚心向他人学习求教,谦恭礼貌地与人交往。现实生活中,为人虚伪、自私自利、斤斤计较、唯我独尊、嫉妒心强、苛求于人、骄傲自满的人,对别人不可能诚心诚意、以礼相待。因此,只有努力提高道德修养,不断地陶冶自己的情操,追求至善至美的理想境界,才能使人的礼仪修养水平得到相应的提高。

2. 加强文化修养

在社交活动中,具有较高文化修养的人,往往也是受人欢迎的人,而肤浅、粗俗的人很难与人建立良好的关系。广泛涉猎各种文化知识,不断充实自己,既是加强自身修养的需要,也是人际交往的要求。在人际交往中,具有一定的文学、哲学、历史、心理学、经济学、法律知识,了解各地风俗民情,熟悉当地经济、文化、交通、娱乐状况,能增加社交的"底气"。具有一定文化修养的人,思考问题比较周密,分析问题比较透彻,处理问题比较有方,他们反应敏捷,语言流畅,自信稳重,在社会交往中具有吸引力,让人感到知识上获益匪浅,身心上愉快舒畅。相反,文化层次较低的人,缺乏自信,给人以木讷、呆滞或狂妄、浅薄的印象。因此,只有自觉地提高文化知识修养水平,才能使自己在社交场合做到温文尔雅、彬彬有礼、潇洒自如。

3. 加强艺术修养

艺术是通过具体、生动的感性形象来反映社会生活的审美活动。艺术作品积淀着丰厚的民族文化艺术素养,更凝聚着艺术家的思想、人生态度和道德观念。我们在欣赏艺术作品时,必然会受到民族文化的熏陶,同时也受到艺术家世界观、道德观等方面的影响,获得审美的陶冶和感情的升华。具有一定的美学、音乐、绘画方面的修养,能够净化心灵,使人情趣高雅,充满活力。广泛阅读各种书籍,欣赏艺术作品,不断寻找生活中的美好事物,久而久之,人的精神面貌、内在素质就会升华,仪表风度也会悄然改变。因此,要有意识尽可能多地接触内容健康、情趣高雅、艺术性强的艺术作品,如文学作品、音乐、书法、舞蹈、雕塑等,这些对人们提高礼仪素养大有裨益。

4. 加强礼仪训练

有关调查资料显示,目前我国大学生的专业素质较高,但人文素质、心理素质和社会适应能力较差,特别对现代礼仪的知识和要求、社会交往和人际交往的原则知之不多。在行为上表现出许多与礼仪要求不一致的地方,影响了大学生的成长、成才和全面发展。大学生要成功地开展交往活动,就必须重视礼仪学习与训练,要严格按照社会公共行为准则和礼仪的程式和规范,不断地进行自我学习、自我锻炼、自我养成的行为活动。通过学习,对礼仪特点、礼仪功能、礼仪原则有较为深刻的认识;通过训练,养成时时处处注意执行礼仪规范的自觉性,养成良好的礼仪习惯,从小事做起,点滴养成,用礼仪来指导自己的行动。

教学互动

互动问题:
1. 学生分组演练东西方礼仪在寒暄语、宴请语、致谢语方面的差异。
2. 礼仪是一脉相承,随时代而不断发展的,古代礼仪与近现代礼仪之间有着千丝万缕的联系。举例说明你所了解的古代礼仪对现代礼仪的影响。

要求:
1. 教师不直接提供上述问题的答案,而引导学生结合本节教学内容就这些问题进行独立思考、自由发表见解,组织课堂讨论。
2. 教师要把握好讨论节奏,对学生提出的典型见解进行点评。

本章小结

内容提要

本章首先介绍了中国古代礼仪、近现代礼仪的形成与发展、特点,礼仪的概念、功能,中国近现代礼仪的基本特征和基本原则,接着阐述了东方礼仪与西方礼仪的异同。阐述了旅游礼仪的本质,旅游行业中礼仪运用的特殊性与基本准则,以及旅游服务中礼仪的功能与实践。

核心概念

礼仪　旅游礼仪　东西方礼仪

重点实务

旅游服务中礼仪的功能与实践。

本章训练

知识训练

一、简答题

1. 简述中国古代礼仪的形成与发展经历了哪几个时期。

2. 中国近现代礼仪的基本特征有哪些？
3. 东西方礼仪有哪些典型差异？
4. 如何提高旅游礼仪修养？

二、讨论题

举例说明中国传统礼仪对其他国家礼仪的发展有什么影响。

能力训练

一、理解与评价

张女士是一位商务工作者，由于工作成绩出色，随团到中东地区某国考察。抵达目的地后，东道主设宴热情招待了他们。席间，为表示敬意，主人要向每位客人递上一杯当地的特产饮料。轮到张女士接饮料时，一向习惯于用左手的张女士不假思索地伸出左手去接，主人见此情景脸色骤变，不但没有将饮料递到张女士的手中，而且非常生气地将饮料重重地放在餐桌上，并且不再理睬张女士。这是为什么？请举出几个类似的例子。

二、案例分析

案例一　办理入住

一天某酒店接待了一个旅游团队，地陪导游办理入住手续时，团队客人在大堂休息等待。由于正值旅游旺季，团队又提前到达，团队预订的房间原入住客人还没有全部退房，于是前台接待人员只好临时为团队进行房间调整。这时团队中一些客人由于旅途非常疲劳，急于入住，开始变得越来越烦躁。一位客人到前台大声嚷道："还有完没完，怎么这么慢？还让住不让？"接待员小张也正为房间调整非常困难搞得手忙脚乱，听到客人的话后小声嘟囔道："急什么急，眼又没瞎，看不到正忙着吗？"谁知声音虽然很小还是被客人听到了，客人开始大声与小张争吵起来，其他团队客人也过来围观帮腔，顿时大堂里一片混乱。经过一阵争吵，客人怒不可遏地将小张投诉到值班经理处。结果小张不仅公开向客人道歉还被扣发了当月奖金。

该则案例告诉我们什么道理呢？

案例二　日本客人用餐

时值隆冬，室外寒风凛冽，几位日本客人来到北京某星级饭店的中餐厅用餐。领位员将客人带到一张餐桌前。谁知他们不肯坐下，一位客人边说边用手指了指桌子和墙，并示意同伴离开。领位员忙请一位懂日语的服务员来帮忙，经询问才知道，原来客人忌讳桌上的梅花花瓶、9号餐桌牌和墙上的荷花图。搞清楚客人的忌讳后，领位员忙向他们道歉，并将客人带到另一个有屏风遮挡的餐桌前，花瓶的花也换上了玫瑰，客人们立即面带喜色，高兴地入座了。

端上茶水和餐巾后，服务员开始请客人点菜，由于语言不通，无法向客人解释，只能凭他们在菜单上的指点和手势点了几道菜。服务员还用手点了肥肠和扣肉等当天的厨师推荐菜，客人对她推荐的菜不置可否，意思可能是说，随她处理。

上菜后，人们对服务员推荐的菜不动筷子。一位客人在尝了一口"干煸牛肉"后眼泪都辣出来了，非常生气地用日语对服务员叫嚷。服务员听不懂他的意思，又去把那位懂日语的同事请来圆场。"我们根本就没有要这位小姐点'内脏'和'肥肠'，是她为我们推荐的。牛肉又放了这么多辣椒，根本不符合我们的口味。我们不信中国人能吃这满满一盘辣椒，是否请

那位小姐为我们演示一下?"这位客人毫不客气地对懂日语的服务员讲道。当服务员搞清楚客人的意思后,忙向他们表示道歉,并请同事告诉他们,点的菜可以退掉,改换一些可口的菜,损失由她来负责。"我们可以再点一些菜,但我要亲眼看着她吃掉这盘辣椒,否则就是故意戏弄我们。"客人仍在坚持。

"先生,我们的服务员不了解贵方的饮食习惯,做出了失礼的事,请多多谅解。不合各位口味的菜可以统统退掉。至于吃辣椒,还是免了吧。贵方很喜欢吃生鱼片,我国南方一些地方的人则喜欢吃辣椒,不过到饭店吃饭只是为了品尝不同的风味,不一定要把所有的菜都吃掉。况且我们饭店的工作人员是不允许在客人面前吃东西的。"餐厅经理走过来通过懂日语的服务员向客人耐心地解释。"不行,我就是要看谁能吃下这盘辣椒,是不是故意给我难堪。"这位客人固执地说。"欺人太甚,让我来表演表演。"一位食客打抱不平地站在日本人面前,要了一双筷子,不一会就把所有的辣椒都吃光了,只惊得在场的人无不目瞪口呆。"好的,我很佩服。这些菜都不用退了,我们再要一些四川风味的菜,但不能太辣。"那个日本人终于让了步。

思考:从该案例中你得到了什么启示?

第二章
服饰礼仪

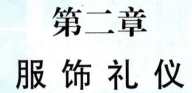

学习目标

通过本章学习,应当达到以下目标:

职业知识目标:学习和掌握旅游行业服饰礼仪的主要内容;理解仪表礼仪的含义;掌握男女正装及行业制服的选择规范。

职业能力目标:运用本章专业知识研究相关案例,熟练运用服饰礼仪和着装规范,掌握着装规范和搭配原则在实际生活和工作中的应用。

职业道德目标:懂得服饰礼仪的着装和搭配禁忌,遵守职业道德。

引例:这么穿有讲究

背景与情境:1986年,英国女王伊丽莎白二世访华。当女王乘坐的专机在北京机场缓缓降落时,女王那秀丽端庄的面容顿时引起旁人的关注,温柔慈祥的笑意更引起了人们的啧啧称赞,最夺人之目的则是女王头戴的一顶明黄色帽子和一身明黄色的西装套裙,在阳光的照耀下显得无比耀眼、绚丽。伊丽莎白二世在其他国家和地区访问时,一般不穿黄色服装。来到中国之前,女王的公关顾问特意为她选择了这套明黄色裙装。除了明黄色较为亮丽,将女王的肤色衬托得富有光彩之外,黄色还是中国历代帝王的专用色,显示出一种雍容华贵的王室气象。伊丽莎白二世这套黄色裙装,既将自己的气质、修养与情操很好地体现出来,也显示出她作为一国君主的尊严与高贵,还表现出她尊重中国传统文化习俗的友好姿态。

2015年9月3日,中国人民抗日战争暨世界反法西斯战争胜利70周年纪念活动正式拉开大幕。习近平主席偕夫人彭丽媛迎候各国嘉宾,习近平主席穿了一件深灰色中山装,延续了新中国成立以来最高领导人着中山装阅兵的传统。而中山装的蓝本,有人认为是南洋华侨的企领(立领)便服,有人说是军便服。后来孙中山先生对其进行了改良,使其成为具有较强影响力的服装。这样的穿着符合习近平主席一贯注重简洁的风格,同时又显得庄重而具有民族特色。

(资料来源:http://jingyan.baidu.com/article/c33e3f48b94657ea15cbb539.

html.）

启示：这就是服装礼仪的作用及魅力。服饰是一种特殊的"语言"，它向人们传递着一个人的社会地位、文化素养、审美标准以及对生活的态度等信息。因此，服饰礼仪是仪表中的重要因素。俗话说"人靠衣装，佛靠金装"，服饰也被称为"人的第二皮肤"，是对自身和宾客起码的尊重，是整体形象塑造的基本条件。

第一节　旅游从业人员服饰礼仪概述

服饰是服饰礼仪和服饰文化的载体，反映个人素质修养，也是一个国家的文明程度、物质发展的体现。服饰礼仪是人们在交往过程中为了相互表示尊重与友好，达到交往的和谐而体现在服饰上的一种行为规范。随着人类文明的进步，从最初用以"遮羞和保暖"的简单衣服，逐渐发展成为多功能性、实用性、舒适性并具时代个性的当代服饰。恰当的装饰可以扬长避短、扬美遮丑，突显气质风度，给人以美感。服饰的选择和穿着已成为人们身份、地位、职业、品位的象征，也反映出一个人的文化修养、审美感受、精神面貌和生活态度。

旅游从业人员服饰的正确选择和规范着装是旅游服务过程中的重要组成因素。干净整洁的服饰和得体的着装是塑造完美职业形象的基础，也是保障服务质量的前提。一方面能给服务对象留下良好的第一印象，顺利搭建沟通桥梁，提高工作效率；另一方面也反映出旅游从业人员的素质修养、工作态度和企业形象。

一、旅游从业人员注重服饰礼仪的意义

在旅游服务中，宾客首先见到的是服务人员的外在形象。靓丽的仪表让宾客赏心悦目，对消费心理产生重要影响，从而接受服务、认可服务，进而享受服务，最终实现员工价值、企业价值。因此，注重服饰礼仪对旅游从业人员有着深远的意义。

（一）服饰礼仪是旅游从业人员应具备的基本素质

强调旅游服务礼仪，规范服务行为，是为了使服务人员与宾客在最初的交流和交往过程中，留下美好、深刻的印象。根据心理学的"首因效应"，得体的仪表是保证人际交往正常进行的基础。服饰礼仪也代表一种"语言"。从个人角度而言，着装可以无声地反映一个人的社会地位、文化修养、审美能力，对自己、对生活的态度以及对工作的责任感。从企业角度而言，端庄大方的仪容、整洁得体的服饰，体现了公司形象和管理水平。良好的仪容仪表还会产生积极的涟漪效应，起到宣传效果，弥补服务中硬件和软件的不足。因此，注重旅游从业人员服饰礼仪既是积极精神面貌的体现，又是使宾客满意，提供优质服务的前提，是旅游从

业人员的基本素质的外在展现。

旅游从业人员的服务特点决定了服务人员是接触客人的一线人员。宾客在接受服务时,希望感受一切美的事物,除了物质上的享受外,还注重精神上的感受。宾客对服务的第一印象往往来自服务人员展现的仪容仪表,也能从服务人员的服饰礼仪中感受到其素质修养与工作态度,同时,从业人员得体着装也将赢得宾客和社会的尊重。

(二) 服饰礼仪体现出旅游从业人员对宾客的尊重

尊重是旅游从业人员服务质量的主要决定要素。每个人都有被尊重的心理需求,宾客在进行旅游活动时,追求的是一种高于日常生活标准的感受,以及被尊重的感受。旅游从业人员可通过服饰礼仪向服务对象表达尊重,服务对象也能从从业人员的服饰礼仪中感受到被尊重。

旅游从业人员不仅要树立服饰礼仪意识,更要懂得服饰礼仪的着装规范和搭配原则。在旅游活动中,从业人员一身职业装显然比穿一件简单的T恤显得更加正式。规范的穿着也能体现旅游从业人员对工作的态度和对旅游接待任务的重视程度,端庄的仪表不仅能满足宾客审美的需要,更能让他们感受到贵宾般的待遇,让宾客在感官上就能感受到被尊重。宾客的身份和地位得到了承认,其求尊心理也相应得到了满足。

(三) 服饰礼仪直接影响旅游者的评价效果

旅游活动是为满足宾客精神需求而进行的高层次的审美活动,旅游服务应满足其审美享受。人际交往之初,一般通过仪表来认识了解对方。仪表具有直接的视觉效果,服饰礼仪更是仪表礼仪的重要组成部分。旅游从业人员为宾客服务之初,宾客是否接受、认可其服务,取决于服务人员留下的第一印象。懂得服饰礼仪的从业人员,会使宾客形成一种愉悦的心理和情绪定势,留下完美的第一印象,从而在服务过程中产生积极作用。

服饰礼仪直接表达了从业人员的工作状态,也会直接影响旅游活动中的服务效果。着装随意或邋遢的从业人员会让旅游者对其服务质量和专业程度产生质疑,影响旅游者对服务的最终评价。

(四) 服饰礼仪体现出企业的管理和服务水平

现代企业管理逐步与国际接轨,讲究标准化、规范化、国际化。服饰礼仪不仅代表了旅游企业的形象,也反映了旅游企业的管理和服务水平。旅游从业人员的服饰礼仪是员工仪表美的重要表现,得体的服饰和规范的穿着在一定程度上会使人产生良好的心理和情绪定势,在管理工作中也会产生良好效果。

管理者应充分认识到员工服饰礼仪的重要性,如不能满足宾客的审美享受,将直接影响服务效果、企业形象和经济利益。同时,旅游企业还可将服饰礼仪作为工作考核的基本要素,与个性化和国际化的服务模式相接轨,提高企业经济效益、树立企业形象,让服饰礼仪成为体现企业服务和管理水平的重要标志。

> **同步案例** 深色套装与洋装
>
> **背景与情境:** 一位女推销员在美国北部工作,一直都穿着深色套装,提着一个男

性化的公文包。后来她调到阳光普照的南加州,她仍然以同样的装束去推销商品,结果成绩不够理想。后来她穿浅色的套装和洋装,换一个女性化一点的皮包,使自己有亲切感,着装的这一变化,使她的业绩提高了25%。

问题:服装的选择会对工作能力和工作业绩起到作用吗?

分析提示:本案例中,女推销员在服饰选择上存在一定的误区。深色套装和男性化的公文包虽然比较正式,也体现了对客户的尊重,但用在一位女推销员身上,过于正统,破坏了女性着装应有的美感,缺少亲和力。相反,在搭配适合女性的洋装和皮包后,"第一印象"会给客户带来愉悦的心理和情绪定势,更加有利于业务的开展。

(资料来源:许湘岳.礼仪训练教程.北京:中国人民大学出版社,2012.)

二、旅游从业人员服饰礼仪的基本原则

如上所述,服饰礼仪在旅游服务过程中占有重要地位,正确理解服饰礼仪,就要了解服饰礼仪的基本要求,归纳起来主要为:服饰整洁,着装得体,符合规则。具体可概括为以下三点。

(一) 整洁性原则

"衣贵洁,不贵华。"服饰干净、整洁是服饰礼仪应遵循的基本原则。整洁性原则主要体现在服饰的完整性和整洁度上。

一要穿戴合身、整齐。服饰的选择要注意衣服是否合身,注意袖长、肩宽、衣(裙)长和裤长是否合适,是否符合服饰礼仪规范,注重服饰搭配的完整性。在旅游接待过程中,女士不宜穿低领或无袖的衣服或裙装,应注意内衣不外露;正装不挽袖,不卷裤腿,不随意脱鞋。领带、丝巾商标不外露,不系歪;工号牌要佩戴在左胸正上方;工作牌要佩戴端正,有信息的一面朝外;衣服扣子都要系好;衣领不外翻;鞋子无灰尘泥土;袜子无破损、不卷边。服饰搭配的完整性还包括:正装不混搭,不宜配旅游鞋和球鞋等。

二要穿戴干净、平整。在任何情况下都应保持服饰的干净整齐。勤换衣袜,保持衣裤无污垢、油渍、异味,特别是领口、袖口、上衣前襟要干净。衣裤要适时熨烫、整理,穿戴平整,不起皱。职业装或工作服在穿前要烫平,穿后要挂好,做到上衣平整、裤线笔挺。衣、裤、裙没有破边和漏缝,对破损的衣裤要及时更换或缝补。

(二) 和谐性原则

旅游从业人员的着装应给人一种自然清新、端庄大方的感觉,而不是时尚新奇、雍容华丽,否则会让宾客质疑服务人员的素质和修养,引起反感情绪,导致消费行为的终止。因此,在服饰礼仪中还应遵守内外和谐统一、符合职业特色、服饰搭配合理的协调性原则。

注重服饰礼仪内外表现的和谐性。服饰礼仪不仅要强调旅游从业人员的第一印象,第一印象之后旅游从业人员所呈现出来的服务礼仪也尤为重要。旅游服务人员除了要注重个人仪表外,更应丰富自身的文化内涵,养成良好的职业素养和礼仪习惯。自然、端庄、大方的仪表能使人产生亲切友好的感觉,拉近与宾客间的距离,达到事半功倍的服务效果,通过内外如一的言行展现服饰礼仪的魅力。

注重年龄、身份的和谐性。选择服饰要适合自己的年龄。追求美是积极的生活态度,但也要树立正确的审美观。如果一位中年妇女穿着像少女,会让人感觉做作,反映出其缺乏基本的审美修养。选择服饰应适合自己的职业和身份。在服务过程中,穿着与职业身份不相符的服饰,容易造成服务的不便和宾客对服务人员的错误理解,从而影响服务质量。旅游服务人员的服饰应整洁、大方、端庄,符合职业特点。端庄大方的服饰可以增强亲和力,使宾客产生信任感。简洁方便的服饰有助于保证工作的顺利进行。旅游服务人员的服饰是服务人员的职业标志,反映出仪表礼仪和行业特色。旅游业不同职业间也有其各自的特色服饰。比如,海南导游统一穿着的沙滩装,酒店根据企业特点设计的酒店制服,都展现出服务的规范化和独特的企业文化。

注重身材、体形、肤色的和谐性。人的身材有高矮之分、胖瘦之别,肤色也有黑白之异。因此,在服装的选择上要扬长避短、穿戴得体,才能体现女性的优雅和男性的风度。旅游服务人员应了解自己身材、体形以及肤色的优缺点,懂得正确选择服饰来表现个人的独特魅力。旅游从业者除了按职业要求着职业装或工作服外,在日常交往中,还应注意选择符合自己身材、体形、肤色的服饰。

根据身材选择服饰。人的身材可分为梨形、倒三角形、直线形、凹凸形等。梨形身材的特点是上小下大。此种身材最好使用垫肩,使上下比例保持均衡,为了避免扩大下身的视觉效果,最好不要选用紧身上衣、宽腰带装、大圆裙、宽裤腿等类型的服装。比较适合的款式是"上长下短",不加腰带的外套、连衣裙或体现线条的瘦长直筒裙等。倒三角形身材的特点是宽肩窄臀。这种体型适合穿各种服装,但不要使用垫肩,以免上身过大。直线形身材通常显得瘦高,应避免穿露颈部较多的低领口衣服,适合轻盈而动感的服装。凹凸形身材的人适合穿合体的套装和束腰带的衫、裙,而不宜穿宽松的罩衫,以避免掩盖纤腰。

根据体形选择服饰。"男以刚为强,女以曲为美",这里的"曲"指的是女性的线条美,而线条和色彩都能恰到好处地遮盖身材的缺陷,展现出最美的韵味和风度。例如:体型矮胖的人适合深色、单一色、竖条纹的服装;体型高瘦的人可选择浅色、横条纹、杂色的服装;脖子短粗的人可选择无领、低领、V形领的上衣;脖子太长的人应避免穿着领口开得很大的衣服;腰部粗大的人衣服下摆不可宽大,不适合系腰带;身材丰满者可以选择小花纹、竖条纹或冷色调衣裤;腿部粗大的人不宜穿着过紧的裤子及不到膝盖的短裙、短裤等。

根据肤色选择服饰。要根据自己的肤色进行服装的合理搭配。肤色较黑的人,宜选色彩明朗、图案较小、面料柔和的服装,避免穿暗色调的衣服;肤色苍白的人不宜穿粉红、浅绿、嫩黄等颜色娇艳的服装;肤色较白的人,衣服的颜色无论深浅都适合;偏黄皮肤最好不要穿黄色或者绿色、深紫色服装。

> **知识活页**
>
> **服装颜色搭配学**
>
> 色系搭配如下。
> (1)暖色系+冷色系:红+蓝、黄+紫,此配法是相对配色。

(2) 浅色系＋深色系：浅蓝＋深蓝、粉红＋铁灰，此配法是深浅配色。
(3) 暖色系＋暖色系：黄＋红、黄＋绿，此配法是同系配色。
(4) 冷色系＋冷色系：灰＋黑、紫＋黑，此配法是同系配色。
(5) 明亮系＋暗色系：白＋黑，此配法是明暗配色。

深浅配色与明暗配色营造出的视觉效果各异。

深浅配色，是一深一浅的搭配，呈现出和谐的观感。明暗配色是明亮与黑暗的搭配，呈现出强烈的观感。

不同材质及色泽衣服的搭配，也会呈现出不同的视觉效果。找出最适合本身的色系，达到视觉的和谐即可。

（资料来源：http://www.360doc.com/content/13/0609/21/10564768_291819988.shtml.）

（三）"TPO"原则

"TPO"原则是指人们的穿着打扮要兼顾时间(time)、场合(place)、目的(object)，并与之相适应。TPO原则是目前国际公认的一条穿衣原则，在各国都已普及，也是国际时装界所认可的着装的基本要求。着装应该与当时的时间、所处的场合和地点相协调，是着装"恰当性"的体现。在旅游服务过程中，旅游从业人员同样也应遵守这一原则。

1. 着装要兼顾时间

穿衣打扮应随季节性、年龄性、地域性、时间性等因素而发生变化。首先，要根据季节气候选择适宜的着装，女性忌在冬季因为风度而穿得太单薄，又或因夏天太热而穿得太暴露。其次，要根据自己的年龄选择服饰，如中老年女性的穿着打扮首先应考虑是否端庄，年轻人着装则不应选择以黑色为主色调的服装。此外，还应选择符合地域和时间特性的服装。

2. 着装要兼顾场合

着装的场合主要分为职业场合、休闲场合和社交场合。

职业场合又分为严肃职场和一般职场。严肃职场一般指职场上的正式（商务）场合，气氛比较严肃。要求着装不能太时尚，不过度夸张、引人注目，多穿着以深色系为主的职业套装。一般职场的气氛则介于职业场合和休闲场合之间，可选择符合职业要求的夹克、休闲西服等，给人以亲切、自然的感觉。

休闲场合的着装可以选择个性化、色彩丰富、风格多样的服饰。根据休闲的类型（如户外休闲、家居休闲、运动、旅行等）和场地的特点选择舒适、便于活动的服饰。

社交场合的着装应考虑交往对象和场合。如男女约会场合，女性应不失端庄。如参加晚宴，女士可选择小礼服或晚礼服，男士则以西服为主。

3. 着装要兼顾地点

中国是礼仪之邦，有着5000多年的礼仪传承，各民族有着不同的文化习俗，同时也共同遵循国际通用的礼仪规范。着装的选择要考虑地点(即目的地)和活动目的。如在工作中,穿着要体现职业化,参加婚丧嫁娶等场合要考虑着装的款式与色彩,参加宗教活动应遵循宗教的服饰礼仪要求等。

同步案例 爱美之心是否有错?

背景与情境:一天,导游员莉莉接到通知,要接待一批重要客人。为了留下好印象,莉莉做了精心打扮,挑选了一件黑色吊带衫和牛仔短裤,她认为这样的穿着既青春又能展现自己的好身材。但出乎意料的是,客人们一见到莉莉就投来了质疑的眼神。

问题:莉莉的着装是否妥当?为什么?

分析提示:旅游从业人员的着装要符合职业规范,同时也应遵循"TPO"原则。莉莉在接待过程中穿了自己最喜爱的衣服,却忽略了着装应符合身份、兼顾场合的原则。因此莉莉的着装不妥当。

第二节 旅游从业人员着装礼仪

所谓"腹有诗书气自华",着装体现着一种社会文化,体现着一个人的文化修养和审美情趣,是一个人的身份、气质、内在素质的无言的介绍信。在职场工作和日常交际中,服饰的穿着与搭配形成了约定俗成的规则、规范。得体的服饰是一种礼貌,一定程度上直接影响着人际关系的和谐程度。熟悉服装类型、着装规范、着装禁忌等礼仪知识,是达到内外和谐统一不可缺少的条件。

一、男士正装礼仪

最常见的男士正装,是我们常常在白领们身上看到的"衬衫+西服+领带+皮带+西裤+皮鞋"六大件。从质地的选择到颜色、款式的搭配,都有一定的讲究和原则,同时还要讲究着装的规范。

(一) 西装

西装又称"西服"、"洋装"。西装在广义上指西式服装,是相对于"中式服装"而言的欧系服装;在狭义上指西式上装或西式套装。西装造型优美、做工讲究,是被世界认可的国际性服装。

西装是在国际上最通用、流行的正装,在上班公务、商务活动、社交宴请等场合,西装都可作为正装也可充当礼服。而在旅游业,西装也作为工作装被广泛选用。西方俗语说"西装七分在做,三分在穿",说明西装讲究剪裁、面料、款式、搭配,要想达到美观、潇洒的效果,必须选择合适的西装,同时注重穿着的礼仪和细节。

要挑选一套得体的西装,需要关注面料、色彩、款式、图案、造型、尺寸、做工等方面的细节。

1. 面料

一件好的西装既要具有美感,也要具有优质的手感。一般的西装面料有羊毛、亚麻和棉。西装面料也有季节性,应该根据季节的特征来选择西装的材质。衡量一件西装的品位,首先注重的是原材料的挑选,一般以羊毛质地为首选。

中上等西装的面料为100%纯羊毛精纺/粗纺面料。精纺面料质地较薄,常用于春夏季西装;粗纺面料质地厚实,常用于秋冬季西装。这类面料虽然呢面光滑,纹路清晰,但容易起球,易虫蛀、发霉。

中档西装的面料包括涤纶与黏胶混纺面料、羊毛与涤纶混纺面料和羊毛与黏胶或棉混纺面料等,这类面料为近年来常见的西装面料,养护简单,穿着也比较舒适。

中低档西装的面料大多为纯化纤仿毛面料等,这类仿毛面料浸湿后易发硬变厚,是传统以黏胶、人造毛纤维为原料的仿毛面料,光泽暗淡,手感疲软,缺乏挺括感。

随着经济的发展和制作工艺的不断进步,各种质地的西装面料也不断问世,但无论是哪一种面料,正装西装面料都不能太轻薄、透明,质地应有较好的垂坠感和挺括感。

2. 款式与分类

西装的款式多样,具体分类如下。

(1) 正装西装按件数分类,可分为一件套西装、两件套西装和三件套西装(见图2-1)。一件套西装是一件和裤子不配套的西装上衣,只适用于非正式场合。穿着上可以随便些,不一定要搭配领带。两件套西装和三件套西装的上下装面料、色彩一致。两件套西装包括上衣和西裤;三件套西装包括上衣、西裤和一件背心(马甲),内配单色衬衫。套装如作正式交际场合的礼服用,色调应比较深,最好用毛料制作。在半正式交际场合,如在办公室的一般性会见,可穿色调比较浅一些的西装。在非正式交际场合,如外出游玩、购物等,如穿西装,最好是穿单件的上装,配以其他色调和面料的裤子。

　　(a) 一件套西装　　　　　(b) 两件套西装　　　　(c) 三件套西装

图2-1　西装套装类型

(2)西装按纽扣分类可分为单排扣西装和双排扣西装。单排扣西装有一粒扣、两粒扣和三粒扣三种款式,比较适合工作场合和休闲场合。双排扣西装较常见的有两粒扣、四粒扣、六粒扣三种款式,给人以庄重、正式的感觉,多在正式场合穿着,适合正式的仪式、会议等。

3. 西装的色彩

正式场合的西装色彩必须选择庄重、正统、颜色偏深的整套西装。旅游服务人员的职业服饰也应遵循这个原则。亚洲人肤色偏黄,不宜选黄色、绿色和紫色的西装。宜选深蓝色、深灰等暖、中性色。脸色较暗的男士,可选择浅色系和中性色。蓝色和灰色是商务男士西装的基本色,黑色则更加普遍,适合庄严、肃穆的场合,如正式职场或婚丧喜庆等场合。褐色西装的休闲感较强,也是男士选择较多的颜色,适合在一般职场或休闲场合穿着。

4. 尺寸规范

除西装的面料和颜色选择外,合体也是西服着装的一项重要指标。合体才能体现挺括的西装特色,量身定做的西装最能穿出好的效果。西装外套挺括的重点在于肩膀的宽度是否得宜,宽度不足则不合身,袖子就无法自然地自肩膀落下。

(1)上衣。衣长刚好到臀部下缘,肩宽以探出肩角2厘米左右为宜,胸围以系上纽扣后,衣服与腹部之间可以容下一个拳头大小为宜。西装应在拆除袖口上的商标之后才可以穿着。西装外套上的口袋只是装饰性的,一般不装东西。

(2)西裤。裤线清晰笔直,裤脚前面盖住鞋面中央,后至鞋跟中央。

知识活页

西装好坏要"六看"

一看衬里是否外露;
二看衣袋是否对称;
三看纽扣是否缝牢;
四看表面是否起泡;
五看针脚是否均匀;
六看外观是否平整。

5. 西装着装规范

1)清洁与保养

西装平时穿着要注意保养,一定要定期干洗,穿着前熨平整。

(1)清洁。西装只有穿起来显得平整挺括、线条笔直,它的美感才能充分展示出来。西装应干洗,在季节更换时,应将衣服洗干净再保存。因为衣服只要是穿过就会沾染到汗水、灰尘等,若不事先洗净,很快小小的污垢就会产生小块的霉斑,甚至会变成蛀虫的生长场所。

(2)保养。随着季节的变换,衣服的收藏保养也要多加注意。如果能小心保养,它将会带给人们更长久的自信。但是千万不要保养过头,以免毁掉一件衣服,尤其是质料精致的西装,更是经不起过度的清洗与整烫。吊挂西装最好是用木质或塑胶的宽柄圆弧形西服专用衣架,这种衣架多被制成衣裤联合衣架。裤子吊挂可用衣裤联合衣架,也可用带夹子的西裤专用衣架,将裤线对齐,夹住裤脚,倒挂起来。

2) 着装规范

(1) 纽扣。在正式场合,单排两粒扣上衣,只系上边一粒,也可不系;单排三粒扣上衣只系中间的或全不系,坐下后可以解开。双排扣上衣在任何场合都要把纽扣全都系好,坐下后也不能解开。如果穿三件套西装,只需将马甲的所有扣子系好,外套的扣子不系。

(2) 花眼。西装左边的翻领上都有一个扣眼,是用来扣住右侧领子的第一颗暗扣的,作防风沙和冬天保暖用。现在也有许多年轻人,在此扣眼上插小花、徽章之类的小饰品。

(3) 衣袋。西装上衣左胸前的衣袋起装饰作用,不能装钢笔、香烟等,只能放置装饰手帕。裤袋也不宜放任何东西,使其挺括。常用物品,如钥匙、钢笔、手帕、名片夹、通讯录等都应放在手提包里。

(4) 衣袖。在穿着前,应先将衣袖上的商标拆除。在正式场合中,不能当众脱下西装上衣,也不能把衣袖、裤边卷起,否则会显得失礼。

(5) 搭配。西装里一般搭配一件衬衫穿着,忌穿毛衣等厚重衣服,至多可搭配一件"V"字领素色、薄款羊毛衫,既可系领带,也不会显得臃肿。

(6) 西裤。西裤要笔挺,特别是裤线要熨烫挺直。勿将钥匙别在裤腰上。

此外,西服套装上下装颜色应一致。在搭配上,西装、衬衣、领带应有两样为素色。西装的穿着还应合时、合地、合景,根据不同场合选择合适的西装。

(二) 衬衫

正装的衬衫主要是用于搭配西装套装,通常是在出席重大场合及活动时穿着。衬衫的选择与西装一样,同样讲究质地和款式,衬衫与西装在颜色和款式上要搭配相得益彰才得体。了解衬衫的质地、挑选法、穿着法,更是现代职场男性必备的基本常识。

1. 衬衫的面料

正装衬衫大多都是以棉、丝等天然材质为主,但有的经免熨烫处理,穿着效果很好,但洗涤性能稍差。

高档衬衫面料有真丝织品的绉、绸、纺、罗等,舒适美观,其外观和舒适性能都受到男士们的肯定。

中档衬衫面料有纯化纤织物,仿真丝的柔姿纱、绸、绉、纺等,宜于单穿,不宜与西装配套使用。另外还有化纤混纺的各种"的确良"制成的衬衫,是一种物美价廉的衬衫。

低档衬衫面料一般指全棉织物,这种面料的衬衫布质较粗,但吸湿性好,结实耐用。

2. 衬衫的尺寸

穿西装须配硬领衬衫即法式衬衫,这种衬衫较为正式,必须平整、不外翘、松紧适宜。挑选合适的衬衫应注意以下几点。

(1) 衣领。领围是测量衬衫是否合体的重点,此外,还应注意高度、领形等是否与自己脸形、身材、西装款式相称。最适中的衬衫领子应是在扣上第一个扣子后,领口还能插进两个手指。领口要露出西装上衣衣领约半寸。

(2)衣袖。正装衬衫应是长袖,袖口到手腕为宜,且应多出西装袖口1~2厘米。

(3)胸围。选择衬衫之前,对胸围的度量要合适。扣上扣子不能觉得紧绷,合身的衬衣,在扣子扣上后,衣服与身体的空间以有一拳距离为宜,衬衫穿着也会显得挺括。

(4)衣长:男式衬衫衣长应适中,并且通常都是束在裤子里。

3. 衬衫与西服的搭配

在正式场合,衬衫不应单穿,需与西装搭配着装。因此,在衬衣的选择上还应考虑是否与西装搭配合适,搭配的关键在于色彩和图案的选择。

白色和浅蓝衬衫是搭配男士正装的首选,看上去大方、有风度。正式西装里面的衬衫不宜颜色太绚丽。考虑到领带和衬衫颜色的冲突,一般以单色调为主。纯白色衬衫最为常见,也最为实用。淡蓝的衬衫则搭蓝色系西装较为稳妥。此外还有淡粉、淡黄、淡紫色衬衫,干净的米色和银灰色衬衫,也是搭配正装西装最多的颜色,但不适合严肃职场。

4. 衬衫着装规范

(1)在较正式的场合,衬衫不单穿,单穿打领带也不符合正装着装规范。衬衫应干净无破损,熨烫平整。衬衫下摆不宜外露,应扎入腰带。衬衫口袋不应放任何物品。

(2)衣袖。在正式场合,衬衫的衣袖不能挽起,袖扣不能解开。

(3)扣子。衬衫纽扣一般应全部扣上,在佩戴领带时,最上面一颗扣子应扣好;不佩戴领带时,最上面一颗扣子应解开。

(4)衬衫应与西装搭配协调,以浅色衬衣配深色西服为佳。忌在衬衫内穿高领内衣,可选择"U"领或"V"领内衣,并避免内衣外露。

(三)领带

领带是"西装的灵魂"。领带的巧妙搭配对于西装的整体美起到了"画龙点睛"的作用,不论是从款式上还是色彩上,都打破了深色厚重西装的沉闷和单调,使整体看起来庄重而不失生气。

1. 面料及款式

(1)面料。高档领带是用真丝或羊毛制成的,其他面料制作的领带不太适合正式场合使用。

(2)款式。领带的款式有宽窄之别。选择领带要与自己的肩宽成正比。领带的宽度应该与西装翻领的宽度相适应,长度一般为130~150厘米,所需长度还可依据自身身高决定。

(3)图案。在正式场合,领带图案以几何图案或纯色为宜。较常用的图案有素色无花纹、斜条、圆点、小碎花等。大花纹、不规则图形、个性图案等则适用于非正式场合。

2. 领带的搭配

领带不仅要考虑与衬衫的搭配,还要与西装、公文包、鞋子的颜色相协调。一般为同一色系或相近色,与西装和衬衫的搭配应有层次感,一般以深浅色调搭配为原则。颜色简单的衬衫可以搭配花样复杂多变的领带,比较花哨的衬衫则适合搭配单色的领带。简易式的领带,如"一拉得"领带、"一挂得"领带,均不适合在正式场合中使用。

3. 领带的系法

1)平结

平结为男士选用最多的领结打法之一,几乎适用于各种材质的领带。要点在于领结下方所形成的凹洞需让两边均匀且对称。平结的系法参见图2-2。

图 2-2　平结

2) 交叉结

这是单色素雅质料且较薄领带适合选用的领结打法,喜欢展现流行感的男士不妨多用交叉结。交叉结的系法参见图 2-3。

图 2-3　交叉结

3) 双环结

一条质地精细的领带再搭配上双环结颇能营造时尚感,适合年轻的上班族选用。该领结完成的特色就是第一圈会稍露出于第二圈之外,可别刻意给盖住了。双环结的系法参见图 2-4。

图 2-4　双环结

4) 温莎结

温莎结适合用于宽领型的衬衫,该领结应多往横向发展。应避免材质过厚的领带,领结也勿打得过大。温莎结的系法参见图 2-5。

5) 双交叉结

双交叉结很容易让人有种高雅、隆重的感觉,适合正式活动场合选用。该领结应多运用在素色丝质领带上,若搭配大翻领的衬衫不但适合且有种尊贵感。双交叉结的系法参见图 2-6。

温莎结-Windsor Kont

图 2-5　温莎结

双交叉结-Double Cross Kont

图 2-6　双交叉结

6）半温莎结

半温莎结又称十字结，是温莎结的改良版，较温莎结更为便捷，适合较细的领带以及搭配小尖领与标准领的衬衫，但不适用于质地厚的领带。使用细款领带较容易上手，适合不经常打领带的人。半温莎结的系法参见图2-7。

半温莎结-The Half-Windsor Knot

图 2-7　半温莎结

值得注意的是系领带时领结要饱满，与衬衫领口的吻合要紧；领带长度以系好后大箭头垂到皮带扣处为准（见图2-8）。

图 2-8　领带的长度

知识活页

领带与西装的颜色搭配

领带与西装的颜色搭配如表2-1所示。

表2-1 领带与西装的颜色搭配

颜色	搭配
黑色西装	穿以白色为主的衬衫和浅色衬衫,可以配灰、蓝、绿等与衬衫色彩协调的领带
灰西装	可以配灰、绿、黄和砖色领带,穿以白色为主的淡色衬衫
暗蓝色西装	可以配蓝、胭脂红和橙黄色领带,穿白色和明亮蓝色的衬衫
蓝色西装	可以配暗蓝、灰、胭脂、黄和砖色领带,穿粉红、乳黄、银灰和明亮蓝色的衬衫
褐色西装	可以配暗褐、灰、绿和黄色领带,穿白、灰、银色和明亮褐色的衬衫
绿色西装	可以配黄、胭脂红、褐色和砖色领带,穿明亮的银灰、蓝色、褐色和银灰色衬衫

(资料来源:http://style.sina.com.cn.)

(四)皮鞋和袜子

穿西装时,男士选择的鞋子和袜子应符合着装要求,并注意搭配(见图2-9)。严格来讲,穿西装只能配黑色皮鞋,而不能穿布鞋、旅游鞋、凉鞋等。黑色牛皮鞋与西装最为般配。正式场合所穿皮鞋应款式简单,没有任何图案、装饰,款式以黑色系带皮鞋为最佳选择。

图2-9 皮鞋和袜子的搭配

穿西装、皮鞋时,相配套的袜子最好是纯棉、纯毛的单色、深色袜子。袜子颜色与裤子、鞋同色或更深。黑色、藏蓝、深灰色适合与深色西装相配。不能穿白袜子、花袜子或是浅色、发亮的袜子。袜子要干净无异味,无破洞,合脚,切忌黑皮鞋配白袜子。袜口应适当高些,应以坐下跷起腿后不露出皮肤为准。

(五) 西装皮带

各种不同质地的皮带由于加工过程不同,呈现出的风格也不同。一般来说,搭配西装的皮带应具有商务风格,男士皮带潮流的变化在很大程度上取决于皮带扣,皮带扣的造型、大小也表现出男性的魅力。在严肃职场中,皮带扣款式简单、不花哨,且皮带花纹简单、黑色的皮带较为实用,同时也应与西装和鞋子同色系。如参加商务宴请时,可以选择款式略显活泼,凸显个人风格的皮带。如经典的黑色皮带与银白色的环扣的组合,非常能显示出男性简练与明朗的本色。

男士在系皮带时应注意以下细节。

(1) 皮带的装饰性是第一位的,所以不能携挂过多的物品。简洁、干练才是男人的特征。

(2) 皮带的长度不容忽视,系好后的皮带,尾端应介于第一和第二裤绊之间。

(3) 皮带的宽窄度应保持在3厘米。太窄,会失去男性阳刚之气;太宽只适合于休闲、牛仔风格的装束。材质以牛皮为宜,皮带扣应大小适中,样式和图案不宜太夸张(见图2-10)。

图 2-10　皮带扣的样式

(六) 着装的"三三原则"

(1) 三色原则。用于庄重场合的西装要遵循"三色原则",男士西装才能穿着合体、优雅、符合规范。简单地说,"三色原则"要求男士的着装,衬衣、领带、腰带、鞋袜、公文包一般不应超过三种颜色。因为从视觉上来说,服装的色彩一旦超过三种颜色,会显得杂乱无章。正装的色彩应控制在同一色彩的范围内,先西装、次衬衣、后领带,逐渐由浅入深,这是最传统的搭配。反之,领带色彩最浅,衬衫次之,西装色彩最深,即由深入浅搭配,也是可行的。

(2) 三一定律。男士的正装、皮鞋和公文包应为同一颜色或色系,正式场合以黑色为佳。

知识活页

刘公岛景区工作人员着装规范

作为国家5A级旅游风景区,刘公岛景区对员工的着装有明确的规定。

一、总则

(1)景区各单位工作人员在岗工作期间,必须严格按规定穿着统一定制的工作装,着装时应当按规定配套穿着。

(2)根据工作岗位特点,景区工作装分为一般工作人员服装、行政执法标志服、检票及停车场标志服、讲解员服装和旅游船船员标志服。

(3)着工作装时,不得披衣、敞怀、挽袖、卷裤腿,不得赤脚穿鞋或者赤足。

二、一般工作人员着装要求

1. 男员工着装要求

1)西服

(1)随时保持整洁、挺括,纽扣完整并随时扣好,裤缝线条清晰,无双道出现。

(2)西服的衣裤口袋内不可装多余东西,笔不可放于上衣口袋,以保持西服外形美观。

2)衬衣

(1)必须着管委(刘公岛景区管理委员会,简称"管委")统一制作的衬衣。

(2)衬衣的衣扣、袖扣要随时扣好,口袋内不放东西。

(3)衬衣须随时保持洁白、平整,特别是领口、袖口。

(4)外着西服时,内着长袖衬衣,衬衣下摆应扎在裤腰里边,袖子不可捋起;应扎系领带;内着毛衣(衫)的衣领不得露出衬衣领口之外。

(5)外着长袖衬衣时,衬衣下摆应扎系于裤腰内,衬衣袖口纽扣应系紧,应扎系领带。

(6)外着短袖衬衣时,着夏裤,衬衣领口第一个扣子松开,衬衣下摆扎系于裤腰内,不用扎系领带。

3)领带

(1)扎系管委统一下发的领带,领带结松紧适中,领带不得塞入西服口袋或衬衣里面。

(2)领带须系到领口的中心部位,大箭头盖在小箭头上,以领带末端盖及皮带扣之长度为宜。

(3)若使用领带夹,应将领带夹夹于衬衣的第4~5颗纽扣之间。

4)饰物

(1)有关岗位工作人员需要戴遮阳帽或工作帽的,相关单位应当对帽子的款式和颜色作统一规定,与工作装保持协调,并以书面的形式报景区监察大队备案。

(2)除工作需要或者眼部有严重伤疾外,不得戴有色眼镜。

(3) 男员工不得戴首饰。

5) 鞋袜

(1) 须穿颜色和款式与工作装相协调的鞋(包括凉鞋),不准穿拖鞋和裸足穿鞋。

(2) 袜子起到衔接裤子和鞋的作用,颜色以深色为宜。

2. 女员工着装要求

1) 西服

(1) 随时保持整洁、挺括,纽扣完整并随时扣好,裤缝线条清晰,无双道出现。

(2) 西服的衣裤口袋内不可装多余东西,笔不可放于上衣口袋,以保持西服外形美观。

2) 衬衣

(1) 必须着管委统一制作的衬衣。

(2) 衬衣须随时保持洁白、平整,特别注意领口、袖口等处。

(3) 外着西服时,内着长袖衬衣,并应将衬衣领翻到西服衣领之外。

(4) 外着长袖衬衣时,衣扣、袖扣须随时扣好,扣齐,不可捋起袖子。

(5) 外着短袖衬衣时着夏裙或夏裤,衬衣下摆在夏裙或夏裤外边。

(6) 应内着颜色与衬衣相协调的低领毛衣(衫)。

3) 饰物

(1) 有关岗位工作人员需要戴遮阳帽或工作帽的,相关单位应当对帽子的款式和颜色作统一规定,与工作装保持协调,并以书面的形式报景区监察大队备案。

(2) 除工作需要或者眼部有严重伤疾外,不得戴有色眼镜。

(3) 不得佩戴颜色过于鲜艳、款式过于夸张的饰品。

4) 鞋袜

(1) 须穿颜色和款式与工作装相协调的鞋(包括凉鞋),不准穿拖鞋。

(2) 袜子以深色或接近肤色为宜。女同志着夏裙时穿肉色袜子。

(资料来源:http://zhengwu.liugongdao.com.cn/Article/zw/jigou/lvyou/1722.html.)

理解要点:目前,越来越多的公司要求统一着装,并有严格的着装规范,旅游公司制定详细的着装规范是非常必要的。

二、女士正装礼仪

现代女性对服饰的需求已不满足于简单追求外表的美观,服饰能向外界展现她们的独立自信和知性魅力,套裙能够勾勒出女性的曲线美,体现女性端庄、典雅的职业气质。旅游从业人员的正装与职业女性一样,在挑选时,应注重服装是否大方、得体、端庄,花色和款式

都不要太过夸张,服装应不易起皱、穿着舒适。

职业女性可依据场合、年龄、职业、体形等综合因素选择适合自己的服饰,打造完美形象。目前女装款式多样,而西装套裙是女性的标准职业着装。

(一)套裙

1. 款式与分类

女士西装套装与男士西装套装在款式、件数上都有一定的区别,女士西装套装在选择上更加多样化,但类型比较单一,一般分为两类:一类是一件女式西装上衣,搭配不成套的裙子;另一类是成套穿着的西装套裙,成套穿着的西装套裙更为正式。西装套裙的款式多样:围裹裙、一步裙、筒裙等,风格端庄;旗袍裙、人字裙、百褶裙等,飘逸洒脱。

2. 尺寸规范

一般职场中,对女士套裙中上衣和裙子的长短并没有予以明确规定。旅游从业人员在选择工作制服以外的职业套裙时,应选择大众化、标准款型的套裙,且大小适宜。过大或过小、过肥或过瘦的套裙,通常都不符合着装规范。

套裙的上衣最短可以齐腰,再短则不雅。袖长以盖住手腕为宜。其中的裙子长度一般到膝盖或过膝一点,最长则可以达到小腿的中部,最短不短于膝盖以上15厘米处。裙子的臀围处不宜过于宽松或包身,过于宽松则体现不出女性着装的美感,过于包身则会显得轻浮。

3. 套裙的颜色

职场中的套裙上衣和裙子应采用同一质地、同一色彩的素色面料。较少使用图案、花边点缀,色彩一般讲究朴素、简洁,以冷色调为佳,如炭黑、藏青、中灰、褐色、驼色等。不宜用花卉、人物、抽象图形等作为主体图案,避免产生不稳重、不端庄感。在面料方面,应首选质地上乘的毛料缝制。在非严肃职场中,单穿西装上衣,搭配不成套的裙装是可以,可以选用上深下浅或上浅下深的对比配搭,展显职业女性的活力和个性。

4. 着装规范

套裙在造型上讲究量体裁衣、做工精细,穿着应平整、挺括。

(1)穿着规范。衣扣应全部扣好,衣袖不得卷起。任何公共场合都不宜脱掉上衣。上衣口袋做装饰用,不能放任何物品。上衣纽扣也应遵守套装固有的规定,分为单排扣式和双排扣式,纽扣数量最少为1粒,最多为6粒。上衣领口要翻好,在任何情况下,内衣不能外露。单排扣的上衣可以不系扣,双排扣应都系好。但旅游从业人员在工作时,无论什么款式的上衣,都应将衣扣全部系上,以示对客人的尊重。

(2)举止规范。穿上套裙后,坐立都不可双腿叉开。走路时不能大步奔跑,而只能以小步行走,步子要轻而稳。特别是就座以后,应注意姿态,不要双腿分开过大或是跷腿。

(3)裙装。短裙的裙长应以不短于膝盖以上15厘米为限。

(二)衬衣

与套裙配套穿着的衬衫,也应符合基本的礼仪规范。

1. 面料与款式

与套裙搭配的衬衫面料要求轻薄而柔软,如真丝、麻纱、府绸、罗布、花瑶、涤棉等。女式衬衫的款式较多,主要变化多体现在领形、袖管、门襟、轮廓、点缀等方面,但搭配套裙的衬衫式样不宜过于复杂或夸张。

1)衬衫的颜色

搭配套裙的衬衫要求雅致而端庄,并且不失女性的妩媚。与男士西装的搭配原则一样,以白色作为套裙搭配最常用的颜色。此外,与套裙配套穿着的衬衫上,最好不要有鲜明或个性化的图案,一般选择无任何图案的衬衫最得当。

2)衬衫的穿着规范

工作中,女士衬衫应为长袖,并与套裙搭配穿着,不可脱掉外衣单穿。衬衫的纽扣要一一系好,内衣不可外露。衬衫的下摆必须掖入裙腰之内。

(三)袜子和皮鞋

1. 袜子

配套女士套裙时,必须穿袜子,且只能是长筒袜,长筒袜与连裤袜与套裙是标准搭配,这样可以通过服饰来突出女性的腿部美,并且可以修饰双腿皮肤的缺陷。短袜一般只适用于长裤,中筒袜或短袜不宜与套裙同时穿着。丝袜颜色以肤色为主。有刺绣、网纹、镂空等或有图案的长袜都不适合在白天穿,且不能与正装搭配。

2. 皮鞋

穿着套裙时,应搭配皮鞋。休闲皮鞋、布鞋、凉鞋、靴子都不适合与套装搭配。不太建议选择颜色较鲜艳的高跟鞋,款式也不要过分时尚。皮鞋的颜色也以深色系为主,黑色最佳,能给人稳重踏实的感觉。鞋跟的高度以高跟或中跟较适合,坡跟、平跟、松糕鞋等都不宜采用。参见图2-11。

图2-11 女士皮鞋规范

3. 鞋袜的搭配规范

(1)穿套裙时,需注意鞋、袜、裙三者之间的色彩是否协调。一般认为,鞋的颜色应与裙子的颜色一致,或深于裙子的色彩。

(2)女士皮鞋鞋跟的高度应因个人的承受度为标准,以免影响行走的姿态。

(3)不光脚穿鞋,不在公共场合脱袜、脱鞋。

(4) 丝袜应干净无勾丝。勾丝后的丝袜不宜再穿着,补过的丝袜也不符合礼仪规范。因此,在穿着套裙时,可在皮包内多备一双丝袜。丝袜的袜口应掩盖在裙摆里,以坐下后不漏出为标准。

(四)腰带

女士的腰带比男士更丰富多样,质地有皮革的、编织物的、其他纺织品的,纯装饰性的场合更多,款式也多种多样。女士的腰带主要在穿着背心裙时作为装饰品。在穿着半身套裙时一般不配腰带。

使用腰带应注意以下细节。

(1) 与服装搭配协调,包括款式和颜色的搭配。比如穿西服套裙一般选择简洁的、花样较少的腰带,以便与服装的端庄风格搭配。

(2) 要和体形搭配,比如个子过于瘦高,可以用较显眼的腰带,形成横线,增加横向宽度。如果上身长下身短,可以适当提高腰带到比较合适的上下身比例线上,造成比较好的视觉效果。如果身体过于矮胖,就要避免使用大的、花样多的宽腰带。

(3) 要与场合协调。职业场合不要用装饰太多的腰带,而要显得干净利落一些。平时休闲或参加晚宴、舞会时,腰带可以花哨些。

(4) 在公共场合,不要当众松紧腰带,这样既不礼貌,也不雅观。如有必要,可以起身到洗手间去整理。

(5) 经常注意检查自己的腰带是不是有损坏,以提早替换,避免发生"意外"。

第三节 旅游从业人员配饰礼仪

一、旅游从业人员饰品佩戴规范

职场正装多以深色为主,给人以庄重、严肃的感觉。如果加上适当的配饰,不仅可以起到画龙点睛的作用,还能使个人形象和气质更加完美。饰品指能够起到装饰作用的物件,是服饰的辅助物品,它又区别于服饰而相对独立存在,是实用性与艺术性的结合体。饰品主要分为两大类:一类是服装配物,如帽子、领带、眼镜、包、腰带、鞋子等;另一类是首饰配件,如耳环、项链、戒指、手镯等。饰品的佩戴应讲究整体效果,与服饰相协调,起到点缀、美化服饰的作用。适当佩戴饰品能让人更加光彩照人,是仪表美的重要组成部分。

(一)帽子、手套

帽子可以起到御寒、遮阳和装饰的作用。但进入室内,男士就应该摘掉帽子,挂在衣架上,或拿在手里。女士的帽子更多起装饰性作用,在一些西方国家,帽子比服饰的装饰作用更加重要,也往往代表着女士的地位。因此,女士在一般公共场所或参加晚宴时,与服饰配套的装饰性的帽子可以不脱。旅游从业人员,除晚宴以外,其他场合必须摘下帽子,表示严肃的态度和对他人的尊重。

手套除御寒外,还有保持手臂清洁和防止太阳曝晒的功能。旅游从业人员佩戴手套时,要根据身份要求选择是否佩戴。如专职司乘人员、酒店门童或行李员等,在服务过程中不必脱掉手套。在一些高档会所中,也有酒水服务员戴手套服务的礼仪规范。在日常交往或正式场合,与人握手时,应摘掉手套以示礼貌与尊重。此外,在西方的传统服饰中,手套也是必不可少的配饰,当女士参加宴请时,应选择与所穿衣服的颜色、款式、系列相协调的礼服手套。

(二) 丝巾

丝巾不仅是女士服饰的最佳搭配,也是弥补服饰不足、表达自身个性的重要装饰品。丝巾可以通过不同的造型来与服装相搭配,可以大面积搭配,也可以小面积点缀。适合职场的丝巾主要有大型方巾、中大型方巾和小型方巾。在挑选丝巾的时候,应重点注意丝巾的颜色、图案、质地和垂感。丝巾不宜放入洗衣机里洗,也不要用力搓揉和拧干,只要放入经过稀释的清洁剂中浸泡一两分钟,轻轻拧出多余水分再晾干即可。

方巾的色彩选择可依据自己的喜好或人际沟通的表达需要而定,也要兼顾个人色彩、体形、场合、形象等因素。例如:红色丝巾可映得面颊红润;如脸色偏黄,则不宜选用深红、绿、蓝、黄色丝巾;脸色偏黑,则不宜选用白色、有鲜艳大红图案的丝巾。此外,也可深色衣配浅色巾、冷色衣配暖色巾、素色衣配鲜艳色巾,以突出整体效果。

> **知识活页**
>
> **空姐花样丝巾系法**
>
> 空姐花样丝巾系法如图 2-12 所示。
>
>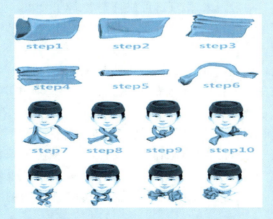
>
> 图 2-12 空姐花样丝巾系法
>
> (资料来源:http://blog.sina.com.cn/s/blog_725929b50102v6ou.html.)

(三)皮包

配套正装的男士皮包为公文包。手提式的长方形公文包为标准款式(见图2-13)。公文包的面料应该是牛皮、羊皮制品,而且黑色、棕色最正统。除商标外,公文包在外表上不要带有任何图案、文字,包括真皮标志,否则有失身份。从色彩搭配的角度来说,公文包的色彩和皮鞋的色彩一致,看上去就显得完美而和谐。

图2-13 手提式长方形公文包

场合不同,女士着正装搭配的皮包款式也不同。一般职场中,女士的皮包颜色不宜过于鲜艳,冷色调更为正式,款式不宜夸张,包应结实实用,以可以放进文件为佳。而出入宴会等场合时,女士应配与服饰相协调的手包。选择皮包时要考虑颜色,更注重装饰性。里面只放少量的化妆品等小件物品,以免破坏手包的形状,从而影响服饰搭配的整体效果。

(四)项链

搭配正装,应选择质地较轻、精致小巧的项链。在质地上可以选择金项链、珠宝项链、仿制项链等。金项链佩戴时应配以质地相似的吊坠,项链不易过粗,吊坠不易夸张或过大。珠宝项链包括珍珠、玛瑙、翡翠项链等,这一类项链给人以雍容华贵的感觉,搭配正装时,款式不宜夸张,体积不宜过大。仿制项链款式较时尚,性价比高,更适合年轻人。

选择项链时应注意参加的场合,职场中的项链款式以简单为主,参加宴会的项链则偏重于与服装和身材的搭配。此外,还要结合自己的脸形、脖子长度等。

根据年龄选择项链。女青年佩戴项链主要是增添青春美和秀气,宜戴纤细一些的无宝石金链(含K金链),它会给人以苗条和秀丽之感。中老年妇女佩戴项链,除装饰体态美之外,更有表示雍容华贵之意,因而佩戴较粗一些的项链为佳。

根据脸型选择项链。一般说来,短项链可使脸显宽、脖子显粗。脸和脖子稍长的女性应佩戴稍短的项链。方形脸、脖子短的女性宜佩戴稍长的项链,得到脖子变长的印象,从而增加美感。

根据肤色选择项链。肤色白皙的女性,既可佩戴浅色宝石项链(如珍珠、浅红色玛瑙项链等),也可佩戴颜色较深的宝石项链(如紫晶、澳洲玉、蓝玛瑙项链等),以形成鲜明对比,更衬托出白皙的肤色。肤色稍黑的女性,可选择咖啡色、深米黄色的宝石项链(如茶晶、黄晶项链等),这样可以起到"淡化"肤色的作用,增添肤质的健康美。

根据身材选择项链。身材修长、体态轻盈的女性,应选佩宝石颗粒较小、长度稍长的项链。体态丰腴的女性,宜佩戴颜色较浅、颗粒较大的宝石项链。这也好比穿衣服,体态丰满的人穿肥大一点的衣服,反而不显得胖;如果体态丰满的人穿瘦小的衣服,便会处处显得不协调。

(五)戒指

"后妃群妾以礼御于君所,女史书其日月,授之以环以进退之。生子月辰,则以金环退之。当御者以银环进之,著于左手。既御,著于右手。事无大小,记以成法。"这是汉代毛亨对《诗经·邶风·静女》中"贻我彤管"作的注解。学术上多以此来解释"戒指"一称的由来。

旅游从业人员在职场,至多可戴一枚戒指,且为婚戒。如参加宴会,可戴1~2枚戒指,主要起装饰作用。佩戴两枚戒指时,可戴在左手相连的两个手指上,也可左右手对应手指佩戴。

(六) 耳环

耳环形状各异,有吊坠式、点状式、环形、方形等等。旅游从业人员在佩戴耳环时,不宜选择款式夸张、太过复杂的耳环。酒店一线服务人员在工作期间不宜佩戴吊坠式耳环。在日常交往和一般职场中,可根据脸形和服饰风格等因素选择项链款式。如头发与耳坠的搭配理应遵循长配长,短配短,发式和耳饰相一致的原则。身材玲珑的女性,不宜佩戴大型号的首饰,宜选择一些小巧、精致的首饰。身材高大的女性,不宜佩戴小型的首饰。年轻女孩,耳坠应小而淡雅,这样给人以纯洁感。职业妇女上班可佩戴简洁的耳饰搭配套装,既具女性美,又显端庄稳重。肤色较暗的人不宜佩戴过于明亮鲜艳的耳饰,可选择银白色。皮肤白嫩的女士适合佩戴红色和暗色系耳饰,以衬托肤色的光彩。

(七) 胸针

胸针是别在上衣上的针状小装饰品,又称胸花。一般为金属质地,上嵌宝石、珐琅等。可以纯粹用于装饰或兼有固定衣服的功能。在选择胸花时,应考虑其与服饰的整体色调相协调。胸花的色彩选择要运用对比手段,即"素中带艳"、"艳中点素",既要有"画龙点睛"的装饰效果,又不能分散别人的注意力而影响服饰的整体效果。衣服素淡雅致的,胸花色彩宜鲜艳夺目;衣服色彩鲜艳亮丽的,胸花应淡雅别致,甚至不用。胸针还应与脸形相协调,圆脸的人不宜用圆形或弧度较多的胸花,而长脸的人则恰好相反。

旅游从业人员在工作期间,年轻女士宜选用小型精巧的胸针,胸花应淡雅庄重;中老年妇女则适宜佩戴各种深色的造型传统、做工精细的宝石镶嵌型胸针。参加宴会和出席正规的社交场合宜选佩较为大型的胸针,喜庆的场合,胸花的选用应鲜艳夺目。

(八) 其他配饰

手镯与手链一般戴在右手上,成对的手镯可同时戴在手腕上。

着职业装时,应选择传统款式的手表,不宜佩戴时装型或休闲型的手表;佩戴手表时,不应同时戴手镯或手链;女士手表表盘不宜过大,也不可佩戴男士手表。

香水有独特的文化,在不了解其含义或者香型时,不宜盲目使用。各类香水都有很多考究,应遵循基本原则:

(1) 香水应在清洁后使用,要尽可能与体味协调;

(2) 浓郁的香型,适合在冬天或晚上使用;

(3) 清淡的香水适宜在夏天或白天使用;

(4) 香水应在出门前半小时喷洒;

(5) 香水可以喷在干净、刚洗完的头发上。若头发上有尘垢或者油脂,则会令香水变质。香水也不能喷洒在干枯和脆弱的头发上,避免对发质造成伤害。

(6) 香水不宜涂在额上、腋下和鞋内等易出汗的部位。因为这些部位汗液多,易将香水冲淡,而且汗味和香味混合会产生怪异气味。

(7) 香水应避免与宝石、金属等饰品以及浅色衣服或皮草接触,因为香水会使它们失去天然光泽或留下斑点。

二、旅游从业人员饰品佩戴原则

巧妙地佩戴饰品，能让服饰整体构成更加和谐，达到相互烘托、相映生辉的效果。但相反，若佩戴不当，则会画蛇添足，破坏整体的和谐。随着社会经济的发展和文化的演变，饰品除了具有装饰作用外，还有传递信息的作用。饰品的品种、档次、质地及佩戴是否得当在某些情况下反映出个人的身份、地位、职业特征、审美情趣等。旅游从业人员在选择配饰时，应注重服务对象的感官享受，既不能珠光宝气，也不能不注重搭配与修饰。总体来说，应遵循以下几项原则。

（一）尊重习俗的原则

旅游从业人员面对的客人呈多元化，有的来自不同国家或地区，有的来自不同民族，有着不同的宗教信仰。在佩戴饰品前，首先应考虑所接触的客人的基本信息、宗教信仰等，了解不同地区、不同民族的人佩戴首饰的习惯等，要予以了解和尊重。此外，还应了解饰品佩戴的寓意，以免出现尴尬的场面。例如戒指戴在各个手指上暗示的意义不同。

（二）符合身份的原则

饰品的佩戴不仅要照顾个人爱好，更应当适合自己的身份，要和自己的性别、年龄、职业、工作环境保持基本一致，而不要相差太多。旅游从业人员的工作性质是为旅游者提供服务，一切要以接待对象为中心。佩戴的饰品应给宾客留下美丽又不失涵养的印象，满足其审美心理，而不是为了在宾客面前炫耀。不要盲目跟风，否则会显得行为肤浅，也是对宾客的不尊重。服务人员应摆正自己的位置，在工作岗位上佩戴饰品一定要符合自己的身份，一般不选择张扬个性、另类夸张或高贵华丽的珠宝类饰品。

（三）恰到好处的原则

旅游从业人员在工作场合一般要求穿正装，正装庄重、典雅、职业感强。选择合适的饰品既符合所处的环境，又可点缀服饰、增添美感。饰品的选择要注意是否能显优藏拙。如果对首饰礼仪一无所知，难免会弄巧成拙、招人笑话。季节不同，佩戴的首饰也要不同。金色、深色首饰适合冷季佩戴，银色、艳色首饰适合暖季佩戴。此外，女士在选戴首饰时，要对不同的品种，进行不同的对待。必须配合自己的体形、脸形与服饰等特点，努力使首饰的佩戴为自己扬长避短，达到完美的搭配效果。

（四）以少为佳的原则

旅游从业人员在佩戴饰品的数量、品种上要少而精。在选择、佩戴饰品时，数量以少为好。在必要时，可以不用佩戴首饰。如果想同时佩戴多种首饰，一般不宜超过两种，一种饰品，不应超过两件。饰品多则杂，不但不能增添美感，反而会画蛇添足。还可佩戴个别精致的小饰品。如果没有特殊要求，一般可以是单一品种的戒指，或者是把戒指和项链、戒指和胸针、戒指和耳钉两两组合在一起使用。如果既佩戴了戒指、项链，又佩戴了胸针、耳钉，甚至再加上一对手镯，彼此之间就不好协调，反而给人以烦琐、凌乱和俗气的感觉。

（五）同质同色的原则

饰品种类繁多，佩戴方法多样，佩戴上讲究搭配的和谐。佩戴两种或两种以上饰品要注意同色同质。同色即同一种色系,如项链是金制的,戒指也应是金制的。同质即同一种质地。如果同时佩戴两件或两件以上的首饰,要求色彩一致。比如佩戴镶嵌首饰时,要让镶嵌物质地一致,托架也要力求一致,这样能让它们在总体上显得协调。还要注意,高档饰物,特别是珠宝首饰,适用于隆重的社交场合,如果在工作、休闲时佩戴,就显得过于张扬了。

总体来说,旅游从业人员佩戴饰品要注意符合服务工作的性质。饰品应大方得体,不要过分炫耀、夸张、复杂,应少而简洁。穿着制服时,不宜佩戴带有明显装饰性的戒指、项链、手镯、手链、脚链等。餐饮服务人员不得佩戴戒指、项链、手镯等饰品。

教学互动

互动问题:旅游从业人员正装与饰品搭配的原则。
1. 旅游从业人员是否应该佩戴饰品?
2. 饰品佩戴的总体原则是什么?

要求:
1. 教师不直接提供上述问题的答案,而引导学生结合本节教学内容就这些问题进行独立思考、自由发表见解,组织课堂讨论。
2. 教师把握好讨论节奏,对学生提出的典型见解进行点评。

本章小结

内容提要

本章讲述了旅游从业人员服饰礼仪的基本要求、着装礼仪和配饰礼仪三部分内容。

本章首先介绍了服饰礼仪的概念、服饰礼仪的原则等。

服饰礼仪对旅游从业人员有着深远的意义。服饰礼仪是旅游从业人员应具备的基本素质,服饰礼仪体现出旅游从业人员对宾客的尊重程度,服饰礼仪直接影响旅游者的评价效果,服饰礼仪体现出企业的管理和服务水平。

旅游从业人员服饰礼仪的基本原则包括整洁性原则、和谐性原则、"TPO"原则。

介绍男士正装和女士正装的组成部分和细节挑选,穿着规范等。

阐述旅游从业人员饰品佩戴规范和原则。

核心概念

服饰礼仪　正装礼仪　配饰礼仪

重点实务

重点掌握正装的选择标准,旅游从业人员的着装规范。

知识训练

一、简答题

1. 简述服饰礼仪的含义。
2. 简述男士着西装的禁忌。
3. 简述女士着正装的规范。
4. 简述旅游从业人员饰品佩戴原则。

二、讨论题

讨论服饰礼仪的重要意义。

能力训练

一、实操练习

1. 练习领带的系法。
2. 练习丝巾的系法。
3. 熟悉服饰和配饰的搭配技巧。

二、案例分析

着装与事业

背景与情境：有位女职员是财税专家，有很好的学历背景，常能提供很好的建议，在公司里一直非常杰出。但当她到客户的公司提供服务时，对方主管却不太注意她的建议，她发挥才能的机会也就不大了。一位时装大师发现这位财税专家着装方面的明显不足：她26岁，身高147厘米，体重43公斤，看起来机敏可爱，像个16岁的小女孩，外表实在缺乏说服力。他建议她用服装强调出学者专家的气质，用深色的套装，对比色的上衣、丝巾、镶边帽子来搭配，甚至戴上黑边眼镜。女财税专家照办了，结果，客户的态度有较大的转变，很快，她成为公司的董事之一。

（资料来源：http://www.worlduc.com/blog2012.aspx？bid＝17343658.）

思考：女财税专家着装的改变对你有什么启示？为什么说着装与事业联系紧密？

第三章 仪容礼仪

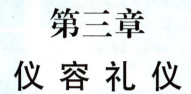

学习目标

通过本章学习,应当达到以下目标:

职业知识目标:通过学习,了解旅游从业人员仪容礼仪的主要内容,理解仪容礼仪的概念。知晓仪容礼仪的意义、原则和总体要求,旅游从业人员发型和妆容规范。

职业能力目标:运用本章专业知识及相关知识,引导学生正确认识旅游从业人员的礼仪规范。通过仪容礼仪的相关案例了解仪容礼仪在实践中的正确运用。通过仪容礼仪的实训操练,掌握仪容修饰的技巧,明确仪容礼仪的规范及要求,强化职业技能。

职业道德目标:结合旅游礼仪的教学内容,依照行业标准和规范,认识到仪容礼仪的重要性,强化职业规范和职业道德。

引例:失去的顾客

背景与情境:一天,黄先生与两位好友小聚,黄先生一行人来到某知名酒店。接待他们的是一位五官清秀的服务员,服务员比较热情,但她面无血色,显得无精打采。黄先生一看到她就觉得心情欠佳,仔细留意才发现,这位服务员没有化工作妆。在餐厅昏黄的灯光下显得病态十足。上菜时,黄先生又突然看到传菜员的指甲缺了一块,他的第一个反应就是"不知是不是掉到我的菜里了"。但为了不惊扰其他客人用餐,黄先生没有将他的怀疑说出来。用餐结束后,黄先生到柜台找服务员结账,服务员却一直对着反光玻璃墙面修饰自己的妆容,丝毫没注意到客人的需要。自此以后,黄先生再也没有去过这家酒店。

(资料来源:http://freebird1976.blog.163.com,2010-12-31.)

启示:在这个鲜活的案例中,接待员和收银员发生的错误礼仪行为,在我们的日常生活中也经常遇到。企业对员工仪容礼仪要求不严,管理不到位,往往会失去顾客的认可,进而失去宝贵的客源。而员工不当的行为和仪容不仅影响了企业的形象,更让顾客对员工本人"另眼看待",质疑其个人素养。

实际上,仪容礼仪对旅游从业人员尤为重要,旅游从业人员不仅应懂得仪容礼仪的意义,更应知晓仪容礼仪的规范与禁忌。

第一节 仪容礼仪基本概述

一、仪容礼仪的概念

俗话说"三分长相,七分打扮",说明人们早已总结出塑造自身形象的要点。自古以来,女士们都希望通过各类护肤品和化妆品让自己的容貌变得更加美丽,而男士们也渐渐加入了护肤和化妆的行列。人们在追求美的同时,对审美的标准也在逐渐发生变化,并不断完善自我修饰技术,以期通过对面容及身体的修饰,让自己的形象更加完美。随着社会文明的不断推进,仪容礼仪已经成为人们生活、工作、交际中必不可少的重要组成部分。

什么是仪容?仪容即人的容貌,包括发型、面貌和人体所有未被衣物遮盖的部位(如颈部、手部等)。也就是说,所有没有被衣物遮盖的部位都属于仪容的范畴,都是需要被修饰的部分。仪容是个人仪表的重要组成部分,仪容美也是仪表美的核心内容,是旅游服务礼仪的基本规范。

仪容礼仪是旅游从业人员树立职业形象的重要内容,也是礼仪规范要求中的重要环节,更是衡量企业管理是否规范的重要标准之一。旅游从业人员的仪容礼仪有行业规范,按照行业规范进行仪容的修饰,是从业者热爱工作、尊重顾客的体现。良好的仪容礼仪能够赢得顾客的好感,展现出一个人的精神面貌和对生活积极、乐观的态度,有助于旅游工作的顺利进行。

二、旅游从业人员注重仪容礼仪的意义

"顾客至上"、"顾客就是上帝"等营销理念被广泛应用于旅游行业,这些理念不仅仅是一句口号,想要实现它,首先需要旅游企业从规范员工的仪容礼仪开始着手。随着旅游服务行业的日益规范,许多旅游企业也将经营理念、管理思想以及形象定位都直接体现于内部员工职业仪表的具体规定上,希望能通过全体员工的职业仪表,使公众对企业产生良好的"第一印象",进而对组织产生好感与认同。

(1)旅游从业人员仪容礼仪对行业的意义。旅游行业的工作性质决定了旅游从业人员必须注重个人的仪容礼仪。近些年来,随着中国向国际化迈进,出入境的游客越来越多,作为服务行业,其工作特点决定了旅游从业人员是直接面向旅游者并为旅游者提供服务的,工

作人员的形象会对国内外游客产生首因效应。从业人员的良好仪容会产生积极的宣传效果,并在一定程度上反映了一个国家或地区的行业发展水平。

(2)旅游从业人员仪容礼仪对企业的意义。礼仪的核心是"尊重"。在企业管理过程中,如何让顾客感受到尊重,需要多方位的培训与管理。仪容礼仪便是企业培训和管理中最基本的一项。从事旅游行业的人员应注重仪容礼仪,每天以干净、清爽的仪容迎接顾客,带给顾客以尊重,更表达自身为顾客真诚服务的态度,这是旅游企业对员工的基本要求。旅游从业人员注重仪容礼仪是尊重宾客的需要,展现了旅游从业人员的形象风采和精神风貌,更体现了一家企业的管理水平和质量。

(3)旅游从业人员的仪容礼仪对个人的意义。人都有追求美的心理,希望看到一切美的事物。英俊的男士、秀美的女士往往能给人美好的第一印象,使人产生好感,愿意与之亲近。旅游从业人员重视仪容修饰,会给人以亲和力,并产生愉悦感和信任感,使宾客愿意接受服务,进而激发宾客的消费欲望。反之,如果服务人员仪容不具美感,其服务被认可的难度也会增大。仪容礼仪可以反映出个人的基本素质、文化修养和生活态度,个人形象的直接展现也体现出个人的自尊自爱程度。

美是可以追求的,也是可以创造的。因此,旅游从业人员要想塑造良好的形象,满足宾客的审美需求,就应学会如何设计和修饰个人形象,展现仪容美。

三、旅游从业人员仪容礼仪的总体要求

仪容美需要天生的五官基础,更需要后天的精心修饰。在旅游行业中,仪容美已经被作为一项基本的礼仪要求。因行业中的接待对象不同,企业对员工仪容美的要求也不同。如航空公司对空乘人员的妆容要求极为详细,从化妆的步骤到眼影的颜色都有严格的规定。而旅行社等一些企业只要求员工化淡妆上岗即可。但无论面对的顾客是哪一类人群,旅游行业仪容礼仪的总体要求是统一的,即讲究个人卫生、注重面部清洁、遵循修饰原则。

(一)注重个人卫生

从业人员在进行仪容修饰时首先应注意卫生问题,如注重个人的健康状况、局部的卫生情况等。个人卫生是否良好体现了个人的基本修养。如个人健康状况不佳,会产生口臭、脱发等现象,给工作和生活带来尴尬。如局部卫生未注意,有可能会出现体臭、脚臭等现象。因此,直接面对顾客的从业人员,在出门前一定要检查自己的仪容是否妥当,头发不应有头屑,不油腻;面部干净,身体无异味。

(二)注重面部清洁

在仪容礼仪中,面部是最主要的修饰部分,旅游从业人员在进行面部修饰时首先应关注面部的清洁问题。在上妆前或出门前,应对面部精心修饰,检查眼角是否还有分泌物,鼻毛和胡须是否过长等。面部清洁要养成良好习惯,外出归来、午休完毕、流汗流泪、接触灰尘之后都应自觉地及时洗脸,检查脸部清洁情况。

(三)遵循修饰原则

在仪容修饰的过程中,应崇尚自然,不呆板。适合自己、符合行业规范是旅游从业人员仪容修饰的基本要求,遵循讲究美观、合乎常理的基本原则。不过分修饰,不浓妆艳抹,不使

用夸张的修饰物(如异色假发、睫毛亮片、眼部装饰亮片等),不戴夸张的耳环,不穿鼻环、舌环、唇环等。旅游从业人员还要注意接待对象的民族或国家禁忌,不过分修饰,以免给接待工作带来不利影响。

四、仪容的修饰与清洁

(一)面部清洁

面部是仪容修饰的核心部分。清洁皮肤是美化肌肤的第一步,清洁皮肤一定要彻底。清洁面部可以去除新陈代谢产生出的老化角质、卸妆残留物等,是保证护肤品被充分吸收的先决条件。清洁面部需要根据个人的皮肤状况和清洁程度按步骤一步步来完成,既能清洁面部,也能呵护面部。

1. 去除面部油污

在使用了BB霜、粉底或隔离霜后,应先使用卸妆用品,才能彻底清洁残留化妆品。再将适量洁面用品挤出,放在手心并揉搓起泡,揉搓成丰富的泡沫后涂在面部,用指肚轻轻按摩,让泡沫在肌肤上移动以吸取污垢(见图3-1)。若是乳状洁面用品,可直接涂于面部,并用同样的按摩方式完成洁面步骤,切不能用力搓揉,以免破坏皮肤的自我修复功能。

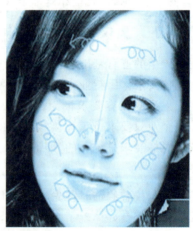

图3-1 揉搓起泡和清洁手法

2. 细节处理

鼻翼及鼻梁两侧、额头中心是面部皮脂腺分泌旺盛的地方。因此,洗脸应对皮脂分泌较多的"T"区部位着重清洗。用指肚轻轻地由内朝外画圆圈滑动清洗,这些部位清洗要细致,若清洗不到位将会导致面部水油不平衡而脱妆或出现油光。洗脸时也要注意脖子部位和耳后的清洗。

3. 避开破损或粉刺部位

如面部有伤口,清洁时应避开该部位,以免感染发炎,使伤口恶化。如遇粉刺部位,不宜过于用力揉搓或清洗太久,以免加重粉刺问题。

4. 清洁的手法

清洗时,可用无名指轻轻由内向外画圆弧揉搓,使污垢融于洁面产品中,一并洗净。不宜用指尖接触皮肤,而应用指肚接触脸颊的皮肤,帮助皮肤按摩与清洁。

5. 水温的选择

清洁面部应以温水为宜。过冷的水会让毛孔紧闭而影响清洗效果,过热的水则会加速皮肤老化。

6. 清洁后的擦拭

洗脸后,可将毛巾轻贴在面颊上,让毛巾自然吸干面部水分,不可用力过猛,以免伤害皮肤。

7. 男性皮肤的清洁

男性的皮脂腺分泌更加旺盛,皮肤偏油性。男性因皮肤较油腻而产生的皮肤问题也较多,如粉刺、毛孔粗大等。许多男性因为脸太油,会选择高碱性的香皂来清洁面部,或是每天清洗好几次,这样不仅破坏了微酸性皮脂膜,皮肤变得更加脆弱和敏感,而且一旦接触不洁的空气或细菌,就会引起过敏反应。因此,男性应选用男性专用的深层洁肤产品来清洁皮肤,洗脸后轻拍化妆水,能平衡脸部酸碱值、补充水分,拍完化妆水后再用乳液或面霜。这样既可以解决男性皮肤的出油问题,克服油腻现象,也能解决因皮肤缺水而出现的脱皮现象。

(二) 眉部修饰

1. 清洁

在日常工作中,从业人员应关注自己的眉毛,使之时刻保持清洁。注意自己的眉部是否有灰尘、死皮或掉落的眉毛等。

2. 眉形的修饰

眉毛的浓度、眉毛的形状都向人们传达了个人的性格特征,对五官起着至关重要的作用。一般美观的眉形应形态优美,完整且干净。同时,也应对断眉、残眉、"八字眉"、过黑或过浓、过淡或过稀的眉毛进行适当的修饰。

3. 梳理

眉形可以凸显个人的五官,对个人整体容貌至关重要。即使本身眉形尚可,也可根据个人喜好进行修饰。从业人员在上岗前,除了面部清洁外,还应梳理自己的眉毛,使其清晰、有序。同时,在化妆前应修饰眉形,去除眉形外的眉毛,然后描眉。

常见的眉形如图3-2所示。

(三) 眼部修饰

1. 保护

眼睛是心灵的窗口,向人们传达不同的信息,布满血丝的眼睛会给人以疲惫感,影响仪容的整体美观。平时应注意用眼时间,不宜过度疲劳。疲劳时,可多做眼保健操来按摩眼睛周围的穴位,并适当休息,使眼睛保持明亮,恢复神采。同时,应注意按摩前清洁双手,以免感染眼疾。在洁面时,也应彻底将眼妆卸除干净,以免色素沉淀,伤害眼部肌肤。

2. 保洁

旅游从业人员的眼部清洁与否很容易被他人注意,所以应时时注意眼部的清洁。留意自己眼角是否有分泌物,切勿在眼角或睫毛上遗留"眼屎",否则会给客人留下不洁的印象。

优雅眉
是日本女性崇尚的眉形，眉峰略高于眉头，眉尾下方以自然弧度收尾，优雅眉的眉毛厚度不宜过薄，才能展现优雅的女性魅力。

柳叶眉
眉头，眉峰，眉尾的宽度非常细窄，眉峰的位置属于圆弧形，呈现变形的半圆线条。比起拱形眉，柳叶眉的眉峰弧度落在眼球的中央（拱形眉峰弧度落在眼球外侧）。

拱形眉
眉峰高度高于眉头，在比例上眉峰的高度比眉头窄，同时较圆润。
拱形眉给人的印象：带有女性柔美感，眉峰愈高，挑逗的意味愈浓厚。

自然眉
目前女星中最流行的眉形。眉峰的弧度与眉头的高度接近，眉峰到眉尾的弧度属自然平拉，有点类似80年代流行的一字眉，但略带弧度。
自然眉给人的印象：果决，无污染，中性，像孩童般纯真。

剑眉
和优雅眉最大的区别在于眉峰到眉尾的长度。通常优雅眉从眉峰到眉尾顺势往后拉，还是会有固定长度，但是剑眉从眉峰到眉尾快速收尾，且剑眉从眉峰到眉尾的高度高于眉头，同时带着些微角度，感觉像一把剑。
剑眉给人的印象：五官集中，脸形较窄，英气十足。

图 3-2　眉形

（资料来源：http://item.jd.com.）

（四）鼻部修饰

1. 清洁

旅游从业人员应重视鼻子的清洁。平时保持鼻腔的卫生，不宜用手指或指甲挖鼻孔。经常挖鼻孔，会弄掉鼻毛，损伤鼻黏膜，甚至使鼻子变形，鼻孔变大。对鼻涕一类的"杂物"应及时清理，应避免在众人面前清理，要用手帕或纸巾辅助进行，并且要小声，避免发出声响，否则会令他人反感。

2. 护理

鼻部的周围，毛孔较为粗大，也会因内分泌比较旺盛或清洁面部不彻底而产生"黑头"。为了避免"黑头"的产生，平时应对鼻部认真清洗，也可以用专门的"鼻贴"进行处理，切忌乱挤乱抠，以免使"黑头"更加严重或造成局部感染。

（五）口腔清洁

1. 清洁

旅游从业人员为顾客提供服务时，离不开语言交流。保持口腔清洁、口气清新是让顾客愿意与其交流的首要条件。三餐饭后，从业人员应刷牙漱口，清除牙齿上的异物、保持洁白美观。口腔有异味是很失礼的事情。上班前忌吃带刺激性气味的食物，如葱、姜、大蒜、腐乳和烈酒等。如已经食用，可及时漱口，牛奶和柠檬水对去除口腔异味都有一定作用。口腔清洁的要求为：勤漱口，牙齿洁白，无残渣；口腔无异味，口气清新。

2. 保护

在清洁的同时，还应注意个人习惯，养成定期洗牙、洁牙的习惯。一要尽量少抽烟或不抽烟，不喝浓茶，避免在牙齿上留下烟渍、茶锈。二要选择适合自己口腔的牙刷和牙膏，使用正确的刷牙方法，早晚刷牙，刷牙时间不要少于三分钟。三要养成正确的咀嚼习惯。这些都能对牙齿起到保护作用。

3. 礼仪禁忌

咳嗽、打喷嚏时，应用手绢捂住口鼻，面向一侧，避免发出大声，并道对不起。不随地吐痰，培养良好的卫生习惯。在社交场合进餐后要检查牙缝有无异物，但切勿当着他人的面剔牙，可以用手掌或餐巾掩住嘴角，然后再剔牙。即使是为了去除异味，在他人面前嚼口香糖也是不礼貌的。旅游从业人员不应在工作期间或与人交谈时嚼口香糖。

（六）耳部修饰

每个人的耳孔里除了会有分泌物外，有时还会积存一些落入的灰尘。在做面部清洁时，耳部往往会被人们忽略。在每日清洁面部时，应有意地洗洗耳朵背后和耳朵周围。此外，耳朵内部也容易出现分泌物，即耳垢。清洁耳垢时，应注意方法与使用的工具，必要时可请专人处理，以免引起损伤。

（七）唇部修饰

无论男士或女士，在平时应多饮水，避免嘴唇干裂，保护自己的双唇。在洁面时，先彻底卸除唇部彩妆。如嘴唇干裂，应及时使用唇膏。在选用唇膏时，应注意季节变化，选择保湿度不同的唇膏。此外，用餐后，应避免嘴边、嘴角有残留的食物。

（八）手部清洁

手部是旅游从业人员的"第二张名片"。在接待服务中，为了避免影响宾客的情绪和食欲，应保持手部的健康、洁净，注意日常清洁和护理。长指甲既不雅观又不卫生，特别是从事餐饮服务的工作人员要高度重视，指甲不宜长过指尖，男士更不能留长指甲。在工作岗位上，指甲应保持干净，女士在不影响工作的情况下，指甲可修成椭圆形，可以涂无色透明的指甲油，从事餐饮服务的人员则不应涂抹指甲油。洗碗、做清洁以及需要接触粗糙物品时，应带上清洁手套保护皮肤。洗手后可涂抹护手霜或定期做手部按摩和保养，让手部保持细腻和润滑。总体来说，从业人员应保持双手无干裂、无泥垢、无污痕，勤洗手、勤剪指甲。

（九）毛发的修理

1. 剃须

男士每天早上都应剃须，遇到重要的场合最好加剃一次。

2. 体毛

腋毛在视觉中不美观也不雅观。男性和女性应有意识地不穿暴露腋毛的服饰。女性过黑、过粗的体毛，需要适当掩饰，特别是穿裙装或无袖上衣时，应先去除体毛。如女性需穿着腋毛会外露的服装，应先剃去腋毛，避免破坏个人和企业的形象。

（十）体味的处理

体味是由人身体散发出来的气味，会使人产生一定的嗅觉反应。由于旅游从业人员与各类公众的交往多为面对面近距离进行的，因此，服务人员养成良好的个人卫生习惯、勤于清洁身体是工作的必然需要。在工作和日常交往中，应避免因身体有异味而使交往对象产生不悦。此外，在工作过程中，旅游从业人员不宜涂抹气味浓烈的香水，这样做也是自尊、敬人的一种表现。

第二节　仪容礼仪——头发修饰

头发是仪容首先要修饰的部位，俗话说"完美形象，从头开始"。头发的修饰可以反映出一个人的身份、职业特征、知识层次、审美修养、生活习惯，旅游服务人员的发型修饰应符合旅游行业的职业特点以及旅游企业的具体规定。头发的修饰需要了解自己的头发、护理自己的头发，从而修饰出适合自己和行业要求的发型。

一、发质类型与头发护理

（一）发质类型

梳理得体、整洁、干净的头发是旅游从业人员的基本礼仪常识。在日常工作中，了解自己的发质，是头发护理的第一步。了解自己的发质，选用适合自己发质的洗发、护发方法，对头发的健康美观至关重要。下面介绍四种不同的发质。

1. 干性发质

干性发质主要是由于皮脂分泌不足或头发角蛋白缺乏水分，经常漂染、用过热温度洗发或天气干燥等原因造成的。主要呈现出油脂少、干枯、无光泽、头发弹性较差等特征。这类发质往往头皮干燥，容易有头皮屑，干燥且容易打结。通常头发根部颇稠密，但至发梢则变得稀薄，有时发梢还会开叉，在浸湿的情况下难以梳理。

2. 油性发质

油性发质与干性发质的特征恰恰相反，最典型的特征就是发根出现油垢，头皮如厚鳞片般积聚在发根，容易头痒。由于皮脂分泌过多，而使头发油腻，需要1~2天便清洗一次。此类发质主要是由于荷尔蒙分泌紊乱、遗传、精神压力大、过度清洗以及进食高脂食物所致。头发较细的人，产生油性发质的可能性较大，因为每一根细发的圆周较小，单位面积上的毛囊较多，皮脂腺同样增多，故分泌皮脂也多，这些因素使油脂分泌增加。

3. 中性发质

中性发质自然润泽，亮丽柔美，容易梳理，不油腻也不干燥。这类发质一般有良好的血液循环，所以油脂分泌正常。

4. 混合性发质

混合性发质的头皮是油腻的,但发梢较干燥。在季节更替的时候,头皮屑会增多。这类发质在洗发以后,发干和发梢干得快,而发根却需要较长时间才可以干透,也容易产生静电。过度进行烫发或染发,又护理不当,也会造成发丝干燥但头皮仍油腻的发质。

(二) 头发护理

头发护理的基本要求是必须经常保持健康、干净、清爽、卫生、整齐的状态。还要遵循"三不"原则,即不能有味、不能出绺、不能有头皮屑。而要真正达到以上要求,就必须从洗发、梳理、护发等几个方面予以落实。

1. 洗发

洗涤头发有助于保养头皮、消除异味、清除头屑,保证头发健康亮泽。头发应每周至少清洗两到三次。

洗发前应先将头发梳顺,用温水洗发,水温应以37～38摄氏度为宜。水温过低,去油腻的效果不好。水温过高,易使头发受损而变得松脆易断。还应选择适合自己的洗发水。洗发水应适合自己发质、保养要求等,同时应注意选用纯天然无硅油的洗发水。

洗发时,先将洗发水摩挲至起泡后再涂在头发上,不要直接倒在头发上,不要大力抓揉头发,或用指甲抓头皮,应用手指的指肚按摩头皮。清洗1～2遍后,将残留的洗发水冲洗干净,然后在发梢抹上护发素,轻轻抹均匀,1～3分钟后冲洗干净。切记一定要将头发彻底冲洗干净,以免残留物损伤头发,产生分叉、头屑等问题。

洗完头发后,最好能自然晾干。若使用吹风机进行头发造型,应先将头发上的水分擦干,吹的时间要适度。吹风定型的顺序是:先吹头顶及后脑部位,再吹轮廓边缘部位,最后是前面花纹的定型。吹风时,一定要顺着发丝走向,不可逆吹,否则,头发会起毛或翘起,吹风机要距头发20～25厘米以上,多吹发根,不要直接吹头皮,更不要集中在发梢吹,这样能避免头发因失去水分及油脂而容易变黄、起静电,保持发型。定型时,应把发乳、发胶之类的美发用品均匀地打在头发上,待头发湿润后,再一手拿着电吹风吹热风或冷风,一手用梳子梳理头发,吹出自己喜爱的发型样式。

2. 梳理

头发应适时梳理。在出门上班前、换装上岗前、摘下帽子时、下班回家时应注意适时梳理自己的头发。

梳发是保养、美发不可缺少的日常行为之一。梳发可以去掉老化的头皮角质及头发上的脏物,促进血液循环,并给头皮以适度的刺激,使头发柔软而有光泽。梳头的步骤为:先从发梢开始,用梳子轻贴头皮,慢慢地梳拢。用力均匀,不要用力过猛,以免刺伤头皮。再从前额的发际向后梳,然后沿发际从后向前梳。最后,从左、右耳的上部分别向各自相反的方向进行梳理,让头发向头的四周披散开来梳理。适当梳理头发,可以使头发整洁、美观。

按摩头皮能刺激毛细血管与毛囊,有助于养护头皮,并对油性和干性发质有治疗功效。按摩时,两手的手指张开,用手指在头皮上轻轻揉动。按照头皮血液自然流向心脏的方向,按前额、发际、两鬓、头后部的顺序进行。按摩可以促进油脂分泌,因此,油性头发按摩时用力应轻些,干性头发可稍重些。

梳头不宜当众进行,应避开外人,最好随身携带一把梳子,不宜直接用手梳头,梳理的碎发断发不可随手乱扔。

3. 护发

护发的方法有很多,常见易行的方法如下。

1)多吃有助于增加头发营养的食品

头发所需的主要营养成分,多来源于绿色蔬菜、薯类、豆类和海藻类等蔬菜、食品中。绿色蔬菜如菠菜、韭菜、芹菜、辣椒、芦笋等,都有助于黑色素的生成,使头发乌黑亮丽。并且,这些蔬菜、食品中含有丰富的纤维质,能促进头发的生成。豆类如大豆、黑豆等能起到增加头发的光泽、弹力等作用,防止头发分叉或断裂。海菜、海带、裙带菜等含有丰富的钙、钾、碘等物质,能促进脑神经细胞的新陈代谢,还可预防白发。除此之外,甘薯、山药、香蕉、菠萝、芒果等也是有利于头发生长发育的食品。

2)避免不利于头发生长的因素

吸烟过多、心绪不宁、住在湿冷的房间里以及神经性的紧张不安等因素,也会影响毛发的正常生长。糕点、快餐食品、碳酸饮料、冰激凌等食品与饮料,多受年轻人的喜爱,但如饮食过度,则会影响头发的正常生长,容易出现卷发或白发。长期在湿冷的房间里工作的人,由于胃肠受凉,新陈代谢不调,血液循环受阻,因此,容易出现头发变细、掉发、断发等现象,特别是头顶的头发会越来越稀薄。

3)不同发质的护理

对于干性发质,最好选用配方温和、不含洗涤剂、能有效补充水分的洗发水。此类发质洗发不宜过于频繁,注意使用护发素。为防止发丝内的水分流失,应尽量避免使用电吹风以及其他烫发、卷发器。如果必须使用,最好事先在头发上涂一层护发产品。饮食方面,应多吃新鲜水果和蔬菜,让头发可以摄取足够的养分,从而使发质柔亮。

对于油性和混合性发质,首先要改善皮脂腺分泌过旺情况。选用性质温和的洗发水,经常清洗头发。强碱性的洗发水不但于头发无益,反会令油脂分泌更加旺盛。由于头皮已能分泌足够的油脂,护发素只需涂在距离发根数寸的发梢上即可。

此外,针对个别特征明显的发质,应采用不同的护发方式。如头发分叉较多者可用柔软的发刷从头皮梳向发端,将头皮的天然油脂带到发端,而平日尽量用阔齿的发梳来梳理头发,同时在每次洗发后使用护发素,以避免加剧头发的分叉。另外,切忌用毛巾用力绞擦。头皮屑过多的人,应避免过度用力梳头,也忌用手抓挠。因为梳头用力过度,会使贴在头皮上的一部分鳞片剥落,露出伤口而滋生细菌,形成恶性循环。同时,头屑过多的人应经常保持愉悦的精神状态。头屑过多还应注意饮食,避免摄入过量的糖、淀粉和脂肪。多吃一些新鲜蔬菜、水果及瘦肉、鱼等。定期洗头,保持头皮与头发的清洁。此外,有许多治疗头皮屑的药膏、药水、药粉都很有效,还有专用于去头屑的洗发剂。如果在洗发的水中放入一匙杀菌剂或醋,对治疗头皮屑也是有效的。如果头发过于纤细柔软,应选用能渗入发根的洗发水,使头发充盈起来。在进行美发造型时,最好使用能营造丰厚发式的喷雾产品。染发也比较适合这类头发,因为在染发过程中,染发水会让发根逐渐膨胀,更有质感。

脱发的种类有很多,按脱发的诱因来划分,有精神性脱发、营养性脱发、药物性脱发、生理性脱发等。现代人生活压力大,中年脱发常有发生,且这种现象日益呈年轻化趋势。为避免脱发,应注意以下几点。一是定期洗头。长时间不洗头,会影响毛囊的正常呼吸,从而出现脱发或加重脱发。二是戒除烟酒。烟酒会对头发产生不良影响,因此应当戒除烟酒;患有脂溢性脱发的人应忌食辛辣食物,否则会加重脱发。三是不要经常烫发、染发,要尽量避免用化学合成品来滋润头发,因为由化学原料制成的染发剂、烫发剂、护发剂,对皮肤和毛发都存在着不同程度的刺激作用。四是消除精神紧张,保持精神愉快。人的精神状态不稳定,焦虑不安,大脑长时间处于紧张、烦恼或用脑过度状态,均可能出现头部血液循环不良、头发营养供应不足的情况,最终导致头发脱落。五是多进食有益于滋养头发的食物,即富含维生素、矿物质和低脂肪的食物。例如各种新鲜水果、蔬菜、蛋黄、瘦肉、牛奶等,适当进食黑豆、黑芝麻、核桃、大豆等,以补充氨基酸、钙、铁等多种微量元素。头发的生长需要体内良好的营养成分,当体内缺乏某些营养和氨基酸时,就会影响新发的生长。六是忌用尼龙梳子梳头。尼龙梳子梳头容易引起静电反应,头皮与头发产生离合作用,促使毛发脱落。所以,应尽量选用木质梳子。

在游泳池游泳,游泳池水中所含的氯会影响发质,因此游泳后应马上彻底冲洗头发。在海水中游泳,由于海水的含盐量高,当盐分积聚在头皮或头发表面后,会阻碍头发的生长,也会使头发表皮层剥落,使头发变得干枯,所以游泳后应立即冲洗头发。

二、旅游从业人员发型的规范

发型是指头发经过一定修饰之后所呈现出来的整体造型。旅游从业人员在选择发型的时候务必要考虑自己的职业特征,应给人一种自然清新、端庄大方、朴素利落的感觉,不能选择个性化、另类时尚、前卫的发型。

人们对头发的关注是第一位的,头发应以简约、典雅为宜。发型反映个人修养和品位,应坚持发分男女,任何极端或夸张的发型,都会损害企业的形象。有的人染一头彩发参加正式活动,招摇过市,也有人上班时披头散发、戴夸张的头饰,自诩"时尚",这些,都不适宜。旅游从业人员对发型的要求为朴实、大方;男性的发型应给人以得体、整齐的感觉,显示出稳重、儒雅的气质;女士的发型应能给人以稳重、干练、成熟的感觉。

(一)女性发型规范

短发给人的印象是精力充沛、富有朝气,但有时也会让人产生不成熟的感觉。固执、倔犟可以成为超短发者的代名词,体现出女人的精明和智慧。但女性旅游从业人员的头发不宜过短,以免阳刚之气太重,缺少女性的柔美,增加与客人之间的距离感。留短发的女士应及时修剪发型,即使准备蓄长发也应遵循头发的基本规范,即头发一般不应长于肩部,耳朵旁的头发应梳理至耳后,露出耳朵。刘海不宜过长,以不遮挡眉毛为宜。

头发的长度以肩为标准,过肩以下长度的头发都为中、长发。大部分女性喜欢留一头飘逸的长发,认为是女性魅力的象征。但从事服务性工作的女性不可过于彰显性别特征和个人魅力,否则容易让客人产生错觉。长于肩部的头发在上岗之前要盘起来、束起来或编起来,或是置于工作帽之内,防止工作时头发蓬松、掉落,给人以不整洁之感,更不可披头散发。旅游行业要求从业者,特别是从事酒店、航空等行业的服务人员,必须盘发(见图3-3),盘发也是最适合服务行业的发型。这种发型更能拉近与客户间的距离,更有亲和力。留中长发的女性同样要求前额的刘海不能盖住眉毛或遮住脸部,以免挡住视线;两鬓的头发应都束起,露出耳朵;盘发后,还应整理碎发,不应散落。给人以干净、清爽的形象。

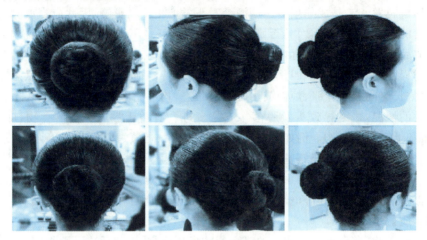

图 3-3　盘发标准图

(二) 男性发型规范

男性旅游从业人员应留短发。以简单、易打理的发型为佳。要求:前发不过眉;侧发不过耳,不留鬓角;后发不过领;发型不得稀奇古怪,不得将头发染成夸张的颜色;头发清洁、没有头屑;头发梳理整齐。

(三) 发型礼仪规范

旅游从业人员除了要打理好发型外,还应注意头发修饰礼仪。

(1) 头发应勤于梳洗,保持自然光泽,洁净整齐。无异味,无头屑,肩、背无落发。

(2) 在正式场合和职业场合,女性的发型应干练、大方。若有必要使用发卡、发绳、发带或发箍时,应朴实无华,不宜过于夸张,可选黑色、蓝色、棕色。还应避免使用色彩鲜艳、造型夸张的发饰。

(3) 头发不可染艳丽的颜色,一般以棕色、黑色为宜。不能染黄、绿、白等夸张的颜色。烫发应选择自然、简单的造型。

(4) 不能有当面整理头发或用指尖抠头皮等不雅的举止。

(5) 不宜使自己的发型过分时髦,尤其不要为了标新立异而有意选择新潮前卫的发型。

同步案例　发型引来的关注

背景与情境:某企业的总经理李先生是一位成功人士。一天,他应邀接受电视台的采访。为此,李先生特意向个人形象顾问咨询,并按其建议换了一个较为儒雅而精神的发型,且剃去了鬓角。

果然,改换发型之后的李先生在电视台亮相时,形象焕然一新,显得干练、稳健,吸引了众多观众。

问题:李先生为什么能吸引众多观众?

分析提示： 首因效应非常重要，发型不仅可以改变一个人的形象气质，更能修饰面部的不足。李先生的第一印象塑造得很成功，因此吸引了众多观众。

第三节　仪容礼仪——面部修饰

美容化妆是生活中的一门艺术，美容化妆的目的是让自己更美、更自信。适度而得体的化妆，可以体现女性端庄、美丽、温柔、大方的独特气质，女性在政务、商务和社交生活中，以化妆品及艺术描绘手法来装扮自己，能达到振奋精神和尊重他人的目的。

随着人们生活水平的提高，化妆日益受到人们的重视。尤其是"窗口行业"的女性服务人员，应化淡妆上岗，这也是旅游服务人员上岗前工作准备的一项基本要求。化淡妆上岗是对宾客的一种尊重，是为了更好地提供服务，展现服务人员的自尊自爱和旅游企业的良好形象。

化妆是一门技术，更是一门艺术，女性服务人员适度得体的妆容可以增添信心，在工作中保持良好的精神风貌。化妆首先要从了解自己的皮肤开始。

一、皮肤的基本类型

了解自己的皮肤类型才能有针对性地采取适合自己肤质的保养手段。划分皮肤类型的依据主要是肌肤的皮脂分泌状态和水分保持状态。皮肤的性质不是一成不变的，它随年龄、季节、环境等因素的变化而变化，要保养、美化皮肤，首先要鉴别自己皮肤的性质。皮肤一般分五种类型，即油性、干性、中性、混合性、敏感性皮肤。

油性皮肤毛孔粗大，油脂分泌旺盛，皮肤表面有油亮的光泽、化妆容易脱落，容易长青春痘和粉刺，有暗疮和脓疱的又称问题皮肤。这类皮肤不易生皱纹，但由于皮脂过剩，易使污垢附着在皮肤上而生粉刺。油性皮肤的人面孔常油腻不堪，有人常用力抹去脸上的油脂，以为可以使皮肤变干，其实，越是油性皮肤，就越不适宜随便抹去皮肤表面的油脂，因为这样会刺激皮脂腺分泌更多油脂。应使用适合油性皮肤的清洁霜来彻底清理脸部化妆品，以免化妆品堵塞毛孔。在白天和晚间可适度使用有滋润作用的润肤霜，对眼部周围和颈部皮肤需要额外滋润。

干性皮肤毛孔细小，有脱皮的现象，缺乏弹性，皮脂分泌少，皮肤表面缺乏弹性和光泽而容易产生细小皱纹。洗脸后几分钟内感到皮肤发紧，冬季容易出现类似干癣的情况，需要特别护理，尤其要避免曝晒。不要用热水及肥皂清洗面部。在涂化妆品前要先滋润皮肤，如果皮肤在日间开始绷紧，就要经常涂上润肤霜。

中性皮肤皮脂分泌适中，皮肤表面光滑、润泽，几乎是没有毛病的皮肤，最大的问题是前额的皮肤稍微干燥，偶然长出粉刺。可在临睡前清洗脸上的化妆品，不要随便使用肥皂，而

要选用适合自己皮肤的洗面奶。每天使用有防晒作用的护肤品,每周坚持使用面膜。

混合性皮肤在额头、鼻子、下巴部位分泌皮脂较多,特别是在天气转变的时候形成"T"字形皮脂带,这些部位属于油性皮肤,其他部位则偏中性或干性。

过敏性皮肤对光照、某些化妆品、某些食物等有过敏反应,会出现红肿、斑疹、痒痛等症状。此类皮肤的人要避开过敏源,不能乱用化妆品。

二、皮肤的护理与保养

做好皮肤护理工作是美容化妆的先行条件,也是延缓衰老的"良药"。"皮肤是健康的晴雨表",皮肤的状况可以反映出个人的健康状态、年龄和精神状况。健康的皮肤,应该是红润、细腻光滑、富有弹性、无痘痕疤印。应注意根据自己的肤质选用适合自己的护肤品、化妆品。观察肌肤是否处于健康状态。人的肌体随年龄的增长而逐渐衰老,皮肤的衰老要比人体其他部位来得更早一些,要延缓皮肤的衰老,保持皮肤健美,就要加强对皮肤的保养和护理。

皮肤的保养应注意以下几点。

(一) 身心健康

起居有规律,劳逸结合,不抽烟,不酗酒,保持充足睡眠、适度运动。夜间是皮肤新陈代谢、调节肌理的最佳时间,长期睡眠不足会对皮肤造成直接损害。此外,心理健康也是保养的基础,乐观的情绪和健康的心态是皮肤健美的内在因素。应养成良好的生活习惯。

(二) 合理膳食

皮肤的健美与营养的关系是显而易见的,体弱多病的人、营养不良的人皮肤暗淡无光。健康而营养状况良好的人皮肤光滑、富有弹性和光泽。皮肤的蛋白质不足,新陈代谢迟缓,皮肤就会缺乏光泽。脂肪摄入过少时,皮肤会因缺少脂肪的滋润而显得干涩、无光泽,但脂肪摄入过多会使皮脂分泌过多而造成脂溢性皮炎及痤疮等问题。此外,各种维生素都具有一定的美容功效:维生素 A 的主要作用是促进皮脂分泌,缺乏时,皮肤干燥而粗糙;维生素 B 的最大功能是促进人体新陈代谢,令皮肤娇嫩;维生素 C 的功能是减少皮肤色素沉淀;维生素 E 能促进人体荷尔蒙分泌,维持器官的正常机能并对胶原纤维和弹性纤维具有修复作用。合理搭配食用瓜果蔬菜、红枣等有助于补充维生素、水分、血和胶原蛋白的食物,可改善皮肤弹性,延缓衰老。

(三) 正确使用护肤品

护肤需要根据不同时期、不同皮肤问题进行有针对性的保养。

1. 化妆水

通过卸妆及洗脸去除污垢后,应补充随污垢一起流失的水分、油脂、角质层内的天然保湿因子等物质,使皮肤恢复原来的状态,而化妆水和乳液可以起到这些作用。首先,将二片化妆棉重叠,倒入充足的化妆水,使水分刚好浸透整片化妆棉。两手各取一片沾满化妆水的化妆棉,分别从左右脸颊又下而上进行再一次的清洁与补充水分。化妆水还应顾及"T"字区及鼻翼周围。也可将化妆水倒在手心,由下而上轻轻拍打整个脸部,直到皮肤觉得冰凉为止。需要注意的是,眼部和唇部要尽量避开化妆水,而使用专用眼霜或唇部保养品。

2. 乳液

乳液富含水分和油分，具有保湿和滋润作用，是每日保养皮肤不可缺少的营养品，它的主要目的是恢复皮肤的柔软性，并为接下来的化妆做好准备。用化妆水充分补充洗脸所失去的水分后，再根据皮肤的干燥度和油腻度选择霜状或乳状的护肤品均匀涂抹脸部。用乳液补足水分和油分，能使皮肤恢复原来的状态。

3. 面霜

除了化妆水与乳液外，面霜也是另一种护肤的佳品。一般人认为面霜属油性，因此油性皮肤的人不应选用，其实这是误区。使用面霜的目的是在皮肤渗入含有水分的保湿剂后，制造油分保护膜，使它继续保持湿润。它是替皮脂分泌少的干性皮肤补充人工皮脂膜，它对天然皮脂膜十分充裕的油性皮肤也是有益处的，对于油脂多但水分相当缺乏的油性皮肤，面霜更是帮助皮肤保持水分的良好营养品。

4. 隔离霜

紫外线和各种辐射都是皮肤的隐形"杀手"，女性在一年四季都可涂抹防晒霜或隔离霜来抵御紫外线对皮肤的伤害。在阳光强烈时，还应打伞防护，以免晒至脱皮。

三、化妆的原则

随着人们生活水平的提高，物质条件的不断改善，化妆越来越被人们所重视。美容与化妆知识是旅游服务人员尤其是女性的一门必修课。适当的职业妆能极大地改善精神面貌、增添信心，以饱满的热情投入到工作中。此外，化妆作为一种礼节形式，显示对客人的礼貌和尊重，使客人从对员工仪容美的视觉和心理享受中，感受到礼遇。

对女性旅游工作者来说，化妆要强调和突出自身具有的自然美部分，减弱或掩盖容貌上的缺陷，一般以淡妆为宜，不能浓妆艳抹，并避免使用气味浓烈的化妆品。

（一）自然

女性妆容以自然为原则，即自然大方、素净雅致。这里说的"自然"并不等同于素面朝天，而是通过化妆的技巧，让妆容更有亲和力，更容易被他人所接受与喜爱。因此，旅游从业人员以淡妆最为适宜，自然的淡妆忌色彩太浓，如忌烟熏妆或鲜艳的口红。

（二）简洁

"浓妆淡抹总相宜"是淡妆上岗的最好诠释。旅游从业人员的妆容不宜过浓，因此，化妆的步骤和化妆的部位可以随企业要求和个人喜好适当简化，但必不可少的修饰部位包括脸部和唇部。面容的修饰主要看肤色和气色，基本的脸部修饰给人以健康的感觉，而唇色更是点睛之笔，可以让从业人员看上去更加精神，面部也被映衬得更加红润。

（三）适度

旅游从业人员应根据自己工作的性质来决定如何化妆。如在某些对气味有特殊要求的餐饮工作岗位上，服务人员通常不宜采用芳香类的化妆品，如香水、香粉、香脂等。妆容应以淡妆为主。在上班时，采用一些社会上正在流行的化妆方式，如金粉妆、印花妆、舞台妆、宴会妆等，会让人感觉轻浮、不端庄。

(四)适合

每个人的五官都各有不同,肤色有深有浅。面对不同的五官,化妆的手法也各有不同,化妆不应随潮流,适合自己的才是最好的。

在化妆时,一是要扬长避短,即适当地展示自己的优点,但切勿过度,如果过分"扬长",则有自我炫耀之意,容易引起顾客的反感。同时还要学会"避短",即巧妙地掩饰自己的缺点与不足。二是要保持个性。化妆要因人而异、因形不同,努力通过化妆进行自我形象塑造,充分展现自己的气质和性格。为了使自己面部中不符合一般审美标准的部位具有个性美,应该有针对性地进行化妆。因此,不但要选择适合自己肤色特点的化妆品,而且要注意配合个人的气质、年龄和脸形。

(五)协调

要根据自己的肤色调配化妆的色彩,要求鲜明、丰富、和谐、统一,给人以美的享受。女士一般希望面部白一点,但不可在化妆后明显改变自己的肤色,应与自己原有肤色恰当结合,才会显得自然、协调。五官端正、圆形脸庞的活泼少女,以采用粉红色或红色妆色为宜;面部轮廓较长的斯文少女,以水红色、淡紫色的柔和颊红更适宜。

同步案例

1960年,在肯尼迪和当时的副总统尼克松参加的竞选中,肯尼迪在候选人辩论时就证实了个人魅力,他击败了比自己经验丰富、发言更简洁明了的副总统尼克松。其原因之一就在于尼克松为电视转播所做的自我形象设计的失败。他穿着的服装颜色不合时宜,又断然拒绝了任何化妆修饰,在外形上败给了年轻俊朗、风度翩翩的肯尼迪。因为肯尼迪在走进演播室之前不仅穿着恰如其分,接受了化妆,并且,他还接受了个人形象方面的训练,这使他看上去更能被大众接受,更像个赢家。

问题:这个故事说明了什么?

分析与提示:结合仪容礼仪知识,阐释职场中个人形象的重要性。

(资料来源:李丽.旅游行业礼仪实训教程[M].北京:北京大学出版社,2012.)

四、面部基本修饰法

(一)根据脸形修饰

1. 方形脸的修饰

方形脸的女性,化妆时最重要的是不要让自己的脸部看起来显得有棱有角,而要给人一种柔和的感觉。化妆时的脸部阴影应设在脸颊的后方,下面则须向脸部前方化妆成朦胧状,这种化妆法能使下巴的轮廓显得柔和。搽腮红应由颧骨向耳朵方向搽,画唇线的要领是线条宜柔和,避免画锐角。画眉毛时,须微微向下画曲线,眼尾稍向上。此外,五官的位置可画集中一些,如描眉、画眼、涂口红、拍腮红要尽量集中在中间,以收拢缩小面部,使脸型显得更佳。

2. 长形脸的修饰

长面孔要想通过化妆修饰看起来短一些,最好是使用腮红,以颧骨为中心往横向搽的腮红应延伸到发根。口红则应搽得比嘴唇宽一点。下颌的化妆要加阴影,使面孔看起来短一点。眼睛的化妆,应由中央画上阴影或擦染睫毛膏。

3. 三角形脸的修饰

三角形的面孔,化妆时要尽量缩小下颌线,使额头看起来宽一点。为了不使下巴较饱满的部分比较明显,化妆时的阴影要宽点,并延伸至下巴附近。搽口红时力求曲线自然,尤其是下唇要有分量感。画眉毛要尽量画直,接近眼尾时,末端稍微向下。

4. 圆形脸的修饰

圆面孔的脸下巴比较饱满,所以整个脸看起来就显得圆了些。化妆时,为了使面孔看上去狭长些,所画上的阴影须从脸颊后方往前渐渐画得淡一些,然后由腮中央往下搽得淡些,直到下巴地方逐渐消失。应注意的是,脸颊上的腮红不能让人看起来有突出的感觉,要有一种平缓过渡。

(二) 根据面容修饰

掌握面部修饰的技巧,可以弥补面容的先天不足。

1. 修饰脸部上半部不足的方法

有的女性脸的下半部端正好看,眼睛等上半部却不大理想。例如,眼睛太小、眉形不佳、额窄、眼高、颧骨过于突出等,容易给人以冷漠感。小眼睛的女性,欲使眼睛看起来大一些,最好的办法是通过化妆使脸庞消瘦一些。也就是说,以阴影把面庞表面形状"画小"一点,然后再把眼睛"画大"。但千万不要在眼睛周围涂满阴影,或者画出粗粗的眼影线,这样反而会变得极不自然。总之,要从脸部整体平衡来考虑。至于脸的下半部的优点要充分发挥出来,重点在胭脂和口红,着色时应注意整体协调。

2. 修饰脸部下半部不足的方法

在脸的下半部打上深暗色的阴影,使面部看起来窄些、小些。口红也不要显眼,用和唇色略近的颜色。除了这种障眼法之外,还应把眼睛的妆化好,使它突出,借以减弱人们对脸的下半部的印象。

3. 修饰脸部较大的方法

有的女性脸部过大,可用恰当的化妆来掩饰不足。首先,在化妆时,周围使用颜色较深的粉膏,脸孔的中心使用颜色较浅的粉膏,使中心部位看起来明亮一些。其次,头发要采取将脸"包"起来的样式。

五、化妆的技巧

(一) 洁肤与护肤

清洁皮肤在前面已有详细的介绍,在此不再重复,需要注意的是,洁肤和护肤是化妆前的必要步骤。

(二) 底妆

使用粉底和BB霜是用来改善脸部皮肤色泽,使粉底能显得匀称,起到提亮肤色、修饰面

部缺点的作用,但若是不分角度、光线、部位而涂以相同厚度的粉底在脸上,不但不能达到化妆的功效,反而会使脸部看起来扁平,造成不自然的结果。因此,为使脸部表情生动自然,在涂完化妆水之后,应在鼻子等较高部位涂上较为明亮的粉底。为方便起见,可只在脸上较高的部位打底,其余部分涂淡或者不涂皆可。同时,不同的肤色应选择不同色系的粉底或BB霜,以接近自己的肤色为佳。应涂抹得均匀、自然,切不能显出明暗层次。不要试图用浅色粉底令肤色增白,那只会像戴了假面具。其实粉底与肤色越接近越好,在瑕疵处稍稍增加用量,令肤色均匀,就能显得自然白皙。之后要用散粉控制油光。遮瑕膏的使用要更加精细和不露痕迹。注意应把遮瑕膏细细涂在眼袋下方,而非眼袋上,轻轻拍匀。也可用无名指指肚轻拍鼻翼旁的法令纹位置,抵消这里的阴影。

(三) 定妆

一般情况下,女性总希望自己的面容更白一点,但要注意化妆后不可明显改变自己的肤色,而应与自己原有肤色接近。定妆的工具有粉饼或散粉,两者都有遮瑕和定妆的作用。打粉指使用粉刷或海绵扑,取适量粉底在脸上涂抹均匀。这一程序可以吸去脸上的油光,修饰面部黑斑、瑕疵等,使面部皮肤看起来细腻光滑。不要忘记在颈部打上粉,以免面部与颈部"界限分明"。

(四) 描眉

为突出面部化妆效果,还要描眉画眼,眉毛要强调自然美,眉形的设计要适合眼睛的形状,才会使之相得益彰。先用修眉工具将眉毛修整出基本眉形,不宜对自己原本的眉形改变过多。然后用眉笔或眉粉加以完善,描出适合自己的眉形。一般比较理想的眉毛结构是眉头在内眼角上方偏里一点;眉峰在鼻翼与眼珠正中的延长线上,也就是约及眉毛2/3处;眉尾在鼻翼与外眼角的延长线上。画眉时,可先向上往外将眉毛刷整齐。画眉毛的要领是由眉毛的转角处,也就是眼角的上方画一个小角度。眉毛比较短的人,眉毛末端应画长一点。描眉时,要顺着眉毛的自然形状一根根轻轻描画,切不可一笔到底。眉形基本出来后,再根据五官轮廓调整,如眉毛的中部、下沿颜色可画得深一些,眉头、眉毛的上沿颜色可画得淡一些。画完后,用眉刷轻轻将眉形刷顺。用眉笔清晰画出眉形走向。眉形不要修得太平,眉峰清晰,可增加自信感,但也别过分。要是眉毛非常松散,可用眉笔一端的眉梳,把眉毛梳理清晰整齐。

(五) 眼妆

眼部在化妆的过程中居于首要地位。在化妆时,画眼线这一步骤最好不要省掉。它的最大好处是能让化妆者的眼睛生动有神,并且富有光泽。眼妆,无论是眼线还是眼影,都应从眼睑中央开始向外顺着眉毛方向画。

1. 眼影

眼影是眼部化妆的重要组成部分,可通过色彩突出眼部轮廓,强化面部的立体感,使眼睛富有神采。眼影的颜色要适合自己的肤色。旅游服务人员上岗要求化淡妆,不宜选择鲜艳的色彩,一般可选择的眼影颜色有浅咖啡色、淡蓝色。用眼影刷从眼尾与眉的1/3处开始上色,慢慢向内眼角涂,颜色由深变浅,根据眼睛的轮廓画出立体感。眼影只需从眼尾往眼头位置淡淡地晕染均匀,看起来有点轮廓就足够了。深灰色或深褐色的眼线要用棉签或者小刷子晕染均匀,与眼影自然过渡。初学化妆的女性,对各种化妆技巧还不熟悉,在造影时,不妨按部就班,遵照以下几个步骤去晕染眼影:在眼周和眼尾涂暗色(或中色),在眼凹处涂中色,在眉弓处涂明色,在上眼皮中间涂明色,然后用眼影扫晕染均匀。在眼尾处用劲要小,只向眉梢一带轻轻染开。下眼皮用海绵头染眼影要格外小心。上眼影色时要轻轻拍上去,谨慎地将其揉开,与底色融为一体。目前市面出售的眼影分为油型、粉型、脂型和乳液型四种。油型使用方便,效果较强,可以直接使用。其他三种则要涂完粉底后使用,否则容易脱落或起斑驳。造影时,掌握的原则是眼影色要比底色稍浅一点。

2. 眼线

化妆时可根据需要决定是否画眼线。画眼线是勾勒眼睛的轮廓,使眼睛变大,生动有神。使用眼线笔或眼线液沿着上下眼睫毛的根部,从外眼角开始向内眼角画,注意先粗后细。上眼线可稍稍长出眼角。

3. 睫毛膏

涂之前先用睫毛夹顺着睫毛伸到睫毛根部,分三段,每段各夹 10 秒,使睫毛卷曲上翘后再刷睫毛膏。在打开睫毛膏时,不要将睫毛刷直接拉出来,而是要慢慢拉出来,在开关处旋转一下,将多余的睫毛液去掉。涂睫毛膏不要从睫毛中间开始涂起,而是要从睫毛根部由内往外涂。注意由于睫毛呈圆柱形,所以不仅要从下往上刷,也要从上往下刷,这样效果才好。

(六) 腮红

借助腮红可以适当调整妆容的均衡感,使面部轮廓饱满,增加肌肤的红润感,呈现健康肤色,以免显得眼部或口红过于突出,造成不自然的感觉,腮红起到修饰脸部线条的效果。腮红的涂抹以薄、匀为宜,职业妆或淡妆中的腮红应涂在脸部自然发红的地方,涂抹的方向以肌肉移动的顺序为准。应该注意,眼和唇是工作妆的重点,但不可同时把两点都突出强调,换句话说就是眼和唇在一天的妆容中你只可选一项作为重点,避免妆容过浓。腮红的颜色可与唇膏、服饰搭配,选择同一色系会使整体形象看起来和谐。淡妆可以选择普遍适用的粉色系、桃红色系。用腮红刷抹上腮红,在手背上调节深浅,以瞳孔和鼻翼的连线与两个鼻翼水平连线交叉的部分为中心画腮红。此外,涂胭脂要因人而异,不可千篇一律。长脸形宜横涂,宽脸形宜直涂,瓜子脸形则以面颊中偏上处为重点,然后向四周散开。胭脂的颜色,白天宜选用玫瑰红或粉红,晚间宜选用曙红。可遵循以下基本原则。

(1) 圆脸:将腮红以三角形的扫法画到太阳穴,让脸减轻圆润感。

(2) 长脸:扫腮红应呈水平线,还要注意加强颧骨的轮廓。

(3) 方脸:将腮红由鼻翼扫到太阳穴,再用更深的腮红涂在发际线处,减轻脸的横扩感。

(4) 倒三角形脸:水平扫腮红,但注意不要太靠近鼻子。

(5) 鹅蛋形脸:这是最完美的脸形,可以随个人的喜好使用各种方法涂腮红,只是千万不要只涂在颧骨上。

(七) 唇妆

涂口红可增加唇部的血色感,一般宜选用接近嘴唇的颜色,如淡紫红色,既真实又鲜明,可以增加活力和美感。黑色或紫色唇膏对从事旅游服务工作的女士来说是不可取的。在化妆时,唇部的地位仅次于眼部。服务人员在涂唇彩时,可不用画唇线,选择适合自己原本唇色又能与腮红相搭配的唇膏色彩。涂口红时，上唇的中央应多涂一些，逐渐向两旁减小，下唇应从嘴角处向中央涂。最重要的是，所涂口红不可给人以一种嘴唇较圆的印象。具体方法是先涂润唇膏，改善唇部干裂，然后用唇刷将唇膏涂满嘴唇。如觉得过量，可用纸巾吸去多余的唇膏，并注意检查牙齿上是否有唇膏。

女性服务人员在工作繁忙时化淡妆，其程序可以简化。洁面后直接涂上润肤霜，用海绵扑均匀打上一层粉底修饰肤色，然后描眉，最后涂上唇膏或唇彩即可。

知识活页

女性旅游从业人员面部化妆的操作程序

女性旅游从业人员面部化妆的操作程序如表3-1所示。

表3-1 女性旅游从业人员面部化妆的操作程序

步骤	操作要点	注意事项
1.护肤	(1) 面部清洁； (2) 根据季节选择保湿效果较好的保湿霜，做好妆前护肤； (3) 擦隔离霜，降低化妆品对皮肤的伤害	(1) 注意眼角和鼻翼两端的清洁效果； (2) 选择适合自己皮肤特点的护肤品
2.打粉底	(1) 选择粉底液或BB霜； (2) 用海绵取适量粉底，用按压的手法或者以粉底刷将粉底液涂抹至整个面部和颈部	(1) 不同的肤色应选择不同色系的粉底液或BB霜，以接近自己的肤色为佳； (2) 涂抹应均匀，切不能显出明暗层次； (3) 一定要在脖子部位打上粉底，以免脖子与面部反差太大
3.描眉	(1) 根据脸形修剪眉毛，拔除杂乱无序的眉毛； (2) 选择描眉化妆品，对眉毛逐根进行描画； (3) 用眉刷轻轻将眉形刷顺	(1) 眉形要有立体感； (2) 注意两头淡、中间浓、上边浅、下边深
4.画眼线	(1) 使用眼线笔或眼线液沿着上下眼睫毛的根部，从外眼角开始向内眼角画； (2) 上眼线可稍稍向上，长出眼角	(1) 注意先粗后细； (2) 上下眼线不可在眼角处交会

步骤	操作要点	注意事项
5.画眼影	（1）先用睫毛夹将睫毛卷翘； （2）选择与服饰颜色相配的眼影色，一般以"大地"色眼影为宜； （3）由浅入深，画出眼影的层次感	（1）眼影色彩不宜过分鲜艳； （2）睫毛应夹成自然弧度，避免夹成直角的睫毛
6.涂睫毛膏	（1）打开睫毛膏，将睫毛刷慢慢拉出来，在开口处旋转一下，将多余的睫毛液去掉； （2）从睫毛根部由内而外涂睫毛膏	（1）涂睫毛膏不要从睫毛中间开始涂； （2）上睫毛从下往上刷，下睫毛从上往下刷
7.画腮红	（1）选择适宜的腮红； （2）延展晕染腮红； （3）散粉定妆	（1）使腮红与眼影或唇膏属于同一色； （2）注意腮红与面部肤色过渡自然
8.描唇彩	（1）以唇线笔描好唇形； （2）涂好唇膏； （3）用纸巾吸去多余的唇膏	（1）先描上唇，后描下唇，从左右两侧沿唇部轮廓向中间描； （2）描完后检查一下牙齿上是否有唇膏的痕迹

六、化妆的禁忌

（一）忌浓妆艳抹

通常化妆有晨妆、晚妆、上班妆、社交妆、舞会妆、少女妆等多种形式，它们在色彩的浓淡程度和化妆品的选择使用方面，都存在一定的差异。旅游从业人员在工作岗位上不能追求所谓的荒诞、怪异、神秘或有意使自己画得出格以引人注目，应选择以淡为主，自然、素雅的妆容，这样可以给宾客留下较好印象，清新而又传神。如果一位女性服务人员在工作岗位上，妆化得过于浓艳，往往会使人觉得她招摇而庸俗，缺乏基本的职业素养，甚至会引起宾客对其身份和职业的误解。若不熟悉化妆的技巧，宁可不化妆也不要随意化妆，以免暴露自己在美容方面知识的不足而贻笑大方。

（二）避免当众化妆或补妆

常常可以见到一些女士，不管置身于何处，只要稍有闲暇，便会掏出化妆盒来涂脂抹粉、画眉涂唇。这样既有失文雅，也不庄重。化妆要注意时间和地点，不能随时随地进行化妆，

更不能在大庭广众之下化妆、补妆。在岗位上化妆不仅是对自己工作的不重视,还是对顾客的不尊重。服务人员应在上岗前化好妆,在宾客面前化妆或补妆,既有卖弄姿色之嫌,也会被认为不认真工作、自由散漫,对宾客不尊重。需要补妆时,宜选择洗手间或隐蔽的场所。

(三) 不宜以残妆示人

残妆是指出汗、休息之后或用餐后出现了残缺的妆容。长时间以脸部残妆示人会给人懒散、邋遢的感觉,有损服务人员的个人形象与企业形象,也显得对宾客不礼貌,所以要及时补妆。为了避免妆容残缺,化妆后要经常检查妆容。如发现妆容残缺,要即刻补妆,不要拖延。

(四) 不议论他人的妆容

宾客们来自不同的地域,不同民族、肤色、文化传统的人,其妆容也会有所差异。除美容工作者外,服务人员一般不应在自己工作时对顾客的妆容关注过多。对平时不够熟识的人,也不应指点其妆容。旅游从业人员应懂得尊重宾客的文化传统和审美情趣,不要对宾客的妆容品头论足。议论宾客的妆容,既是对宾客的不尊重,也会有损企业形象。

教学互动

互动问题:
1. 仪容礼仪涉及哪些内容?
2. 仪容修饰包含哪些内容?请说出三个部位的修饰要求。

要求:
1. 教师不直接提供上述问题的答案,而引导学生结合本节教学内容就这些问题进行独立思考、自由发表见解、组织课堂讨论。
2. 教师要把握好讨论节奏,对学生提出的典型见解进行点评。

本章小结

内容提要

本章讲述了仪容礼仪的概念、基本要求,主要包含头发修饰和面部修饰。

本章首先介绍了仪容礼仪的概念、意义和总体要求等。从行业要求、企业要求和个人要求三个方面阐述了仪容礼仪的意义。

从头发修饰和面部修饰两个方面,分类型、分步骤地详细介绍了皮肤的清洁护理与保养,皮肤和头发的类型,修饰的重点和细节等。

核心概念

仪容　仪容礼仪

> **重点实务**

重点掌握仪容礼仪知识在旅游服务中的运用,旅游从业人员仪容礼仪规范在旅游服务中的运用。

> **知识训练**

一、简答题

1. 什么是仪容美?为什么要注重仪容美?
2. 仪容美的总体要求是什么?
3. 简述化妆的基本程序。
4. 化妆的禁忌有哪些?

二、讨论题

1. 旅游从业人员重视仪容礼仪的意义有哪些?

> **能力训练**

一、理解与评价

【导入】随着社会的发展,形象的包装已不再是明星的"专利",一个好的形象可以增加一个人的自信,对个人的求职、工作、晋升和社交都起着至关重要的作用。当代大学生,即将踏上社会,穿梭于各种社交活动中,更不可不接受礼仪教育。

【目的】得体的服装、合适的妆容是个人和企业对客的"第一印象",通过"美拍"秀让学生学会根据不同场合、不同身份选择适合自己的得体的着装和妆容,体会职业之美。

【内容】根据社交场合、休闲场合、职业场合(还可根据约会场合、商务洽谈场合、宴会场合等)等不同场合为自己(或两两一组时,为对方)设计在不同场合、身份下的不同妆容和服装。其中,职业场合要求着职业装,根据职业的要求化妆。拍下不同场合的照片以及自己素颜与妆后的对比照片,在"美拍"秀主题活动中,每位同学通过投影来展示自己。

【组织】班级组织一次"美拍"秀活动,每位同学展示自己的作品,请同学、礼仪老师或辅导员做点评,给予专业建议。

【要求】人人参与,照片清晰,讲解清楚。

【考核重点】妆前与妆后的变化,仪容和仪表是否符合不同场合的要求,服装的着装标准。

二、案例分析

为什么录取的不是她?

陈静和王莉是同一所学校的毕业生。在毕业前夕,她们相约去一家五星级酒店面试。面试当天,陈静早早地起了床,梳洗后,她画了一个使自己显得很有精神的淡妆,然后梳了一个清新大方的发型,穿上特意借来的职业装,带上简历及相关材料就出门了。而王莉也早早

起床,梳洗完毕后,特意画了一个烟熏妆,并穿上新买的吊带衫和超短裙,按时到达了酒店。王莉认为面试首先拼的就是"颜值",而今天的妆容和衣服也让自己非常漂亮。但最终,酒店录取的是陈静。

分析:在旅游服务业中,很多企业都非常重视员工形象,但是为什么酒店没有录取"颜值"更高的王莉呢?

第四章
仪态礼仪

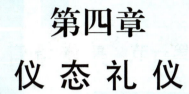

学习目标

通过本章学习,应当达到以下目标:

职业知识目标:学习和把握旅游服务人员标准得体优雅的仪态,良好的行为习惯,积极向上的状态。

职业能力目标:能挺拔地站;能轻快地走;能优雅地坐;能正确地蹲;能真诚地微笑。

职业道德目标:结合"旅游礼仪"教学内容,依照行业道德规范或标准,分析从业人员服务行为的规范,强化职业道德素质。

引例:身体语言的魅力

背景与情境:住店的某大公司经理外出以后回酒店客房,一走出电梯,就有一位客房部的女服务员倒背着双手,面带微笑,用亲切的话语向他问好,并用食指给他指路,礼貌地对他说:"您那边请。"这位客人虽然也很客气地回复了服务员的问候,却带着一种不满的表情看了服务员一眼。这位女服务员也看出了客人的不满,但她有点想不通,她不知道自己面带微笑亲切地向客人问好有什么不对。

(资料来源:http://www.doc88.com/p-115669346746.html.)

思考:客人为什么对这位女服务员不满意?服务员哪方面的身体语言使客人不满意?

启示:尊重别人需要采用恰当的表达形式。该案例中的服务员很热情,也有礼貌,但使用的身体语言、指路的手势让客人接受不了,让客人心里不舒服、不畅快,显得没有风度、教养,不像出自内心的尊重,甚至有些怠慢客人的感觉。因此,标准、优雅的身体语言在服务工作中很重要。

第一节 身体语言

身体语言是指传达交际信息的表情和动作,也称体态语、身势语。身体语言包括人体的基本姿态(如站、坐、蹲、走)和人体各部分的动作(如点头、目光交流、面部表情、手部动作、腿部动作等)。

心理学家的研究表明,在人际交往过程中,55%的信息是靠身体语言传递的,38%的信息是靠语气(语速、语调、音量等)传达的,只有7%的信息是靠词语传达的。身体语言在很多时候都为我们传递着大量重要信息。例如,你要喊小李走到你身边来,由于距离远或声音小,对方根本听不见你的声音,但你只要向他招一招手,他看见了就会明白你的意思。尽管很多时候我们并没有说话,身体却时刻都在表达着我们的情绪和状态。词语通常表达的是我们所思考的东西或概念,身体语言则更多地表达出我们的情绪和感受。

假如有朋友在路上看见你,目光注视着你并微笑着说:"你好!"你的心里可能会感到一股友谊的暖流在涌动。假如你又遇到另外一个人,那人看见你后脸上露出一丝不易察觉的冷笑,然后用眼角的余光瞥了你一眼,继而在和你擦肩而过的瞬间发出一声阴阳怪气的"你好",你会作何感想?恐怕有很多人会火冒三丈。

礼仪课程中的很多内容(比如怎样握手、鞠躬、怎样站、坐、行等)都属于体态语的范畴,在这一节中我们着重谈一谈表情、空间距离与碰触、目光交流与凝视、身体语言的沟通等规范。

一、表情

人类的表情能够传达非常丰富的信息。达尔文把人类的表情分为喜悦、生气、恐惧、悲伤、厌恶、惊讶六种,现代科学家则借助计算机将人类的表情分为412种。

中国有句老话叫"和气生财",还有一句老话叫"抬手不打笑脸人"。这两句话说的都是:你的表情和你的生意之间有很多的关联——愉悦的表情让你赚进更多的钱,即使遇到生气的顾客,你热情的态度和友好的微笑也会把对方的怒火熄灭。微笑的表情是无声的语言,它传达的信息是:"我见到你很高兴,我很高兴和你打交道,我很愿意解决你的问题。"

有这样一个故事说:一个小男孩和他的伙伴吵架之后,来到山边对着山谷喊:"我恨你!"很快他就听到从山谷传来了"我恨你!"的回音。于是小男孩回家告诉妈妈说,山谷里有个卑鄙的小孩说恨他。他的妈妈把他带回山谷,让他喊:"我爱你!"小男孩照妈妈的话做了,很快他就听到山谷里有个很可爱的孩子对他说:"我爱你!"人的身体语言具有很强的"镜子"效应,当你用某种态度对待别人时,这种态度通常会从别人那里又反馈到你自己身上。你对别人热情,别人也会对你渐渐热情起来;你对别人冷漠,别人也会很快远离你。"恶脸不开店,怒脸不见人"就是这个道理。亲切的微笑是在表达"我喜欢见到您,您使我愉快,我见到您的时候感到高兴"。人是一种"社会性动物",都有被赞赏、被理解、被尊重的需求,有谁不喜欢做一个受别人欢迎的人呢?当你对别人微笑时,你就变成了一个带给别人好心情的天使,让所有见到你的人生活中立刻洒满阳光,生命也因而充满希望!

美国著名保险推销员乔·库尔曼在《我的路》中把微笑的好处总结为以下十点:

(1) 把你的友善与关怀有效地传达给对方;
(2) 能排除你与对方之间的藩篱,使双方敞开心扉;
(3) 使你的外表更加迷人;
(4) 可以消除双方的戒心与不安;
(5) 能消除自卑感;
(6) 能感染对方,让对方回报以微笑,创造和谐的交谈基础;
(7) 能建立对方对你的信赖感;
(8) 能去除自己的忧郁情绪,迅速地重建信心;
(9) 是表达爱意的捷径;
(10) 能增强活力,有益健康。

现在,找一面镜子,到一个光线充足的地方,让柔和明亮的光线照着你的脸,然后对镜观察:放松你的脸,不要有任何表情。这时候看看你自己:如果你是顾客,看到商务人士这样的表情,你会怎样想?——"这个经理看上去凶巴巴的","这个接待员长得不错,可是好像不想看见我"……

然后,用一本书挡住脸部眼睛以下的部位,对着镜子,想象你是世界上最成功、最自信的人,想象一下你最喜欢见到的人现在正出现在你面前……让你的脸上露出自然的微笑,这时,请观察:你的眼镜和嘴唇是不是都在笑?然后放松嘴唇,只保留眼睛的"微笑"。下一次,单独练习"眼睛的微笑"。(请不要忘记,平均每21天才能养成一个习惯,在21天里把"眼睛的微笑"当成一个目标去做吧!)

眼睛笑了,加上嘴唇的微笑才是最自然的微笑。嘴唇的微笑又有一个关键点,即嘴角上翘。有些人好像天生就是一副笑模样,可能就是因为眼形和唇形符合微笑时的特点。对于天生一副"厉害"模样的人来说,过了25岁就不能再责怪自己的父母了——后天的表情所造成的新面孔只能由自己负责。现在开始,塑造自己的理想表情吧!当你在工作时,你的表情不仅代表你自己,还代表着你所在的团体。每次出门、上班、工作的时候,记得抬头挺胸,深深呼吸一口新鲜的空气,感受一下阳光的存在,向你见到的所有人微笑问好。

二、空间距离与碰触

千万不要浑然不觉地在鸡尾酒会上把客户"逼"到墙角!

为什么会出现这种情况?原因是:我们每个人在心理上都存在一个"适宜的空间距离"。学者们曾经对中国人讲话时交谈者之间的距离做过调查,发现在朋友、熟人间进行个人交谈时,双方的距离在0.5~1米之间;一般社交活动中双方距离在1.5米左右;人在对着人群讲话时,距离一般都在3米以上。

因此,假如在鸡尾酒会上,你和一位客户讲话时离他太近,他在心理上感觉不适,因此向后移动了一步,而你这时又跟上一步,他会再后退一步,这样的"探戈舞"会以客户找借口离

开你作为终结。

个人空间是无形的,但它又是实际存在的。性别、年龄、相互间关系的亲疏、所处的文化背景等都会影响个人空间的距离;我们和小孩子之间的距离与大人相比会更近一些;我们和更熟悉的人会离得更近一些;两个中国人可能比两个英国人站得更近一些。

人与人之间的接触可以分为职业型接触、社交型接触、友爱型接触、亲密型接触。医生检查病人、理发师接触头部等都属于职业型接触,这种接触是不包含情感成分的,"被接触者"通常被"接触者"当成工作对象来看待。如果被接触者在职业型接触中体验到情感成分,往往会断定自己受到了"非礼"。社交型接触包括握手和礼仪性拥抱,常见于工作交往之中。而亲朋好友久别重逢之后的握手和拥抱则属于友爱型接触。亲密型接触只存在于两性交往中,在工作场合不应该出现。

我们对于接触的对象、范围、场合、形式等一定要认真考虑,不可"轻举妄动"。商务人士在商务场合中,应当将接触行为严格限制在职业型接触和社交型接触范围之内,避免因处理不当造成尴尬甚至不愉快的后果。

身体靠得太近、随意接触都有可能侵犯别人的个人空间,除此之外,还有一种侵犯方式——声音侵犯,容易被中国人所忽视。中国人喜欢"热闹",在见到熟人时、开会时、聚餐时、打电话时通常会大声说话,"人声鼎沸"的场景随处可见。但是随着国际交往场合的增多,越来越多的外国人反映"受不了中国人的大嗓门"。在国际商务场合,通行的原则是:你和别人说话时,音量控制在"对方能听清楚你在说什么"就足够了。尤其是在机场、教堂、西餐厅、电梯里,"不用声音去侵犯别人"是一种基本的礼仪修养。

还需要提醒大家的是,在解读他人的身体语言时,必须结合当时的交往情景、关系深浅、对方个性、文化背景等因素做综合考虑。在西方,拥抱、亲吻是普通的社交礼仪,如果有外国客人过来拥抱我们,不一定就说明对方"轻佻无礼"。在阿拉伯,两位男士之间的距离可能会近到我们认为的"亲密距离"范围内,如果有来自阿拉伯的男士过来拉住我方男士的手一直不松开,我们对此也不必"大惊小怪"。同样,一个性格非常外向的女孩子和你的距离很近,也不一定表示她喜欢和你亲近。

三、目光交流与凝视

在人际交往中,"眼睛是心灵的窗户",眼睛能够反映人们内心世界的各种色彩。在商务场合中,同样要注意目光交流。如果缺乏目光交流,眼神飘移,会让对方感觉"此人不可信"。坦然的、亲切的、有神的目光能够营造出良好的交际氛围,而敌视的、轻蔑的、呆滞的、漠然的、慌张的、冰冷的目光都会给人际交往制造障碍。在商务场合还应该避免左顾右盼、上下打量、挤眉弄眼。

所谓凝视,是指目不转睛地看。不同文化中对凝视的时间要求是不一样的,在意大利,两个人谈话时相互凝视的时间特别长,但是如果你用同样长的时间凝视一个日本人,则可能会被认为是在冒犯对方。在韩国,领导训话的时候下级会低着头听领导说些什么,如果你在美国上司对你说话时不看着他,他会感觉受到了冒犯。

在我国,大部分人也不太习惯被对方长时间凝视。如果你的目光聚焦在别人脸上某个部位长时间不动,这样"死盯"对方,会让对方产生难受、不安的感觉,严重的会让对方产生抵触和敌意的情绪,所以应当避免。

凝视除了时间限制以外,还有区域限制。凝视的区域范围有以下几种。

1. 公务凝视区

公务凝视区适用于洽谈公务的正式场合,例如磋商、谈判等。凝视时目光停留的区域在对方脸部,以双眼为底线,上到前额部分。谈话时注视对方的这个区域会显得严肃、认真、有诚意。

2. 社交凝视区

社交凝视区适用于各种社交场合,例如会见朋友、与熟悉的同事谈轻松的话题等。凝视时目光停留的区域为对方嘴唇到双眼之间的三角区。谈话时注视对方这个区域会使对方感到轻松自然。

3. 亲密凝视区

亲密凝视区适用于亲人之间、恋人之间、家庭成员之间的交流。凝视时目光停留的区域为对方双眼到双胸之间。如果非亲密关系却凝视亲密区域,对方会觉得受到冒犯甚至侮辱,会将这种凝视看作是一种不礼貌的行为。

如果我们希望给别人一个好印象,就必须控制自己那些表达负面信息的身体语言,采用那些展示自信、友好的身体语言。在说话时,要避免身体语言和词语出现矛盾。当你所说的词语和你的身体语言所表达的意思相反时,人们更容易相信的是身体语言。在我们听别人说话时,也要通过观察对方的身体语言,从对方的目光、表情、身体运动、姿势以及彼此之间的空间距离感知对方的心理状态,从而准确把握对方所说的话背后的真正含义。

四、身体语言的沟通

1. 身体语言沟通的特点

身体语言沟通具有以下特点:

(1) 广泛性;

(2) 连续性;

(3) 不受环境的限制;

(4) 跨文化沟通;

(5) 简约性。

2. 身体语言沟通的方式

首先,人们可以借助面部表情、手势动作等身体姿态来传达诸如攻击、恐惧、腼腆、傲慢、愉快、愤怒、悲伤等情绪或意图。

其次,人们还可以利用空间位置关系来影响个人之间的沟通过程。国外有关研究证实,学生对于课堂讨论的参与直接受到学生座位的影响。以教师讲台为中心,座位越居于中心位置,学生对于课堂讨论的参与比例越大。

再次,人们还可以运用服饰来传递信息。在企业环境中,组织成员所穿的服装往往能传送出关于他们的能力、严谨程度和进取性的信号。因为接收者无意识地给各种服装归结了某些特定的含义,并依据这种认识对待穿戴者。

3. 身体语言沟通的改善

身体语言在人际沟通中,有着口头语言所不能替代的作用。然而,真正将身体语言有效地运用到人际交往中去,却不是一件容易的事。这需要我们做两件事情:一是理解别人的身体语言;二是恰当使用自己的身体语言。

1) 理解别人的身体语言

身体语言比口头语言能够表达更多的信息,因此,理解别人的身体语言是理解别人的一个重要途径。从他人的目光、表情、身体运动与姿势,以及彼此的空间距离中,我们都能够感知到对方的心理状态。了解了对方的喜怒哀乐,我们就能够有的放矢地调整我们的交际行为。但是,理解别人的身体语言必须注意:同样的身体语言在不同性格的人身上意义可能不同;同样的身体语言在不同情境中意义也可能不同。

要站在别人的角度来考虑问题,培养自己的观察能力,不要简单地下结论。同样的身体语言在不同性格的人身上意义可能不同。一个活泼、开朗、乐于与人交往的女孩子,在与你交往时会运用很丰富的身体语言,不大在乎与你保持较近的距离,也时常带着甜蜜的表情与你谈话。但是,这可能并没有任何特殊的意义,因为她与其他人的交往也是这个样子。然而换成一个文静、内向的女孩子,上述信息可能就意味着她已经开始喜欢你了。解释别人的身体语言还要考虑情境因素。同样是笑,有时候是表示好感,有时候是表示尴尬,而有时候又表示嘲讽,这些都需要我们加以区别。理解别人的身体语言,最重要的是要从别人的角度上来考虑问题,要用心去体验别人的情感状态,也就是心理学上常讲的要注意"移情"。当别人对你表情淡漠,很可能是由于对方遇到了不顺心的事,因此不要看到别人淡漠就觉得对方不重视你。事实上,这样的误解,在年轻人中最容易出现,也最容易导致朋友、恋人之间的隔阂。站在别人的角度,替别人着想,才能使交往更富有人情味,使交往更深入。

需要注意的是,要培养自己敏锐的观察力,善于从对方不自觉的姿势、目光中发现对方内心的真实状态。不要简单地下结论。比如,中国人喜欢客套,当来做客的人起身要走时,往往极力挽留,然而很多时候,这些挽留都并非出自本意,我们从主人的姿势上是可以看出来的,口头上说"慢走",却早已摆出了送客的架势。

2) 恰当使用自己的身体语言

恰当使用自己的身体语言,应做到以下几点:经常自省自己的身体语言;有意识地运用身体语言;注意身体语言的使用情境;注意自己的角色与身体语言相称;注意言行一致;改掉不良的身体语言习惯。自省的目的是检视自己以往使用身体语言是否有效,是否自然,是否使人产生过误解。

了解这些,有助于我们随时对自己的身体语言进行调节,使它更有效地为我们的交往服务。不善于自省的人,经常会产生问题。有些性格开朗的女孩,在和异性交往中总是表现得很亲近,总是令人想入非非。如果不注意自省,可能很危险。我们可能会注意到,那些比较著名的演说家、政治家,都很善于运用富有个人特色的身体语言。这些富有个人特色的身体语言并不是与生俱来的,而是经常有意识地运用的结果。身体语言的使用一定要注意与自己的角色以及生活情境相适应。

改变不良的身体语言的意义,是消除无助于沟通反而使沟通效率下降的不良的身体语言习惯。有人在与人谈话时,常有梳理头发、打响指等习惯,有的人还有掏耳朵、挖鼻孔的小动作,这些都会给人家留下不好的印象,有时会让人觉得很不礼貌。同时,这些无意义的身体语言会分散对方的注意力,会影响沟通效果。真诚是一种美德,而言行一致则是真诚的体现。口头语言与身体语言不一致,会使人觉得虚伪。

知识活页

解读身体语言

大多数人对身体语言的理解如下。

（1）自信:抬高下巴,坐下时上半身前倾,站立时抬头挺胸、双手背在身后,手放在口袋时露出大拇指,掌心相对,手指合起呈尖塔状。

（2）开放与接纳:咧着嘴笑,手掌张开,双眼平视。

（3）配合:谈话时身体前倾并坐在椅子边缘,全身放松、双手打开,解开外套纽扣,手托着脸。

（4）缺乏安全感:捏弄自己的皮肤,咬笔杆,两个拇指交互绕动,啃指甲。

（5）紧张:口吃、轻咳喉咙、避免凝视,目光快速游移,摸鼻子,眨眼,多喝水,吞唾液,咬手指,呼吸急促,紧握双手不放,拨头发,抚摸后颈,握拳,绞扭双手,用食指指人,吹口哨,抽烟,坐立不安,以手掩口,使劲拉耳朵,把硬币、钥匙弄得叮当响。

（6）防卫:双臂交叉于胸前,偷瞄、侧视、摸鼻子、揉眼睛、紧缩下巴,说话时眼睛看地上,瞪视,双手紧握,说话时用食指指着对方,握拳做手势,抚摸后颈,摩拳擦掌。

教学互动

互动问题:找学生即兴演讲,需要正确运用目光与观众进行交流。

要求:

1. 演讲时间为3分钟。
2. 演讲者要精心组织,注意肢体语言、眼神与观众的交流。
3. 请其他学生成立裁判组进行点评并评出 A、B、C 三个等级。

第二节 气质塑造

气质是指人相对稳定的个性特征、风格以及气度。性格开朗、潇洒大方的人,往往表现

出一种聪慧的气质;性格开朗、温文尔雅者,多显露出高洁的气质;性格爽直、风格豪放的人,多表现出粗犷的气质;性格温和、秀丽端庄,则表现为恬静的气质……无论聪慧、高洁,还是粗犷、恬静,都能产生一定的美感。相反,刁钻奸猾、孤傲冷僻或颓废萎靡的气质,只会使人厌恶外,毫无美感可言。在现实生活中,有相当数量的人只注意穿着打扮,并不怎么注意自己的气质是否给人以美感。诚然,美丽的容貌,时髦的服饰,精心的打扮,都能给人以美感,但是这种外表的美总是肤浅而短暂的,如同天上的流云,转瞬即逝。如果你是有心人,就会发现,气质给人的美感是不受年龄、服饰和打扮局限的。一个人的真正魅力主要在于其特有的气质,这种气质对同性和异性都有吸引力。这是一种内在的人格魅力。气质美首先表现为具有丰富的内心世界。理想则是内心丰富的一个重要方面,因为理想是人生的动力和目标,没有理想的追求,内心空虚贫乏,是谈不上气质美的。品德是气质美的另一个重要方面。为人诚恳、心地善良是不可缺少的。文化水平也在一定程度上影响着人的气质。此外,还要胸襟开阔,内心安然。气质美看似无形,实则有形。它是通过一个人对待生活的态度、个性特征、言行举止等表现出来的。走路的步态,待人接物的风度,皆属气质。许多人并不是俊男靓女,但在他们身上洋溢着夺人的气质美:认真,执着,聪慧,敏锐。这是真正的气质美,是和谐统一的内在美。追求美而不误解美、亵渎美,这就要求我们每一个热爱美、追求美的人都要从生活中领悟美的真谛,把美的外貌与美的气质、美的德行与美的语言结合起来,展现出人格、气质、外表相结合的一个完整的美好形象来。首先,要自信,在接纳自己的基础上"美化"自己。也就是一定要先对自己满意、欣赏,用爱来呵护自己,热爱自己身体的每一部分,热爱自己的风格。当你接纳并喜爱自己时,你的身体就会从内心深处绽放出一种美丽,会使你无论身处何种场合,面对多少人,都能做到从容不迫、大方得体、潇洒自信,当然会被别人所接纳、喜欢,也会无形中增添你的气质魅力。有很多朋友可能在各种场合碰到各类人群,可能会发出一声感叹:"这个人气质真好!"从某种意义上说,气质就是个人内在素质的外在体现。

一、站姿

站姿又叫站相、立姿,是指人在站立时所呈现出的具体姿态。站姿是人们最基本的姿势,同时也是其他一切姿势的基础。

在我们成长的过程中,常听到长辈耳提面命地叮咛我们要"站有站相"。不过很可惜,大部分人并不会特别去注意,学校里也没有设立"站姿课"来教导我们应该如何"站",以致很多人根本不懂得要如何"抬头挺胸",保持正确的站姿。

好的站姿,可以让身体各个关节的受力比较平均,不会特别弯曲、让某些特定的关节承担大部分的重量。而且当你抬头挺胸时,胸口会变得开阔,呼吸也会顺畅,身体得到足够的氧气,精神、注意力都会比较容易集中。所以好的体态,不只是为了美观,对于健康也很重要。

标准的站姿,从正面观看,全身笔直,精神饱满,两眼正视,两肩平齐,两臂自然下垂,两脚跟并拢,两脚尖张开60°,身体重心落于两腿正中;从侧面看,两眼平视,下颌微收,挺胸收腹,腰背挺直,手中指贴裤缝,整个身体庄重挺拔。站姿是人的一种本能,是一个人站立的姿势,它是人们平时所采用的一种静态的身体造型,同时又是其他动态的身体造型的基础和起点,最易于表现人的姿势特征。在交际中,站立姿势是每个人全部仪态的核心。如果站姿不够标准,其他姿势便谈不上什么优美。

(一) 站姿的基本要求

站姿的基本要求是头端、肩平、胸挺、腹收、身正、腿直、手垂。具体来说,站立时应使身体正直,两肩平整,腰背挺直,两眼平视前方,下颌微收,嘴唇微闭。由于性别方面的差异,对男女的基本站姿各有不同的要求。礼仪上对男子站姿的要求是稳健,对女子的要求是优美。

男子在站立时一般应双脚平行,双脚大致与肩同宽,最好间距不超过一脚宽。全身正直,双肩稍微向后展,头部抬起,双臂自然下垂伸直,双手贴放在大腿两侧。

女性站立时可调整双脚成"V"字形或"丁"字形,挺胸收颌,目视前方,双臂自然下垂,双手叠放或相握于腹前。站立时,张开的脚尖大致相距 10 厘米,其张开角度以 45 度左右为宜。

如果站立时间太久,可以把左脚或右脚交替向后撤一步,使身体的重心落在另一脚上。但上身仍要直挺,放松的那条腿的膝盖部位也要伸直,同时还要注意伸出的脚不可太远,双脚不可开叉太大,姿势的变换不要太频繁。

常见的不正确的站姿主要有:弯腰驼背、左右摇晃、脚不停地打拍子,叉腰、叉脚,身体抖动或倚靠其他物体,手插入衣袋或摆弄小物品。这些站姿容易给人以懒散、轻薄、缺乏教养的印象。

(二) 不同站姿的含义

(1) 背脊挺直、胸部挺起、双目平视站立:属开放型动作,说明有充分的自信,给人以"气宇轩昂"、"心情乐观"的印象。

(2) 弯腰曲背、略现佝偻状站立:属封闭型动作,表现出自我防卫、闭锁、消沉的倾向,同时,也表明精神上处于劣势,有惶惑不安或自我抑制的心情。

(3) 两手叉腰站立:是具有自信心和精神上优势的表现,属于开放型动作,对面临的事物没有充分的心理准备。

(4) 别腿交叉站立:表示一种保留态度或轻微拒绝的意思,也是感到拘束和缺乏自信心的表示。

(5) 将双手插入口袋而立:具有不坦露心思、暗中策划、盘算的倾向;若同时配合有弯腰曲背的姿势,则是心情沮丧或苦恼的反映。

(6) 靠墙壁站立:有这种习惯者多是失意者,通常比较坦白,容易接纳别人。

(7) 背手站立者:多半是自信力很强的人,喜欢把握局势,控制一切;一个人若采用这种姿势处于人面前,说明他怀有居高临下的心理。

(三) 演讲站姿

看过哑剧表演的人都知道人类无声的动作具有巨大的包容性。德国表演大师古布·佩森有一次谈演出体会时说:"我就靠我的动作、姿态向人们昭示我的内心世界,昭示我的所思所想,昭示我的喜怒哀乐。"

应聘者都会遇到演讲这一关。演讲时首先要注意自己的站姿,争取给人留下一种精神饱满、胸有成竹的好印象。

著名演讲家曲啸曾在介绍演讲经验时说:"演讲者的体态、风貌、举止、表情都应给听众以协调的、平衡的、至美的感受,要想从语言、气质、神态、感情、意志、气魄等方面充分地表现出演讲者的特点,也只有在站立的情况下才有可能。"

演讲者站姿规范如下:

(1) 脊椎、后背挺直,胸略向前上方挺起。
(2) 两肩放松,重心主要支撑在脚掌和脚弓上。
(3) 挺胸收腹,精神饱满,气息下沉。
(4) 脚应绷直,稳定重心位置。

演讲站姿可分为以下几种。

(1) 前进式。这种姿势是演讲者用得最多、使用最灵活的一种站姿。右脚在前,左脚在后,前脚脚尖指向正前方或稍向外侧斜,两脚延长线的夹角成45度左右,两脚跟的距离在15厘米左右。这种姿势重心没有固定,可以随着上身前倾与后移的变化而分别定在前脚跟与后脚跟上,不会因时间长期保持固定姿势而显得不美观。另外,前进式站姿能使手势动作灵活多变,由于上身可前可后、可左可右,还可转动,这样能保证手做出不同的姿势,表达出不同的感情。

(2) 稍息式。一脚自然站立,另一只脚向前迈出半步,两脚跟之间相距约12厘米,两脚之间形成75度夹角。运用这种姿势,形象比较单一,重心总是落在后脚上。一般适应于长时间站着演讲中短期更换姿势,使身体在短时间里获得松弛,得到休息,一般不长时间单独使用,因为它会给人一种不严肃的感觉。

(3) 自然式。两脚自然分开,与肩同宽,间距以20厘米为宜,显得舒适而不失庄重感。

二、坐姿

坐姿是人们在日常生活、工作中最常见的一种举止。坐姿是静态的,但它能够向交际对象传递自身的信息。懒散、歪斜的坐姿往往令人讨厌,而端庄优美的坐姿则会给人以文雅、大方、稳重的美感。坐姿如果不正确,除了看起来没精神外,也容易腰酸背痛,甚至影响脊椎、压迫神经,最终影响身体健康。正确而优雅的坐姿是一种文明行为,它既能体现一个人的形态美,又能体现行为美。正确的坐姿要求是"坐如钟",即坐相要像钟一样端正。

(一) 就座、离座的要求

就座,即从走向座位到坐下这一过程。就座时首先应注意顺序,应先请尊长入座,然后平辈同时就座,不要一群人同时抢座。其次要讲究入座的方位。不论是从正面、侧面还是背面走向座位,通常都应该从左侧走向自己的座位,仍从左侧离开自己的座位。这就是礼仪上所说的"左进左出"原则。再次要注意落座无声。入座时不要把椅子弄得嘎吱乱响。最后要做到入座得法。就座时应转身背对座位。如果距离比较远,可以后脚右移半步,等腿部接触座位边缘后再轻轻坐下。如果需要挪动椅子的位置,应当先把椅子挪到想坐的地方然后再坐。女士入座时尤其要注意优雅,如果穿裙子,应该先把裙子后片向前拢一下再就座。

离座时要谨慎。起身离座时应先将右脚向后收半步,然后起身,平稳离座,不要突然跳起来或弄出声响、把身边的东西弄到地上。

(二)坐定的基本要求

坐定后的基本要求是庄重、文雅、得体、大方。具体要领是头部端正稍抬,下颌内收,双眼平视,两肩自然放松下垂,躯干挺直或适当靠向椅背。男士可以将双手自然地放在腿上,掌心向下,双脚自然平行放置,双膝弯曲 90 度到 120 度,也可以双脚脚踝部分自然交叉。女士坐定后可以将右手搭放在左手上,一起轻松地放在腿上,双脚自然平行放置,双膝并拢,双膝弯曲 90 度到 120 度;可以将双脚自然往一侧平放,稍微向内弯曲。以上是最基本的坐姿,还可以在此基础上进项调整。如,男士可以将双脚略微向前伸或者双脚叠放;女士可以将两脚并拢,两脚同时向左侧或右侧放,两手叠放置于左腿或右腿上;也可将两腿交叉或叠放,但绝不能跷"二郎腿",两侧交叉时要使上面一条腿的小腿内收,脚尖向下。女士在穿裙子时采用"S"形的侧坐往往比正坐优美一些,但是要注意答礼时必须正坐。

很多人觉得入座后手足无措,其实坐定后的手脚摆放很简单。当椅子有扶手时,以双手轻搭在扶手上或一手搭扶手、一手放腿面;椅子没有扶手时,两手可以相交或轻握,也可以呈八字形放在腿上。腿和脚的摆法要根据具体情况而定。如果椅子的高度适中,两腿可以相靠或稍分,但不能超过肩宽;如果椅子较低,可以将两腿并拢,自然倾斜于一侧;如果椅子较高,可以将一条腿略微搭放在另一腿上,脚尖向下。坐定后,脚跟和脚尖可以全靠在一起,也可以一前一后或将右脚放在左脚外侧。

常见的不正确坐姿主要有:猛坐猛起,弄得椅子乱响;上体不直,左右摇晃;坐下后双腿抖动;脚钩住椅子腿;两脚分得很开、伸得很远或摇晃两腿和脚尖;双手抱头向后仰靠;跷"二郎腿";摇头晃脑,等等,这些坐姿都会让人感觉到不雅观和没教养。

知识活页

坐姿研究

1. 舒适的坐姿角度

至今,围绕最佳坐姿的研究仍较少。美国的一项于 1999 年进行的整合分析研究指出,身体躯干和大腿呈 100 度至 130 度角的坐姿最能令脊柱放松。苏格兰的一项于 2007 年发表的论文指出,角度为 135 度的后仰坐姿对防止背部酸痛最为有利。戈卢比奇博士表示,虽然这些研究令人颇感兴趣,但对于大多数人来讲,如此精确地拿捏坐姿角度或许并不可行。

2. 久坐伤身

克里夫兰诊所治疗过患有多种慢性疾病的病人。几乎所有这类患者都是每天久坐不动的人。2002 年,美国总统健康及运动委员会(President's Council on Physical Fitness and Sports)为应对久坐的生活方式所带来的日益严峻的问题创造了一个新词——体力活动缺乏综合征(Sedentary Death Syndrome)。戈卢比奇博士称:"有关体力活动缺乏综合征的研究表明,久坐数个小时可能引发腰痛、高胆固醇、糖尿病及肥胖症等多种疾病。"换句话说,不管用哪种坐姿整天坐着,对你的身体都颇为有害。

3. 最佳坐姿

身体姿势是对呼吸效果起决定性作用的因素。戈卢比奇博士认为,"放松,坐直"——保持身体重心稳定,打开但别绷紧肩胛骨并挺直脊柱,然后"挺胸,深呼吸……你会感觉到更有活力,更能集中精力"。为保持这样的坐姿,你需要和椅背保持一定距离,以防止自己瘫靠在椅子上,同时你的双脚应该稳稳地踩在地上。有些时候,他会让患者把一个蓝色的圆点贴纸带回家贴到电脑上,以此提醒患者在感觉到酸痛时,应该坐直、舒展身体并深呼吸。另外,有一款名为 PostureTrack(姿势跟踪)的应用程序可以在用户弯腰驼背时发出警报。

4. 弯腰驼背的害处

并不是说坐没坐相会让你在一天之内变成驼背,但戈卢比奇博士称:"如果长此以往,你的肌肉又不够强壮,你全身的骨骼就会变形。据我所知,还没有哪项课题就人坐直时和驼背时内脏(如肝脏和脾脏)的体积变化进行过研究。但是我们知道的是,当你驼背时,你会传递出令人感觉你萎靡不振和情绪低落的信号。"他补充道,当你坐直时,"让人感觉你的心理状态比较好"。

5. 腰痛发出的信号

如果你还不习惯于直坐,你可能会感觉到腰痛——这说明你需要进行核心力量训练并提高身体的综合素质。基本上,戈卢比奇博士会建议所有的患者开始练习瑜伽:"在瑜伽课上,我们最先学习的就是正确的坐姿。"

6. 多走并避免久坐

戈卢比奇博士称,坐姿如何远不及坐的时间长短对身体的影响大。他本人会尽可能频繁地离开书桌,和同事们"边走路边开会",并到室外接打电话。他说:"如果你没有条件走动,至少该多站站。"

三、走姿

走姿也叫行姿、步姿。走姿是在站姿的基础上展示的动态美,它体现的是人类的运动之美和精神风貌。无论是在日常生活中还是在社交场合,走姿往往是最引人注目的。优雅、稳健、敏捷的走姿能给人以美的感受,产生感染力,反映出积极向上的精神状态。走姿文雅、端庄,不仅给人以沉着、稳重、冷静的感觉,而且也是展示自己气质与修养的重要形式。注意走姿也可以防止身体变形,甚至可以预防颈椎方面的疾病。

(一) 走姿的基本要求

礼仪对走姿的总体要求是轻松、矫健、优美、匀速。虽然不一定做到古人要求的"行如风",至少要不慌不忙,稳重大方。其具体要领是:头部端正,双眼平视,下颌微收,上身正直不动,两肩持平不摇,两臂前后自然摆动,向后摆动时手臂外开不超过30度,前后摆动的幅度为30~40厘米。两手自然弯曲,在摆动中离开双腿不超过一拳的距离。走路时两腿要直而不僵,步幅适中均匀,两脚落地呈一线。走路时脚尖应正对前方,如果走起来脚尖向内或向外,就是内八字或外八字。

此外,走路时还要注意步位和步幅。步位是两脚下落到地面的位置。男子行走时,两脚跟应交替前进在一条线上,两脚尖稍微外展。女子走路时,脚要踏在一条直线上。步幅是跨步时两脚间的距离。步幅的大小与身高、服装和鞋都有关系。一般来说,标准的步幅是本人的一脚之长。女士穿裙装和高跟鞋时步幅应该小一些,穿休闲装或运动装时步幅应大一些。

(二) 变向走姿

变向走姿是指在行进过程中需要改变方向时体现出的姿态。在行进中需要改变方向时,我们应采用合理的方法,体现出优美的步态。常用的方法有三种:一是后退步,即先后退两三步再转身离去,退步时脚要轻擦地面,步幅要小,要注意先转身后转头;二是引导步,主要用于为他人带路时,带路时要走在宾客的左侧前方,整个身体半转向宾客方向,保持两步的距离,改变方向前要伸出左手示意并提示请客人拐弯、进门等;三是前身转身步,在行进中需转弯时,要在距离所转方向远侧的一脚落地后,立即以该脚掌为轴,转过全身,然后迈出另一脚。

(三) 男士走姿

(1) 走路时要将双腿并拢,身体挺直,双手自然放下,下巴微向内收,眼睛平视,双手自然垂于身体两侧,随脚步微微前后摆动。双脚尽量走在同一条直线上,脚尖应正对前方,切莫呈内八字或外八字,步伐大小以自己足部长度为准,速度不快不慢,尽量不要低头看地面,那样容易让人以为你要从地上捡起什么东西。正确的走姿会给人一种充满自信的印象,同时也给人一种信赖感,让人赞赏。因此,走路时应该抬头挺胸、精神饱满,不宜将手插入裤袋中。

(2) 走路时,腰部应稍用力,收小腹,臀部收紧,背脊挺直,抬头挺胸,切勿垂头丧气。气要平,脚步要从容和缓,要尽量避免短而急的步伐,鞋跟不要发出太大声响。

(3) 上下楼梯时,应将整只脚踏在楼梯上,如果阶梯窄小,则应侧身而行。上下楼梯时,身体要挺直,目视前方,不要低头看楼梯,以免与人相撞。此外,弯腰驼背或肩膀高低不一的姿势都是不可取的。

(4) 走路时如果遇到熟人,点头微笑招呼即可,若要停下步伐交谈,注意不要影响他人的行进。如果有熟人在你背后打招呼,千万不要紧急转身,以免紧随身后的人应变不及。

(四) 女士走姿

(1) 上半身不要过于晃动,自然而均匀地向前迈进,这样的走路姿态,不疾不缓,给人如沐春风的感觉,可谓仪态万千。

(2) 女士走路时手部应在身体两侧自然摇摆,幅度不宜过大。如果手上持有物品,如手提包等,应将大包挎在手臂上,小包拎在手上,背包背在肩膀上。走路时身体不可左右晃动,以免妨碍他人行动。雨天拿雨伞时,应将雨伞挂钩朝内挂在手臂上。

(3) 女性在走路时,不宜左顾右盼,经过玻璃窗或镜子前,不可停下来梳头或补妆。还应注意不要三五成群,左推右挤,一路谈笑,这样不但有碍于他人行路的顺畅,看起来也不雅观。在行进过程中,如果有物品遗落地上,不要马上弯腰拾起。正确的姿势是,首先绕到遗落物品的旁边,蹲下身体,然后单手将物品捡起来,这样可以避免正面领口暴露或裙摆打开等不雅观的情况出现。

(4)一些女性由于穿高跟鞋,走路时鞋底经常发出踢跶声,这种声音在任何场合都是不文雅的,容易干扰他人,特别是在正式的场合以及人多的地方,尤其注意不要在走路时发出太大的声响。

(五)走姿的注意事项

走路时行进的速度应该保持均匀,不能忽快忽慢,让人觉得不可捉摸;步幅不要过大或过小;行进中不要左顾右盼、低头驼背、摇晃肩膀、扭腰摆臀、双臂大甩或呈八字步态。避免如下形态。

(1)低头看脚尖:心事重重,萎靡不振。
(2)拖脚走:未老先衰,暮气沉沉。
(3)跳着走:心浮气躁。
(4)走出内八字或外八字。
(5)摇头晃脑,晃臂扭腰。左顾右盼,瞻前顾后:会被误解,特别是在公共场合很易给自己招麻烦。
(6)走路时大半个身子前倾:动作不美,又损害健康。
(7)行走时与其他人相距过近,与他人发生身体碰撞。
(8)行走时尾随其他人,甚至对其窥视围观或指指点点,此举会被视为"侵犯人权"或"人身侮辱"。
(9)行走时速度过快或过慢,以致对周围人造成一定不良影响。
(10)边行走,边吃喝。
(11)行走时与早已成年的同性勾肩搭背、搂搂抱抱。

(六)走姿不正对人的健康的影响

1. 颈椎受累

从人体构造来说,在直立行走时,人类的脊柱承受着上半身的重量。当人在走路时,如果身体总是处于含胸驼背的姿势中,也许觉得走起来会比较轻松,但是这样错误的走姿实际上加重了脊柱的负担,使脊柱的生理弯曲处在一种不正常的状态中。长期持续下去,很容易造成颈椎、脊椎劳损,增加出现颈椎、脊椎疾病的几率。

2. 大脑过劳

人在走路时,全身经络都跟着一起活动,不正确的走姿会反射到大脑,使人无论在伏案工作还是走路时,大脑都处于紧张状态,白天的这种得不到缓解的紧张感,会造成大脑过劳,进而影响夜间的睡眠。

走路抬头挺胸才利于周身与大脑的气血回流,也就是说,抬头挺胸走路时,可让大脑得到休息,这个姿势使低头工作的状态变为"阳气升发"的抬头状态,正好补偿了人因为低头工作而给大脑造成的紧张以及气血流通不畅。低头走路造成的结果就是阳气不升,从而影响大脑正常的气血供应。外八字走路有碍阳经,使肝、脾、肾脏气血紧张,血流不畅,影响大脑血液的供应,造成大脑血液回流不畅。内八字则影响胆、胃和膀胱的经络,而这些经络均在脊柱的周围,脊柱周围气血不畅,也会影响大脑血液的循环。

3. 如何避免

走路时应避免以下情况:

(1) 走路时身体前俯后仰,或两个脚尖同时向里侧或外侧呈八字形走步,步子太大或太小,这都给人一种不雅的感觉;

(2) 走路时双手反背于背后,这会给人以傲慢、呆板之感;

(3) 走路时身体乱晃乱摆,这会让人觉得轻佻,缺少教养。

选择舒适、合脚的鞋子或者鞋垫,让足部处于良好的受力状态,更能保持身体的平衡,端正走姿。

然而,也不能因为太过在意走姿而适得其反地让身体过度紧张,事实上,最自然的走姿才是最正确的走姿。

四、蹲姿

蹲姿是人在处于静态时的一种特殊体位。蹲姿的要领:下蹲时一脚在前,一脚在后,两腿向下蹲,前脚全着地,小腿基本垂直于地面,后脚脚跟提起,脚尖着地。女性应双腿靠紧,男性则可适度将双腿分开。臀部向下,基本上以后腿支撑身体。蹲姿不像站姿、坐姿、走姿那样使用频率极高,但对个人形象来说也很重要。在别人面前需要捡地上的某物时,弯腰、俯首、撅臀显然都不雅观。因而,讲究举止的人应该讲究蹲姿。

(一) 基本要求

(1) 下蹲拾物时,应自然、得体、大方,不遮遮掩掩。

(2) 下蹲时,两腿合力支撑身体,避免滑倒。

(3) 下蹲时,应使头、胸、膝关节在一个角度上,使蹲姿优美。

(4) 女性无论采用哪种蹲姿,都要将腿靠紧,臀部向下。

(二) 常见蹲姿

1. 交叉式蹲姿

在实际生活中常常会用到蹲姿,如在集体合影场合,前排需要蹲下时,女性可采用交叉式蹲姿,下蹲时右脚在前,左脚在后,右小腿垂直于地面,全脚着地。左膝由后面伸向右侧,左脚跟抬起,脚掌着地。两腿靠紧,合力支撑身体。臀部向下,上身稍前倾。

2. 高低式蹲姿

下蹲时右脚在前,左脚稍后,两腿靠紧向下蹲。左脚全脚着地,小腿基本垂直于地面,左脚脚跟提起,脚掌着地。左膝低于右膝,左膝内侧靠于右小腿内侧,形成右膝高、左膝低的姿态,臀部向下,基本上以左腿支撑身体。

3. 半跪式蹲姿(军训用)

左脚平放在地上,左腿自然弯曲向左打开约30度,右脚尖着地,右脚跟翘起,将臀部的重心落在右脚跟上,右膝向下向右打开约60度,两手平放在大腿上,指尖与膝盖取齐,两肘紧贴两肋,上身挺直,昂首挺胸,目视前方。练蹲姿时,必须时刻保持标准姿势,没有命令不

许晃动,不许换腿。

(三)注意事项

1. 蹲姿禁忌

弯腰捡拾物品时,两腿叉开,臀部向后撅起,是不雅观的姿态;两腿展开,平衡下蹲,其姿态也不优雅。

蹲时注意内衣"不可以露,不可以透"。

2. 蹲姿三要点

蹲姿三要点为迅速、美观、大方。若用右手捡东西,可以先走到东西的左边,右脚向后退半步后再蹲下来。脊背保持挺直,臀部一定要蹲下来,避免弯腰翘臀的姿势。男士两腿间可留有适当的缝隙,女士则要两腿靠紧,穿旗袍或短裙时需更加留意,以免尴尬。

教学互动

互动问题:课堂"四姿"(站姿、走姿、坐姿和蹲姿)训练。

要求:

1. 站姿。头顶书,贴墙站。三种站姿表达:关注点在左前方,关注点在右前方,关注点在正前方。10人一组,1人为教练,指导余下的9人做相应训练,并录下视频,自评、互评。

2. 走姿。分组练习,两组相对,见面欠身问候,录下视频,自评、互评。

3. 坐姿。三种坐姿表达:关注点在左前方,关注点在右前方,关注点在正前方。10人一组,1人为教练,指导余下的9人做相应训练,并录下视频,自评、互评。

4. 蹲姿。两组同学相对,中间地上放一些物品,各组组员轮流走到物品旁,下蹲拾物,要求上身挺直,微笑面向客人。老师示范,分组训练。录下视频,自评、互评。

第三节 行为仪态

行为仪态指人在行为中的姿势和风度。姿势是指身体所呈现出的样子;风度则属于内在气质的外化。一个人的一举一动、一笑一颦、站立的姿势、走路的步态、说话的声音、对人的态度、面部表情等都能反映出一个人的仪态。而仪态恰恰是一个人的内在品质、知识能力、修养等方面的真实外露。对于行为仪态礼仪,要求做到自然、文明、稳重、美观、大方、优雅、敬人的原则。

一、手势

人在紧张、兴奋、焦急时,手都会有意无意地做出动作。作为仪态的重要组成部分,手势应该得到正确使用。手势也是人们交往时不可缺少的动作,是最有表现力的一种"体态语言"。俗话说:"心有所思,手有所指。"手的魅力并不亚于眼睛,甚至可以说手就是人的第二双眼睛。

手指握拳,单伸出食指指向某人,这是一种非常令人不快的手势,给人一种居高临下、强制、镇压的感觉。因此,切忌不要对人"指指点点"。正确的手势应当是:五指并拢,掌心向上,伸出手臂指向某人。掌心向上表达的是诚实、谦逊,而掌心向下表达的是命令、强制。

手势在人们的交际生活中具有重要的意义。需要注意的是,大家都用手势来表达一定的意义,但是在不同的地域,面对来自不同文化背景的客户,同样的手势可能会被理解为不同的含义。比如,在广东,主人为客人斟酒时,客人为了表示感谢,以食指和中指轻叩桌面,这种手势在北方可能会用于表达一种不耐烦的情绪。

(一)手势特点

手是体态语中最重要的传播媒介,招手、挥手、握手、摆手等都表示着不同的意义。手势表现的含义非常丰富,表达的感情也非常微妙复杂。如招手致意、挥手告别、拍手称赞、拱手致谢、举手赞同、摆手拒绝;手抚是爱、手指是怒、手搂是亲、手捧是敬、手遮是羞,等等。手势的含义,或是发出信息,或是表示喜恶。恰当地运用手势表情达意,会为交际形象增辉。

(二)适用场合

在适当的时候使用适当的手势。我们不必每一句话都配上手势,因手势做得太多,会使人觉得不自然。可是在重要的地方,配上适当的手势,就会吸引人们的注意。不自然的手势,会招致许多人的反感,造成交际障碍;优美动人的手势常常令人心中充满喜悦;柔和温暖的手势会令人心中充满感激;坚决果断的手势好像具有千钧之力。有的手势令人深刻受到对方的热情和欢喜;有的手势漫不经心;有的手势使人觉得对方洋洋自得;有的手势告诉你对方非常忙,正要赶着去办一件紧急的事情;有的手势告诉你,对方有要紧的事情要和你谈,请你等一等。在让座、握手、传递物件、表示默契及谈话进行中,手势有时成为谈话的一部分,可以增强语言的力量,丰富语言的色彩,有时候手势也成为一种独立且有效的语言。

(三)注意事项

不同的手势,表达的含意不同。那么,我们在运用手势的时候要注意什么呢?

1. 注意区域性差异

在不同国家、不同地区、不同民族,由于文化习俗的不同,手势的含意也有很多差别,甚至同一手势表达的含义也不相同。所以,手势的运用只有合乎规范,才不致引起误解。

2. 手势宜少不宜多

手势宜少不宜多。多余的手势会给人留下装腔作势、缺乏涵养的感觉。

3. 要避免出现令人反感的手势

在交际活动中,有些手势会让人反感,严重影响形象。比如当众搔头皮、掏耳朵、抠鼻子、咬指甲、手指在桌上乱写乱画等。

(四) 几种常见手势

旅游服务人员在接待交往活动中可能会遇到来自全国甚至来自世界各国的客人,因此我们需要了解常见手势的一般含义。

1. 跷起大拇指

大拇指向上竖起,其余四指握拳(见图4-1),这个手势在世界上大部分地方都表示"好"或"干得真棒"。在美国、英国、澳大利亚和新西兰,这种手势表示想搭便车。西方人用拇指朝下表示"坏"。在尼日利亚,这个手势被视为粗鲁,是表示侮辱。在澳大利亚,竖起大拇指等同于骂人。

在德国,人们竖起大拇指表示数字"1",而我们竖起食指表示"1",竖起食指在德国表示数字"2"。在日本,竖起大拇指表示数字"5"。

2. OK手势

拇指和食指形成环形,其余三指伸开(见图4-2),这个手势在美国表示"OK",即"行了"、"可以"、"很好"、"还不错"的意思。但是,这个手势在比利时、法国、突尼斯表示"零"或"毫无价值"。在拉丁美洲,这个手势相当于表示"滚蛋"。在日本,拇指和食指形成环形是表示"硬币",因为硬币的形状是圆的。

图4-1　跷起大拇指

图4-2　OK手势

3. V形手势

V形手势是二战时英国首相丘吉尔首先使用的,已传遍世界,表示"胜利"。如果掌心向内,就变成骂人的手势了。大拇指、无名指和小拇指相握,食指和中指伸出呈"V"形,手掌向外(见图4-3),这个手势表示"胜利"或"和平"。在很多时候,你会看到人们在表示"胜利"时有时手掌向里,有时手掌向外。需要注意的是,在英国,做这个手势时如果手掌向里,以手背对着对方,就不是表示"胜利"与"和平"了,而是表示对对方的侮辱。因此,在英国,千万不要把手掌的方向搞反了!

4. 举手致意

举手致意也叫挥手致意,用来向他人表示问候、致敬、感谢。当你看见熟悉的人,又无暇分身的时候,就举手致意,可以立即消除对方的被冷落感。要掌心向外,面对对方,指尖朝向上方(见图4-4)。千万不要忘记伸开手掌。

图 4-3　V形手势

图 4-4　举手致意

5．与人握手

在见面之初、告别之际、慰问他人、表示感激、略表歉意等时候，往往会以手与他人相握（见图 4-5）。握手要注意先后顺序。握手时，双方伸出手的标准顺序应为"尊者在先"，即地位高者先伸手，地位低者后伸手。如果是服务人员，通常不要主动伸手和服务对象相握。和人握手时，一般握上 3 到 5 秒就行了。通常，应该用右手与人相握，左手不宜使用，双手相握也不宜常用。

6．双手抱头

很多人喜欢用单手或双手抱在脑后（见图 4-6），这一体态的本意是放松。然而，在别人面前特别是给人服务的时候这么做的话，就会给人一种目中无人的感觉。

图 4-5　与人握手

图 4-6　双手抱头

7．摆弄手指

反复摆弄自己的手指（见图 4-7），要么活动关节，要么捻响，要么攥着拳头，或是手指动来动去，往往会给人一种无聊的感觉，让人难以接受。

8. 手插口袋

在工作中,通常不允许把一只手或双手插在口袋里(见图4-8)。这种表现会让人觉得你在工作上不尽力,忙里偷闲。

图4-7　摆弄手指

图4-8　手插口袋

二、鞠躬礼

鞠躬又称打躬,在我国古已有之,它不仅是我国传统的礼仪之一,也是有些国家常用的礼节。在当代国际礼仪中,鞠躬礼在日本、韩国等国最为盛行。在我国,鞠躬礼应用范围广泛,主要用于旅游服务、演员谢幕、演讲、领奖、举行婚礼和悼念活动等。

鞠躬礼一般是下级对上级、服务人员对宾客、初次见面的朋友之间以及欢送宾客时所施的礼节。行鞠躬礼时,要心诚,应取立正姿势(避免两腿叉开或向前弯曲),双目注视受礼者,面带微笑,然后使身体上部向前倾斜15°左右,视线随鞠躬自然下垂。男士在鞠躬时,双手放在裤线稍前的地方,女士则将双手在身前下端轻轻搭在一起;动作不要太快,幅度要主随客便。戴帽者行鞠躬礼时,必须先脱帽,用右手握住帽檐中央,将帽取下,左手下垂行礼。受礼者若是长者、贤者、宾客、女士,还礼可不鞠躬,而用欠身、点头、微笑致意,其他人均应以鞠躬礼相还。

鞠躬礼始于中国,是人们在生活中对别人表示恭敬的一种礼节,既适用于庄严肃穆、喜庆欢乐的仪式,也适用于一般的社交场合。是鞠躬者从心底对对方表示感谢尊重的意念,从而体现于行动,给对方留下真诚、谦恭的印象。鞠躬礼有15度鞠躬礼、30度鞠躬礼、90度鞠躬礼,而90度鞠躬礼主要用于特殊情况。不同的国家有不同的鞠躬礼。

(一) 基本动作

(1) 站姿端正,面对客人,不要只点头不躬身,而是使上体慢慢前倾。

(2) 在行礼时,男性双臂自然下垂靠住身体,手指并拢,轻贴于大腿外侧,中指贴于裤缝。女性则将双手交叉握于前身,右手握于左手上。

(3) 行礼时,吸一口气弯下上身,在吐气时间里完成鞠躬礼,在吸气中抬起上半身及头部,恢复礼前姿势。

(4) 双眼注视客人,随着躬身动作,视线也随之移向地面。

(5)行礼与礼貌用语同时进行,例如:"您好!欢迎光临!"

(二)四种鞠躬礼

1. 点头礼

下躬角度为5~6度。适用于在电梯等狭窄地方或走廊中与客会面,以及在10米以外距离与客人打招呼时。注意点头动作不可太快,保持在1秒之间完成为佳。上体下躬时,双目注视脚尖前5米处地面。点头礼如图4-9所示。

2. 普通礼

下躬角度为15度;下躬时双目注视脚尖前3米处地面,握手时注视对方面部。普通礼是一般场合下最普遍使用的敬礼,如初次见面、握手、致歉等。普通礼如图4-10所示。

图4-9 点头礼

图4-10 普通礼

3. 中礼

下躬角度为30度,下躬时双目注视脚尖前2米处地面。需表现得比较郑重其事时,可行中礼。中礼如图4-11所示。

图4-11 中礼

4. 最敬礼

下身角度为 45 度,下躬时双目注视脚尖前 1 米处的地面。是一种最郑重其事的敬礼。一般用于对神佛、对上司、对长辈、对 VIP(贵宾)等。最敬礼如图 4-12 所示。

图 4-12 最敬礼

三、目光

目光是面部表情的核心,是一种真实、含蓄的体态语言。眼睛是心灵的窗户,是人体传递信息最有效的器官,而且能够传达出最细微精妙的差异。印度诗人泰戈尔曾说:"一旦学会了眼睛的语言,表情的变化将是无穷无尽的。"对自己而言,它能够最明显、最自然、最准确地展示自身的心理活动;对别人而言,交往中所得到的信息 87% 来自它。一双炯炯有神的眼睛能给人以精力充沛的感觉,而一双呆滞麻木的眼睛则给人以疲惫厌倦的印象。

(一) 不同场合目光的运用

与人会面时,首先要睁大眼睛,以明亮的眼睛正视对方片刻,同时面带微笑;如果是初次见面,还应该头部微微一点,行注目礼以示尊重。在与人交谈时,应不断地通过目光与对方交流来表示自己正在认真倾听。在当众发表讲话时,应先用目光扫视全场,提醒大家注意讲话内容。此外,在会面结束时,目光要抬起,表示谈话结束;道别时应用目光注视对方的眼睛以示惜别。

通常情况下,我们注视交际对象时的目光应该自然、稳重、柔和。一个具有良好的交际形象的人的目光应该是坦然、亲切、有神的,这既是心情舒畅、充满信心的反映,也是尊重对方的表现。另外,当遇到某些不得不与陌生人四目相对的尴尬场面(如在拥挤的地铁或公交上)时,我们可以采用转移视线或故作失神、若有所思的样子来避免尴尬。

(二) 目光的礼仪规则

目光的礼仪规则一般涉及时间、角度、部位、注视方式等方面。

1. 时间

在人际交往中,尤其是与熟人相处时,注视对方时间的长短往往十分重要。一般情况下,注视对方的时间占全部相处时间的 1/3 左右表示对对方友好;注视对方的时间占全部相处时间的 2/3 左右表示对对方重视,听报告或者请教问题时多是如此;注视对方的时间不足相处时间的1/3表示瞧不起对方或者对对方所讲的话不感兴趣；如果注视对方的时间超过了全部相处时间的2/3，则情况比较复杂，可能是表示对对方本人发生兴趣，可能是对方很老成而自己很天真，也可能与对方是公开的仇敌或者在审讯犯人，还可能是表示自信和力量、上司想从下属那里得到更多信息等情况。

2. 角度

在注视他人时，目光的角度是事关与交往对象关系亲疏的一个大问题。注视他人的常规角度主要有这样几种。

（1）平视。也叫正视，即视线呈水平状态。一般用于普通场合与身份、地位平等的人进行交往。

（2）侧视。是平视的一种特殊情况，即位居交往对象的一侧，面向对方、平视对方。

（3）仰视。即主动居于低处，抬眼向上注视他人。它表示尊重、敬畏，适用于面对尊长时。

（4）俯视。抬眼向下注视他人。一般用于身居高处，对晚辈表示宽容、怜爱，也可以表示轻慢、歧视。

3. 部位

目光注视他人的部位不同，不仅说明自己的态度不同，也说明双方关系有所不同。一般情况下，与他人相处的时候不宜注视对方的头顶、大腿、脚和手，或是"目中无人"。对异性而言，通常不应该注视肩部以下，尤其不要注视胸部、裆部、腿部。

通常允许注视的常规区域如下。

（1）眼睛。注视对方的双眼，是对对方关注、重视的表现，因而适用范围较广。但是一次性注视的时间不宜过久。

（2）额头及眼睛。即以两眼为底线、前额上部为顶点所连接成的三角区。注视这一区域表示严肃认真、公事公办，适用于极为正规的公务活动。

（3）眼部及唇部。即以两眼为底线，以下颌为顶点所连接成的三角区。由于注视这一区域容易形成平等感，有利于创造良好的社交氛围，所以这是社交场合注视交往对象时最常用的区域部位。

此外，具有亲密关系的人之间可以注视对方的眼睛、嘴部和胸部之间的区域。这些区域可以激发感情，表达爱意。但是对陌生人来说，注视这些区域是很无礼的。

目光注视区域的不同不仅表明双方的不同关系，而且还直接影响到交际的结果。例如，一个士兵犯了错误，首长将他叫进办公室进行批评时注视他的胸部，会让对方感到莫名其妙、手足无措。如果注视其眼部及唇部，尽管谈话内容非常严肃，也难以使士兵重视。只有注视额头及眼睛这一区域，才能有效地表达出谈话的严肃性。

4. 注视方式

注视的方式有多种，不同的注视方式能够传达出不同的情感。

（1）直视。直接注视交往对象，表示内心坦荡、认真重视，适用于各种情况。

（2）对视。直视对方的眼睛，表示大方、坦诚或者关注对方。但是长时间直盯着对方是很失礼的，尤其不能在直盯对方的同时上下打量对方，那是轻蔑和挑衅的行为。

（3）凝视。凝视是直视的一种特殊情况，即全神贯注地进行注视。需要注意的是，除了彼此间具有亲密关系的人之外,凝视的对象往往只能是非人类的东西。

(4) 虚视。即直视时目光不聚焦于某处,眼神不集中。多表示胆怯、疑虑、走神、疲乏或者失意、无聊。

(5) 扫视。扫视是指目光在某地点或某部位移来移去,表示好奇、吃惊或者希望引起重视。

(6) 斜视。斜视又称睥视,即斜着眼睛注视。多表示怀疑、轻蔑,是很不礼貌的一种行为。

5. 解读目光

在掌握并正确运用自己的目光的同时,还应学会解读交际对象目光的含义,从其目光的变化中分析其内心活动和意向。

目光与表情和谐统一,表示很感兴趣,思想专注;目光长时间不接触或游移不定,表示对交谈不感兴趣,交谈应当很快结束;目光斜瞥,表示鄙夷;目光紧盯,表示疑虑;偷眼观察,表示胆怯或窘迫;睁大眼睛,表示惊讶。

目光文化的影响很大,不同国家和民族的人常为多看几眼、少看几眼而引起误会。许多黑人避免直视对方的眼睛,白人则认为避免看眼睛是对他人不感兴趣的表示;多数朝鲜人在请对方办某事时往往通过看对方的眼睛来寻找对方的真实想法,这样在遭受拒绝时就不会羞愧;日本人认为看对方眼睛是不礼貌的,只能看对方的颈部。

在面对面的交往中,特别是在同外国人打交道时,应该首先考虑对方的文化背景以及双方关系,针对不同的对象来运用不同的目光;否则,不分对象地一律对待,很容易引起误会。

四、笑容

笑容是人们在笑的时候所呈现的面部表情。人的笑容有许多种,如微笑、狂笑、浪笑、奸笑、冷笑、苦笑、傻笑、皮笑肉不笑等等。不同的笑容表达不同的情感。从礼仪上来说,笑容应该是一种令人感觉愉快,既能悦己又能悦人,发挥正面作用的表情。因为没有人愿意与整天愁眉苦脸的人在一起,而是喜欢与面带笑容、谈吐幽默的人交往。

(一) 合乎礼仪的笑容

1. 微笑

微笑是所有笑容中最能表达美好情感的笑容。微笑是人们对美好事物表达愉悦情感的心灵外露,是友好和赞美的象征。微笑能够表现出对他人的理解、关心,是礼貌修养的外在表现,是谦虚、自信的反映。

2. 微笑的礼仪规范

微笑应该是发自内心的,应做到以下三点。

(1) 真诚。亲切自然的微笑是"诚于中而形于外"的,故作笑颜的所谓"职业性微笑"如同没有生命和芬芳的塑料花一样,是缺乏感染力的。发自内心的微笑,是一个人愉快、自信、友善的表现,能够消除冷漠,获得理解和支持,为深入的沟通与交往创造和谐、温馨的良好氛围,缩短彼此之间的心理距离,打破交际障碍。

(2) 适度。微笑之美在于文雅、适度,不能不加节制。微笑的特点是面部有明显的愉悦表情,嘴唇两端向上移动,略呈弧形,露出6~8颗牙齿的笑容是标准的礼仪笑容。

(3) 适宜。微笑应注意场合、对象,符合时宜。当交际双方初次见面时,微笑可以拉近双方的距离;在商务洽谈时,微笑可以显得潇洒大方、不卑不亢。但是在特别严肃的场合、别人遭受挫折或做错事的时候都不宜微笑,否则极易遭人反感甚至引发矛盾冲突。

3. 微笑的训练

对于大多数人来说,随时保持微笑也许是很困难的。微笑的习惯需要有意识地进行培养。我们可以通过这样一些方法对微笑进行训练。

(1) 情绪记忆法。调动感情,发挥想象力,回忆或憧憬美好的事情,使微笑源自内心。

(2) 发声练习法。面对镜子,深呼吸,然后慢慢地吐气,并将嘴角两侧对称向上移动,发出"一"或"七"的声音。

(3) 他人诱导法。面对镜子,听他人讲笑话的同时矫正笑容。

微笑应该是轻松愉快的,切忌矫揉造作、皮笑肉不笑。

(二) 其他合乎礼仪的笑容

1. 含笑

含笑是程度最浅的笑,仅仅是面带笑意,不出声,不露齿,意在表示对交际对象的友善态度。在人际交往中,其适用范围最广。含笑如图4-13所示。

2. 轻笑

轻笑在笑的程度上比微笑深一些。特别是嘴巴微微张开一些,上齿显露在外但不发出声音。它表示欣喜、愉快,多用于与关系亲近的人打招呼或者遇上喜事的时候。轻笑如图4-14所示。

图4-13 含笑　　　　　　　　　　图4-14 轻笑

3. 浅笑

浅笑是轻笑的一种特殊情况,其特点是笑时抿嘴,下唇的一部分被含在牙齿中。多为年轻女性表示害羞时所用。浅笑如图4-15所示。

图 4-15　浅笑

4. 大笑

大笑是指程度较深的笑。大笑时的面容变化十分明显，嘴巴大张呈弧形，上下齿都暴露在外并且张开，口中发出笑声。大笑多见于尽情欢乐的时候。大笑如图 4-16 所示。

图 4-16　大笑

五、风度

风度是指美好的言谈举止，是一个人内在实力的自然流露。风度也是一种魅力。风度一词在现实中常被人误用为"气质"。其实气质是心理学中的一个专用名词，是指表现在人的心理和行为活动中的比较典型、稳定的动力特征。风度是不可以模仿的，风度往往是一个人独有的个性化标志。风度是应为具有了实力才显得具有魅力，实力是原因，魅力是结果，因果不能倒置。

同步案例

背景与情境：有一位成功的求职者曾谈及自己的求职经历。她去一家公司应聘时，外面有很多人在等待，面试叫到谁，谁就去经理室。其他人被叫到时，都是推门而入。叫到她时，她在门口敲门问道："我可以进来吗？"经理说："可以。"她才进去。

结果她被录用了。过了一段时间,她与经理熟了,就问他看中了自己什么优点。经理回答道:"老实说,你哪一点都不比别人强,我看中的是你进屋时敲了门。敲门说明你懂礼貌,懂礼貌说明你有教养。有教养的人即使不能在公司大有作为,起码也不会给公司制造乱子。"

(资料来源:http://www.doc88.com/p-2837307847769.html.)

教学互动

互动问题:鞠躬礼训练。

要求:

两组学生面对面站立,一组学生行15度鞠躬礼,说:"您好,欢迎光临!"另一组学生说:"谢谢!"互换角色,礼貌用语可以根据实际情况进行调整。

内容提要

旅游服务人员优雅形象塑造的身体语言;外在气质形象塑造的基本姿势训练、姿势内涵;日常交往的规范行为仪态。

核心概念

身体语言　姿势训练　行为仪态

重点实务

理解仪态礼仪的内涵;着重训练典型姿势。

知识训练

一、简答题

1. 什么是气质美?气质美在旅游服务工作中的作用与地位是什么?
2. 什么叫作有风度、有礼仪?
3. 正确的姿势对身体有哪些好处?会给顾客留下什么样的印象?

二、讨论题

如何进行表情训练?

提示:

(1) 对着镜子化淡妆,用清亮的声音对自己说:"我真的很不错!我今天真的很不错!"与同学两人一组,一人练习,另一人录影,做成视频,然后自己查找缺点。

（2）两人一组，两人目光相对，问候："您好！您早！见到您很高兴！"

能力训练

一、理解与评价

我们经常在公共场合看到某人的谈吐、仪态非常优雅、高贵，内心会不由感叹这人非常有气质。你是如何理解的？这种外在形象流露来源于什么？

二、案例分析

小李的疑惑

小李是某公司的员工，与他的同事小王一样是个业绩优秀的员工，他们的能力和外在形象都差不多。然而奇怪的是，公司每次有重大活动都要让小王主持，小李百思不得其解，向朋友抱怨："领导为什么只重用小王，而对我的多才多艺就视而不见呢？"朋友说："如果是我，我也会用小王，你俩能力和外形差不多，但是他往那一站，很高大，很标致，就没有见他对谁说话的时候弯着腰的，他的站姿让人振奋，那么笔直，让人认为他是个很自信的人，充满活力，所以老板放心地把工作交给他。而你总爱低着头，与人交谈的时候靠在墙或柱子上，我们会认为你对一切都不感兴趣，缺乏活力。这不是一个成功的、富有活力的年轻人所应有的样子。"

讨论：你明白为什么老板重用小王而对小李的多才多艺视而不见了吗？结合自身的情况谈谈自己今后该怎么做。

第五章
交际礼仪

学习目标

通过本章学习,应当达到以下目标:

职业知识目标:学习和正确把握旅游服务人员见面与介绍的基本礼仪;拜访与接待的基本常识;交友、馈赠的基本常识;中西餐宴会礼仪,以及舞会和沙龙礼仪的基本常识。

职业能力目标:掌握制作名片,见面的讲话艺术,握手的礼序,介绍的礼序;拜访的准备工作;接待的具体标准;亲友的常识称呼;馈赠的礼俗;中西餐礼俗礼序;舞会邀请礼俗礼序。

职业道德目标:结合本章教学内容,依照行业道德规范或标准,要求达到见客问候、尊重长辈、礼尚往来、敬人为范的职业道德目标。

引例:送礼的艺术

背景与情境:某阿拉伯国家的一个访问团来中国南方某城市进行参观访问。访问结束后,该市的市政府为这一代表团举办了欢送晚宴。在晚宴上,市长代表中方向客人赠送了一对特制的瓷瓶,上面印有可爱的熊猫图案,并用中文和阿拉伯语书写了"友谊长存"的字样。中方本以为这件礼物会博得对方的喜爱,没想到对方代表团的团长却一脸的不高兴,晚宴中甚至一言不发。这是怎么回事?

(资料来源:http://www.doc88.com/p-0803984276056.html.)

启示:原来,熊猫虽然是我国的国宝,但在阿拉伯国家却不怎么受欢迎。理由是在他们看来,熊猫长得像猪,而猪是阿拉伯人讨厌的东西。该市的市政府把印有熊猫图案的礼物送给他们,当然会遭到他们的抗议。

交际礼仪是指人们在社会交往中所应具有的相互表示尊重、敬意、亲善与友好的行为规范与惯用形式。我国素有"礼仪之邦"的美称。一个人在社会生活中,要想得到别人的尊重,首先要学会尊重别人。人们只有掌握了规范的社交礼仪,才能树立良好的个人形象,创造出和谐融洽的社会氛围。本章着重阐述见面与介绍礼仪、拜访与接待礼仪、亲友礼仪、馈赠礼仪、宴会礼仪、舞会和沙龙礼仪。

第一节　见面与介绍礼仪

一、见面礼仪

见面是一切交往活动的开始，是了解和沟通的前提。一个人要想给人留下美好的第一印象，见面礼仪就显得尤为重要。

（一）打招呼

打招呼是人们见面时最简便的礼仪，也是日常使用最频繁的一种礼仪。在日常社交场合和其他任何场合，人与人见面的第一个问题就是怎样与人打招呼，以表现出尊重他人的态度和方式。中国人之间打招呼最常见的就是："你吃饭了吗？""你到哪里去？"诸如此类的问候。这些其实只是一种寒暄，至于对方是否吃饭，究竟到哪里去，都无关紧要。这些只是一种习惯性的问候，以表示对对方的关心。

其实，打招呼最简单的话语是"早上好"、"下午好"、"晚上好"，或者说一声"您好"。对熟人不打招呼，或者不回答对方向你打的招呼，都是失礼的行为。一般地说，称呼别人时的态度要热情，要谦恭有礼，用语要确切、亲切、真切，称呼时要主动、适当和大方。

打招呼常见的方式有呼喊、问候、轻笑、点头四种。

（二）称呼

1. "你"与"您"

"您"在古时与"你"通用，近代逐渐被全国通用为"你"的敬称，比如"您好"。对尊长或同辈称呼"您"，表达出一种敬意。一般情况下，尊长称幼辈、晚辈为"你"。有时为强调尊重对方，对非亲属的晚辈也可称"您"。关系亲密的同辈以"你"互称，含有亲切和谐的意味，并没有尊敬与不尊敬的问题。有一种情况应引起注意，即在对两个或两个以上的人表示尊敬的称呼时，有人用"您们"，这是不符合现代汉语语法规范的，是错误的。对此，可换一种说法，比如"您二位"、"您二老"，或分别称呼双方。

2. "同志"

古时，志趣相同的人称"同志"；近代，志同道合、理想一致的人互称"同志"；新中国成立以后，"同志"渐渐成为我国内地公民相互间的普通称呼。在使用上，该称呼并无年岁长少、地位尊卑的区别。对老年人可称"老同志"，对年轻人可称"小同志"。初次相识，只知对方姓而不知其名，可称其"张同志"、"李同志"或"老张同志"、"老李同志"等，虽说有些生疏，但很有礼貌。近些年来,"同志"这一称呼的使用已越来越少,逐渐被"先生"、"女士"、"小姐"所替代。

3."先生"、"女士"、"小姐"

"先生"、"女士"、"小姐"在当今已运用得越来越普遍,越来越频繁。一般地,人们对男子无论年龄大小统称"先生",对已婚女子称"夫人"或"女士",对已婚而且年纪较大的女子称"太太",对未婚女子统称"小姐"。我们对不了解婚姻状况的女子也可泛称"女士"或"小姐",但切不可妄称"夫人"。

4."兄"

朋友之间称兄道弟,称对方为"尊兄"、"仁兄"、"兄长"等,谦称自己为"弟",这完全是出于谦逊礼貌,并不表示年龄的大小。年龄明显长于对方,可称对方为"贤弟"、"老弟",自称"愚兄"、"老哥",这并无不敬,反而显得亲切。

5. 对有职务、职称或学位者的称呼

对有些人,我们可以直接用职业名称来称呼,比如医生、法官、律师、教师等,可以直接称呼"××医生"、"××老师"等。

有些职称也可用作称呼,比如"张教授"、"李工程师"、"张技术员"等。

有时用职务作为称呼,尤其是在工作场合,如"×部长"、"×处长"、"×经理"、"×董事长"等。

学位有学士、硕士、博士等,只有博士才能作为称呼来使用,而且一般也是在与专业有关的场合才使用。

需要注意的是,在职称与职务中往往有副职的出现,比如副教授、副经理等。称呼时应省去"副"字,直接称呼对方"刘副教授"、"王副经理"是不适宜的。

除了以上几种称呼外,不称姓而直呼其名,在古今中外都是最亲切最随意的一种称呼,但这只限于关系亲密的人之间,或是长辈对后辈、老师对学生。如果没有这种特殊关系而贸然直呼他人的名字就非常不礼貌了。

(三) 握手礼

握手礼是在一切场合最常使用、适用范围最广的见面致意礼节。据说,它最早可溯源到原始人类的摸手礼。传说当人们路遇陌生人时,如果双方都无恶意,就放下手中的东西,伸开双手让对方抚摸掌心,以示友善。它沿袭至今就成了现在的握手礼。

对于握手礼,应掌握以下几点。

1. 应握手的场合

握手是人们日常交际的基本礼仪。在应该握手的场合若拒绝或忽视了别人伸过来的手,就是自己的失礼。握手的场合主要有以下几种。

(1)在被介绍与别人相识、双方互致问候的时候,应和对方握手致意,表示为相识而感到高兴,今后愿意建立联系或商谈工作等。

(2)对久别重逢的友人或多日未见的同事,相见时应热情握手,以此表示问候、关切和感到高兴的意思。

(3)当对方获得新成绩、得奖和有喜事时(如就任新职、作品发表或得奖、竞赛获得名次、喜结伉俪等），见面时应与之握手，以表示祝贺。

（4）在自己领取奖品时，应与发奖者握手，以表示感谢领导对自己的鼓励。

（5）在参加宴请（包括各种茶话会、招待会和家宴等）告辞时，应和主人握手表示感谢。

（6）在拜访友人、同事或上司等之后辞别时，也应握手以表示希望再见之意。

（7）邀请客人参加活动，在告别时，主人应和所有客人握手，以表示感谢对方能赏脸光临、给予支持之意。

（8）参加友人、同事或上下级的家属追悼会，离别时，应和死者的主要亲属握手，表示劝慰和请节哀之意。

2. 握手的姿势

握手有单手握和双手握。单手握（见图 5-1）是最为普遍的握手方式，即双方各自伸出右手，手掌均呈垂直状态，四指并拢，拇指张开，肘关节微屈抬至腰部，上身微前倾，目视对方与之右手相握，并可适当上下抖动以示亲热。握手一定要用右手，这是约定俗成的礼仪，如果伸出左手是十分失礼的。双手握是为了表示对对方加倍的亲切和尊敬，即自己同时伸出双手，握住对方右手。但是，这种握手方式不宜每次都用，它的适用范围仅限于年轻者对年老者、身份低者对身份高者或同性朋友之间。男子对女子一般不宜使用双手握。

图 5-1　单手握

3. 握手的顺序

握手的顺序主要根据握手人双方所处的社会地位、身份、性别和各种条件来确定。一般地，握手的先后顺序为：男女之间，男方要等女方先伸手后才可以握手，如女方不伸手，无握手之意，男的就只能点头或鞠躬致意；宾主之间，主人应向客人先伸手，以示欢迎；长幼之间，年幼的要等年长的先伸手；上下级之间，下级要等上级先伸手，以示尊重；身份、地位不同者之间，应由身份和地位高者先伸手。

这里要特别强调的是，根据礼仪的自律原则，握手时的先后次序可用于律己，却不必苛求于别人。如果自己处于尊者之位，而位卑者抢先伸手要来相握时，最得体的做法，还是要与之配合，立即伸出自己的手去。若是过分拘泥于礼仪，对其视若不见、置之不理，使其进退两难、当场出丑，也是失礼于对方。

4. 握手的力度

握手要注意力度,不可用力过猛或有气无力。在一般情况下,握手力度以不握疼对方的手为限度。握手不必用力,握一下即可。男子与女子握手不能握得太紧,用力可轻一些。如果是故友重逢或与嘉宾相见,可稍加用力。西方男士往往只握一下女士的手指部分,但老朋友可以例外。

5. 握手的时间

握手时间的长短可根据握手双方的亲密程度灵活掌握。初次见面者,一般应控制在3秒钟左右。男士与女士握手用力要轻,时间也要短一些,长久地用力握住女士的手是失礼的行为。即使握同性的手时间也不宜过长,以免对方感到不适应。老朋友或关系亲近的人则可以边握手边问候,甚至双手长时间地握在一起。

6. 握手的禁忌

在人际交往中,握手礼司空见惯,看似寻常,但作为一种广泛采用的礼节形式,握手礼是大有规矩和讲究的。因此,要务必记住握手的禁忌,认真遵守握手的规矩。握手的主要禁忌如下。

(1) 不要贸然地伸手。遇到上级、长者、贵宾、女士时,自己先伸出手是失礼的。

(2) 握手时不要看着第三者,也不可显得漫不经心,以免给对方以缺乏诚意的感觉。

(3) 握手须用右手,要掌握好力度,不要抓住对方的手使劲摆动,或者抓住人家的手半天不放。

(4) 对方如果伸出手来,千万不要拒绝。不管对方是谁,拒绝与人握手都是很不礼貌的。

(5) 人多时,应避免交叉握手。要等别人握完后再伸手。

(6) 忌戴手套握手。男士在握手前应脱下手套、摘掉帽子。军人不脱帽先行军礼,然后再握手。在社交场合,女士戴薄纱手套或网眼手套可以不用脱下,但在商务活动中讲究男女平等,女士也要摘手套。

(7) 握手后切忌用手帕擦手。

(四) 拱手礼

"拱手为揖"是我国传统礼节。施礼时,右手攥拳,左手包握在右拳上,两臂屈肘抬至胸前,目视对方。行此礼时,不分尊卑,拱手齐眉,自上而下行礼。拱手礼在我国已有两千年历史。今天拱手礼在武术界、长者之间和一些民族风格浓郁的场合使用较多,在一些气氛融洽的场合(如春节团拜、宴请、晚会等)也常行此礼。

(五) 合十礼

合十礼(见图 5-2)又称合掌礼,即五指并拢,两个手掌在胸前对合,掌尖和鼻尖齐高,手掌向外倾斜,头略低,神情安详、严肃,兼含敬意和谢意双重意义。合十礼通行于南亚与东南亚信奉佛教的国家。在国际交往中,当对方用合十礼致礼时,我们也应以合十礼还礼。

(六) 拥抱礼

拥抱礼(见图 5-3)是欧美各国熟人、朋友之间表示亲密感情的一种礼节,通常与接吻礼同时进行。在迎宾、祝贺、感谢等隆重场合,无论是官方或民间的仪式中都经常采用拥抱礼,

图 5-2　合十礼

有时是热情拥抱,有时则纯属礼节性拥抱。其方法是:两人相对而立,右臂偏上,左臂偏下,右手扶在对方左后肩,左手扶在对方右后腰,按各自的方位,两人头部及上身向左相互拥抱,然后头部及上身向右拥抱,再次向左拥抱后,礼毕。

图 5-3　拥抱礼

(七) 亲吻礼

亲吻礼(见图 5-4)多见于西方、东欧和阿拉伯国家,是人们表达爱情、友情、尊敬或爱护的一种见面礼节。行亲吻礼时,往往与一定程度的拥抱相结合。亲吻礼依双方关系的亲疏程度不同,亲吻的部位也不尽相同。父母及长辈对子女及晚辈一般吻额头;朋友、同事间一般吻左右面颊;情侣或夫妻之间吻对方的嘴唇;交往不深的男女之间,男性只能吻女性的手指或手背。

图 5-4　亲吻礼

（八）举手礼

举手礼是世界各国军人见面时的专用礼节,起源于中世纪的欧洲。当时的骑士们常常在公主和贵族们面前比武,在经过公主的坐席时要口唱赞歌,歌词往往把公主比喻为光芒四射的美丽的太阳,因而骑士们看见公主时总要把手举到额前作遮阳状,这就是举手礼的由来。行举手礼时,要举右手,手指伸直并齐,指尖接触帽檐右侧,手掌微向外,右上臂与肩齐高,双目注视对方,待受礼者答礼后方可将手放下。

（九）点头礼

点头礼系同级或平辈间的礼节。如在路上行走时相遇,可以在行进中点头示意,不必停留。若在路上遇见上级或长者,应立正行鞠躬礼。但上级对下级或长者对晚辈的答礼,可以在行进中点头或伸右手示意。

二、介绍礼仪

介绍是自己主动沟通或通过第三者从中沟通,使双方相互了解的基本方式。通过介绍,可以缩短人们之间的距离,以便更好地交谈、更多地沟通和更深入地了解。介绍可分为自我介绍、他人介绍和集体介绍三种类型。

（一）自我介绍

自我介绍是指把自己介绍给对方。自我介绍时,应做到以下几点。

1. 介绍内容要有针对性

自我介绍要根据不同场合、对象和实际需要,有目的、有选择性地进行,不能"千人一面"。一般性的应酬,介绍要简单明了,通常介绍姓名就可以了。工作性的自我介绍还要介绍工作单位和具体从事的工作。社交性的自我介绍则还需进一步介绍兴趣、爱好、专长、籍贯、母校、经历以及与交往对象的某些熟人的关系等,以便进一步交流和沟通。

2. 介绍内容要实事求是

自我介绍应当实事求是、态度真诚,既不要自吹自擂、夸夸其谈,谎报自己的职务,吹嘘自己的才能,胡诌认识许多社会名流等,也不要自我贬低,过分谦虚。恰如其分地介绍自己,才会给人以诚恳、可信的印象。

3. 把握介绍时机

自我介绍要寻找适当的机会,当对方正与人亲切交谈时,不宜走上前去进行自我介绍,以免打断别人的谈话,应在对方有兴趣、有需要时适时介绍。当对方一个人独处时,不妨见缝插针,抓住时机进行自我介绍。

4. 讲究介绍艺术

自我介绍要看场合,如与一人会见,问好后便可开门见山进行自我介绍。

此外,进行自我介绍前,也可以引发对方先做自我介绍,诸如:"请问您贵姓"等,待对方回答后再顺水推舟地介绍自己。

与人相互认识后欲深交,还可以交换名片,以便日后联系。

5. 自我介绍时应注意的问题

(1) 避免直话相问。如直接问:"您叫什么名字?"这样显得很鲁莽,应尽量委婉一些:"请问尊姓大名?""请问贵姓?""不知该怎样称呼您,您是……"

(2) 不要涉及对方的敏感区。女不问年龄,男不问收入。不能直接问:"您多大了?""您结婚了吗?""您月收入多少?"

(3) 如果未听清对方的姓名,可以说:"对不起,我没听清尊姓大名。"这时,被询问者应把姓名重复一遍。

(二) 他人介绍

他人介绍,通常是介绍不相识的人相互认识,或者把一个人引见给其他人。在他人介绍中,谁充当介绍者,有一定讲究,一般是社交活动中的长者、东道主,公务交往中的专职人员,正式活动中地位、身份较高者,对被介绍双方熟悉者。介绍别人时,手势动作要文雅,无论介绍哪一方,都要五指并拢,掌心向上,指向被介绍一方。切记不要手指尖朝下,因为朝下是矮化对方的肢体语言。同时,不要以单指指人。

介绍时还应讲究先后顺序,一般遵循"位尊者拥有优先知情权"的规则,如介绍晚辈与长辈认识时,应先介绍晚辈,后介绍长辈。介绍的顺序如下。

(1) 先把男士介绍给女士。例如:"吴小姐,我给你介绍一下,这位是李先生。"
(2) 先把晚辈介绍给长辈。
(3) 先把职位低者介绍给职位高者。
(4) 先把主人介绍给客人。
(5) 先把未婚者介绍给已婚者。
(6) 先把非官方人士介绍给官方人士。

(三) 集体介绍

集体介绍是他人介绍的一种特殊形式,是指介绍者在为他人作介绍时,被介绍者其中一方或者双方不止一个人,甚至是许多人。

在需要做集体介绍时,原则上应参照他人介绍的顺序进行。由于在正式活动中和隆重的场合,介绍顺序是一个礼节性极强的问题,因此在做集体介绍时,应根据具体情况慎重对待。

1. 被介绍双方地位相似

当被介绍双方地位、身份大致相似时,应使人数少的一方礼让人数多的一方;先介绍人数少的一方,再介绍人数多的一方。

2. 被介绍双方地位不同

当被介绍双方地位、身份存在明显差异,而且地位、身份明显高者为人数少的一方时,应先向其介绍人数多的一方,再介绍地位、身份高的一方。

3. 人数较多的双方介绍

当被介绍双方均为多人时,应先介绍位卑的一方,后介绍位尊的一方;先介绍主方,后介绍客方。介绍各方人员时,则应由尊到卑,依次进行。

4. 人数较多的多方介绍

当被介绍者不止双方,而是多方时,应根据合乎礼仪的顺序,确定各方的尊卑,由尊而卑,按顺序介绍各方。如果需要介绍各方的成员时,也应按由尊到卑的顺序,依次介绍。

三、交换名片的礼节

名片是人们初次见面用于交际或送给他人作纪念的一种介绍性媒介物。名片记载着个人的职业、职务等个人信息,是一个人身份、地位的象征。由于名片被认为是一个人的"第二张脸",因此要经过精心设计,并且在递送名片时遵守相应的礼节。

(一)名片的用法

宾主相见,互换名片,早已成为人们在现代社会中互作介绍并建立联系的一个重要环节。在公关活动中,使用名片有以下两个好处。一是便于自我介绍,这是名片的一项最基本的功能。在作口头自我介绍时,需要字斟句酌,考虑时间的长短,留意对方的表情,然而即使讲得再好,也不一定能够让对方记得清楚。也有很多人在作自我介绍时对自己的职务不好意思启齿,觉得说出来会有自吹自擂之嫌,特别是身兼数职者更是如此。在公关活动中,这些情况往往又有必要介绍给对方,只有使用名片方能处理好这个矛盾。因为名片上的"内容"既简明扼要,又一目了然。二是便于保持联系,且印象深刻。由于每天接触的人较多,如果只是口头介绍,常常会很快就忘记了对方的姓名、职务,使双方都感到尴尬。而使用名片就易于保存这些资料,因此把这些资料提供给对方,不仅表明了充分信任对方,并表达了想要进一步交往的愿望。但是,名片不宜广为散发,不能见谁给谁、谁要给谁。

1. 名片的样式规格

在人际交往中,最通用的名片规格为长9厘米、宽5.5厘米。印制名片的纸张质地要好,且宜选用庄重朴素的颜色,以白色、米色、淡蓝色、淡灰色为佳,并且名片以纯色为宜,不宜太过花哨。

在参加社交活动时,应事先将名片准备好,最好放在专用的名片包或名片夹里。递名片给他人时,应郑重其事,起身站立,双手恭恭敬敬地把自己的名片递给对方。需要注意的是,国人交换名片一般是双手递、接;同外宾交换名片时,要先留意一下对方用几只手递过来,然后再跟着模仿。西方人、阿拉伯人和印度人习惯用一只手与人交换名片;日本人则喜欢在一只手接过他人名片时,用另一只手递上自己的名片。无论哪种情况,都要求将名片的正面面

向对方,以略低于胸部位置的高度交与对方。如对方是少数民族或外宾,则最好将名片上印有对方认得的文字的那一面面向对方。递名片的同时,还应有语言上的配合,如"请多多关照"、"请多指教"、"这是我的名片,以后多联系"等,要给对方一种谦逊大方的感觉。

如果是事先约定好的面谈,或者事先双方都有所了解,不一定非要忙着交换名片,可在交谈结束、临别之际取出名片递给对方,以加深印象,并表示愿保持联络的诚意。在东南亚一些国家,要求接过名片时不仅要看,而且要看上一分钟左右。在有些国家,不仅要看,还要念出名片上的重要信息,如对方的主要头衔。

向多人递送名片时一定要讲究顺序,或由近及远,或由尊及卑,或从左到右,一定要依次进行。不可挑三拣四,采用"跳跃式",否则容易让人产生误会。想要索要别人的名片时,最好先把自己的名片递给对方,所谓"来而不往,非礼也",这时对方一般都会回赠名片。

2. 接受名片的礼节

当他人表示要递名片给自己或交换名片时,应立即停止手上的一切事情,起身站立,面带微笑,目视对方,双手接过来,当着对方的面,用 30 秒左右的时间仔仔细细、认认真真地读一遍,如对方有一定的头衔,可重复一下对方的职务及头衔,以示尊敬。有看不懂的或理解不了的地方,可向对方当面请教。然后把名片慎重地收藏起来。这样做是对对方的一种尊重。有些人在接过他人名片时只顾着做自己的事情,看也不看对方,或随手一扔,或漫不经心地拿在手上把玩,或直接装进裤兜里,这些行为均是失礼的表现。

接受他人名片的同时,应口头道谢,或重复对方所使用的谦词敬语,如"请多多关照"、"请多指教"等,不可一言不发。若需要当场将自己的名片递过去,最好在收好对方名片后再给,切忌左右开弓、一来一往同时进行。

(二)名片的使用技巧

在公共场合如果既想索取他人的名片,又想给自己留下"退路",就要见机行事。依照惯例,接待人员最好不要给自己留下"退路",应见机行事。依照惯例,接待人员最好不要直接开口向他人索要名片,若想主动结识对方或者有其他原因有必要索取对方名片时,可采取下列方法。

1. 互换法

互换法即以名片换名片。"将欲取之,必先与之",先把自己的名片递给对方并说:"您好,很高兴认识您。这是我的名片,请多指教。"正常情况下,对方都会回敬一张他的名片。或者可在递上名片时明示:"能否有幸与您交换一下名片?"

2. 暗示法

暗示法即用含蓄的语言暗示对方。例如,对长辈、嘉宾或地位、声望高于自己的人,可以说:"以后怎样才能向您请教?"对平辈和身份、地位相仿的人,可以说:"今后怎么和您保持联系?"

3. 激将法

激将法即在遇到交往对象的地位身份比自己高时,或者对方身为异性,难免有提防之心时,先把自己的名片递给对方,并且略加解释。例如,在酒会上遇到某知名企业的经理时,可以说:"非常高兴见到您,能否有幸与您交换一下名片?"

4. 谦恭法

谦恭法即在索取对方名片之前，稍作铺垫，以索取名片。面对大人物或知名专家学者时，可以说："听了您的讲座，我很受启发，不知以后怎样向您请教？"又如，见到某学术专家可以说："非常高兴认识您，以前我早就听说过您的大名，只是一直没机会见面，今天有幸遇见，不知您是否方便给我留一张名片，以便今后我好向您请教？"

通常情况下，不论他人以何种方式向自己索要名片都不宜拒绝，如果是真的不想给对方，或者没有带名片，也不要直接表明，而需要以委婉的方式表达，在语言措辞上一定要注意不要伤害对方，可以说："不好意思，我忘了带名片。"或者说："非常抱歉，我的名片用完了。"这样都比直接拒绝或盘问对方要高雅得多。此时，对方也应给台阶下："没关系，改日再补。"

> **教学互动**
>
> 互动问题：见面介绍问候握手。
>
> 要求：
> 1. 演练初次见面，问候、递送名片，3人一组。
> 2. 学生分小组自设场景，演练初次见面，介绍、握手。
> 3. 请其他学生点评。

第二节 拜访与接待礼仪

一、拜访礼仪

（一）准备

1. 事先预约，守时守约

拜访活动要做到有约在先，不做不速之客。约好时间、地点和人员后，就不可轻易变动。

2. 细心准备，以示尊重

为了表示对被拜访对象的尊重，在拜访之前要做好相应的准备工作。服饰要整洁大方，对中式赴宴无明确规定，西式赴宴，请柬中往往写明"请穿礼服"。一般喜庆时应穿华丽一些，丧祭时以黑色或素色为宜，并带好手帕、面巾、香烟、打火机等物品。根据不同宴会要准备不同礼品，如生日寿诞、结婚喜庆可送耐用、易保留的礼品，探病、丧礼则宜选一次性的礼品。

(二) 做客

1. 进门有礼,不可冒失

应准时到达,或稍稍提早。到达主人门前,要先擦净脚上的泥巴,敲门切忌重手重脚或时间过长;进门后要将大衣、雨具交给主人安置,并向主人问候、寒暄,还要向在场的主人家属和其他客人打招呼,待主人安排或指定座位后再坐下。要注意民族风俗和主人习惯。要向主人说明来意,以便接待。如有其他客人在场,可先在一旁静坐一下,不要打断人家的谈话。

2. 言谈有度,举止得体

在朋友家里要注意自己的仪表,讲究站有站相、坐有坐相,要落落大方、彬彬有礼。主人端来的果盘,要等其他客人或年长者动手后,自己再取用。即使在最熟悉的朋友家里,也不要过于随便。在朋友家室内吸烟,要尽量克制,免得弄得满屋是烟,特别在冬天更应注意。烟灰、烟蒂要放在烟灰缸内,不能往茶碗、食碟内乱放,也不要乱丢果核、果皮,更不可乱翻人家的东西。

如果带有小孩,要教育他懂礼貌,让他称呼主人家里所有的人,不要让他在屋里乱跑、乱叫,不要随意动主人的东西、乱翻主人的抽屉和柜子等。

3. 善解人意,适时告辞

拜访客人要注意掌握时间,知晓客走主安的道理。客人口头提出告别后应立即起身辞别,不能几次三番说要走,结果还坐着滔滔不绝地说。走之前不要忘记对主人的热情招待表示感谢,尤其要向女主人道别。当主人送至门口将分手时,应主动与主人握手道别,并说"请回"、"请留步"、"再见"之类的话。

有时要在亲朋好友家中小住几天,由于自己的到来已给他人增添了许多麻烦,更应注意有关礼仪:首先要了解主人的生活习惯,尽量遵从主人的这些习惯,自己住的房间要自己打扫;其次,主人陪同观光购物时费用应尽量由自己支付,时间尽量选择在主人节假日期间;再次,在小住期间,未经主人允许不要进入主人书房或卧房,也不能随意翻检书刊、信札等物品,话题应避免涉及主人隐私或钱财的内容;最后,客居期间应为主人家做一些力所能及的事。

二、接待礼仪

(一) 准备

当知道有客人来访,应提前做好准备。主人的服饰要整洁,家庭布置要干净美观,孩子要妥善安排、教育,水果、点心、饮料、烟酒、菜肴等都要提前备好。如果是正式宴请,如婚礼、寿诞等,还要预先送请柬或电话邀请,确定宴请时间、场所,排好座次,遴选客人,落实宴请形式、规模、档次等。

(二) 待客

1. 迎接

客人在约定时间到达,主人应提前到门口迎接,不宜在房中静候,最好夫妇一同前往,而女主人在前。如果有客人突然临门,要热情接待,若室内未清理,应致歉并适当收拾,但不宜立即打扫,因为打扫有逐客之意。

2. 问候寒暄

见到客人,应热情招呼,女主人应主动上前握手。如果客人手提重物,应主动帮忙,对年长者或体弱者可上前搀扶。进入室内应把最佳位置让给客人坐,如果客人是初次来访,应向其他家人或客人作介绍。主人要面带微笑,步履轻松,不能有疲惫心烦之相。

3. 敬烟、茶

一般情况下,若来客是男士,待其落座后应马上敬烟。敬烟忌用手直接取烟,应打开烟盒弹出几支,再递至客人面前,请客人自取。敬烟不能忘了敬火,若主人也抽烟,应先客后主。冲泡茶时首先要清洁茶具,对于多杯茶,应一字排开来回冲,每杯茶以斟至杯高的 2/3 为宜——"浅茶满酒",敬茶应双手捧上,放在客人的右手上方,应先敬尊长。

4. 陪客交谈

客人坐下,奉敬烟茶糖果之后,应及时与之交谈,话题内容可因实际而定。一般来说,应谈一些客人熟悉的事情,若无法奉陪客人交谈,可安排身份相当者代陪或提供报纸杂志、打开电视供客人消遣,切不可出现主人只管自己忙而把客人晾在一旁的现象。

5. 宴请

常见的宴请有正式宴会、便宴、家宴三种。前两者一般选酒店或餐厅举行;后者一般由女主人亲自下厨料理,家人共同招待,规模较小,自然、随意。宴请宾客还得安排座次,一般以向门一面为主宾席,主人背门而坐。

上菜应左首上、右首下,上菜顺序一般为:冷盘—主菜—热菜—大菜—甜菜—点心—汤。应选择恰当时机上菜,防止空盘又不宜堆积过多;上最后一道菜应暗示酒宴已近尾声,上菜中按我国传统习惯,应"鸡不现头,鸭不现尾,鱼不现脊",即不应把鸡头、鸭尾、鱼脊朝向主宾。每上一道菜,主人可适当介绍并邀主宾先动手品尝或给客人分菜。酒水分白酒、葡萄酒和啤酒三大类,席间有男士不饮酒,不可以软饮料代替,但有女性不饮酒,可以软饮料代替。斟酒顺序一般按顺时针方向依次从右首斟酒,注意酒杯不能离席。若有尊长或远客、贵宾,可先为其斟酒,以示敬重。可由主人、陪客或主人委托的"代东"、"酒官"劝酒。祝酒时,主人先举杯,杯口应与双目齐平,微笑点头示意,但不能交叉碰杯。

6. 送客

当客人散席或准备告辞时,主人应婉言相留。客人要走,应等其起身后,主人再起身相送,家人也应微笑起立,亲切告别。如果和客人握手告别,要等客人先伸手,否则有逐客之嫌。若客人来时带有礼物,应再次提及对礼物的感谢或回赠礼物,并不忘提醒客人是否有东西遗忘,或有什么事需要帮忙。送客应送到大门口或街巷口,切忌跨在门槛上向客人告别或客人前脚一走就"呼"地关门。如果是初次来客,主人应主动指路或安排车辆接送,远方来客则应送至火车站、机场或码头,并说祝愿的话或发出再来的邀请。

教学互动

互动问题:拜访接待场景展示。
要求:
1. 学生分小组演示拜访前预约、如约接待的场景。
2. 请其他学生点评。

第三节 亲友礼仪

中国自古家庭观念较重,平时喜欢"走亲戚",亲友礼仪备受重视。了解亲友礼仪,能使大小家庭成员关系融洽、和睦相处。

一、人际称呼

(一)家庭称谓

对有关亲戚间的称谓,应明确以下几点。

1. 称呼父母

很多年轻人虽当面叫自己的父母为"爸爸"、"妈妈",但与外人谈起自己的父母时却变成了"我家老头"、"我家老娘",这样的称呼显得对父母不够尊重,不宜采用。在提到自己的父母时,过去常说"家父"、"家母",对对方父母则称之为"令尊"、"令堂"。这些称呼虽很有礼貌,但略显老套。遇到这种情况,还是称"我父亲"、"我母亲"、"您父亲"、"您母亲"为宜。

2. 称呼继父继母

如果一个人很小就与继父或继母同住,而且他的亲生父亲或母亲已经去世,或者他根本就没看见过亲生父母的话,那他自然可以视继父、继母为自己的父母,喊他们"爸爸"、"妈妈"。如果一个人已经成年,父母中有人再婚,对继父或继母的称谓由其自己选择,如果称"叔叔"或"阿姨",对方亦应欣然接受,不应强求;如果愿意喊"爸爸"或"妈妈",那是一种尊敬。

3. 称呼公婆和岳父岳母

儿媳如何称呼公婆,女婿如何称呼岳父岳母,没有一定的标准,通常是使用具有"父母"意义的称呼比较亲切自然,但最好能和称呼自己的父母有所区别。用"爸爸"、"妈妈"的称呼虽好,可总容易产生混淆,特别是在双方父母相会时,这种称呼常会造成误会。

4. 兄弟姐妹之间的称呼

兄弟姐妹的和睦相处是家庭和睦的条件之一。做弟弟妹妹的不要称呼哥哥姐姐的名字或小名,对嫂子、姐夫的称谓则更丰富多彩,到底怎样称呼最好,实无定论,应由每个人酌情而定,总之以亲切自然为宜。

5. 我国民间对亲属的称呼

我国地域辽阔,民间习俗差异很大,在称谓上也表现得很不一致。我国民间对亲属较特殊的称谓,大致有以下几种。

曾祖父:曾大父、老爷爷、太公、太爷、太翁

祖父:爷爷、公公、阿翁、王父

祖母:奶奶、王母、大母、祖奶

外祖父:外公、老爷、大父、外祖、外爷

外祖母:外婆、奶婆、姥姥、老娘、家母

父亲:爷、爹、大、阿爹、阿爸、爸爸、爹爹

母亲:阿母、阿娘、姆妈、阿妈、娘

伯父:大伯、大爷、伯伯、在父、从父

伯母:大妈、大娘、伯妈、在母、大夫、伯娘

叔父:叔叔、阿叔、爷叔、仲父、季父、从父

叔母:婶、婶母、婶子、婶娘、季母

姑父:姑夫、姑丈

姑母:姑、姑妈、姑儿、姑姑

姨父:姨夫、姨丈、姨爹

姨母:嫂儿、姨妈、阿姨、从母

舅父:舅舅、娘舅、母舅、舅氏、阿舅

舅母:舅妈、舅娘、妗子、妗母

公公:公爹、老公公、阿公

婆婆:婆母、老婆婆、阿婆、阿姑

岳丈:岳翁、丈人、阿爸、爸

岳母:丈母娘、岳母娘、外姑、外母

丈夫:夫、爱人、先生、老公、家主公

妻子:妻、爱人、夫人、老婆、太太、妻室、家主婆、拙荆

哥哥:兄、兄长、阿哥、昆

弟弟:弟、兄弟、阿弟、仲氏、棣

姐姐:阿姐、姊、阿姊、女兄

妹妹:阿妹、妹子、女弟、娣

嫂子:嫂嫂、嫂、阿馊、大嫂、姆姆

弟妇:弟姊、婶、阿婶、叔姆、弟妹

儿子:儿、子嗣、囝、男

女儿:女、闺女、闺爱、姑娘

媳妇:儿妇、儿媳、儿媳妇儿、子妇、媳

女婿:子婿、婿郎、娇客、半子、女夫

（二）人际称呼的原则

1. 礼貌的原则

礼貌在称呼中表现为对别人的尊敬和自谦两个方面。这是中国传统文化中的一种美德。

（1）姓名的使用。中国人对姓名有独特的看法。对一般人而言，姓得之于家族，名受之于父母，所以显得十分重要。在形容某人成功时，说他是"一举成名"；当一个人失败时，说他是"身败名裂"；将不值一提的人说成是"无名小卒"；把极有影响的人誉为"大名鼎鼎"、"名人"、"名师"、"名家"、"名角"、"名流"、"名医"、"名厨"等。这些都反映出中国人对姓名的高度重视。这种观念必然影响到人际称呼语的使用。一般来说，中国人在交际中不能轻易对对方指名道姓、直呼其名。尤其是对长辈、对上级直呼其名更是不礼貌的，就是平辈之间也不太礼貌。所以，要想表示尊敬对方，就必须用其他称呼。对上级或尊者、长者最好称呼其职务、身份，如"李厂长"、"王教授"、"马师傅"等。对长辈应选择恰当的称呼。对平辈可以根据年龄在姓的前面加上"老"或"小"，如"老张"或"小张"。如果关系密切则可称呼姓名中的名，如"志远"、"小丹"，这样显得既亲切又自然。

（2）人称代词的使用。使用人称代词称呼对方应用"您"、"您二位"等以示尊敬。即使是平辈，在不熟悉的情况下或正式场合，也可以"您"称呼。汉语第一人称"我"并无敬与不敬的讲究，但不少人，尤其青年人，说起话来，左一个"我认为"，右一个"我认为"，使人听起来有狂妄之感，不如改为"我们认为"，以给人留下谦虚大度的好印象。

（3）关系的把握。在人际称呼中，当提及第三个人时，要注意关系的把握。若向对方提及其儿子时说："张军什么时候来学校？"提及其妻子时说："王英病好了吗？"这类说法不但显得冷冰冰的，而且会被对方视为不礼貌。如果换为："军军什么时候来学校？""您儿子什么时候来学校？""令郎什么时候来学校？""嫂子病好了吗？""您爱人（夫人、妻子）病好些了吗？"这样会让人感到更加亲切。

2. 亲切的原则

人际称呼语的运用不仅能表示自己的一种存在，以引起对方注意，建立交往联系，而且能表明自己对对方的态度，表达一定的情感。为了使称呼显得亲切，可采用以下方式。

（1）称呼身份。即用交往双方的身份关系称呼，既可用于自称，也可用于称呼对方。比如小李是王教授的学生，他对王教授说"学生记住了"，就比说"我记住了"更富有情感。另外，若称呼对方身份而不用姓名，则情感更丰富，如说"总经理，您好"就比说"王总经理，您好"更富有情感一些。

（2）称呼名字。对长辈、上级和平辈中的陌生人直呼其名是无礼之举，但在有些特殊场合中，以名相称却十分亲切。如女儿给父亲写信时说"丽丽十分想念爸爸！"就比说"我十分想念爸爸"要亲切一些。异性朋友初次见面可称呼姓名，如"王丽娜"；待双方建立恋爱关系后，可以称呼"丽娜"，而进入热恋阶段也可称呼"娜"。这种称呼的变化可说明呼名不呼姓的传情作用。

（3）社交称呼亲属化。中国人普遍认为亲属关系就是最亲密的人际关系。这样一来，在社交场合中，人们要增加感情成分时，可使称呼亲属化。例如小孩对与自己父辈和祖辈年龄相仿的人称"叔叔"、"阿姨"、"爷爷"、"奶奶";年轻人对自己朋友的父母称"伯父"、"伯母";青年男女中也多以兄弟姐妹相称,比如"小明哥"、"李大姐"。其实,彼此之间并无血缘关系,这样称呼仅表达一种亲切的情感而已。

(4) 用与第三者的关系称呼对方。例如在我国北方,人们常可听见"孩子他爹"、"孩子他娘"、"他大叔"、"他大婶"等称谓,这种称呼对方与第三者的关系的称谓,可以使人感受到温馨的家庭情感。

3. 得体的原则

(1) 符合角色变化。如果在机关工作,在一些正式场合下,即便是亲朋或好友,彼此之间都应采用同事间的称呼,如"王科长"、"刘干事"、"张局长"等。即使是父子、夫妻、兄弟之间也应如此,而不应将家庭中的称呼带到工作中去。但回到家中,则不应按照工作上的角色关系来互称。

(2) 切合对方期待心理。称呼的人际吸引力,并不完全取决于称呼人的意愿,而主要取决于是否切合被称呼人的期待心理。例如一对青年男女结婚以后应互称对方父母"爸爸"、"妈妈",而不是"叔叔"、"阿姨"或"伯父"、"伯母"。做父母的会因为你得体亲切的称呼而倍感亲切。

(3) 切合活动场景。例如老张与老李私交甚密,日常,老张习惯称呼老李的绰号"丝瓜",老李并不反感。但在一次全厂干部大会上,老张照喊不误,结果引起老李气恼。其原因就在于没有区分交际场合。

二、亲友相处的基本原则

(一) 尊老爱幼

亲友相处中应有长幼之分,忌没大没小。尊敬长辈,爱护兄弟姐妹,这既是中华民族的传统美德,也是亲友相处的礼仪基础。

(二) 讲究民主

反对家长制和独断专行,提倡家事决策民主化,尊重每位家庭成员的意见。对亲朋好友的事情可多提建议,但不能强行做主。

(三) 相互体谅

都说"婆媳难处,妯娌难容",那是因为她们之间有"利益"冲突。其实只要相互体谅,不以小人之心度君子之腹,矛盾亦可化解。

(四) 积极主动

亲属、朋友是接触频率最高、感情最为深厚的交往对象。彼此关心、互相帮助、礼尚往来等人之常情主要表现在日常生活的交往之中。

亲友之间有了小矛盾要积极主动和解,亲朋好友之间过生日应主动问候,遇到特殊纪念日不要忘了制造浪漫,这些会使感情倍增。

> **教学互动**
> 互动问题:理清个人的亲属关系。
> 要求:
>   1. 请以小组为单位写出自己的长辈、平辈、晚辈,并说明与自己是什么关系。
>   2. 老师点评。

第四节 馈赠礼仪

馈赠即赠送礼品,它是人际交往中一种表达友情、敬重和感激的形式。馈赠礼品也是国际上通行的交际活动形式之一,是向对方表示心意的物质体现。俗话说"千里送鹅毛,礼轻人意重",人们常以送礼来表达情意。有时候,礼品本身并不贵重,却深深表达了送礼人的心意,使受礼人为之感动。自古以来,人们就用"赠礼"的方式来表达相互的祝贺、敬意、友谊、爱情、感谢、慰问以至哀悼等,它是语言文字表达情意的一种辅助,是相互交往的一种礼节。在国际交往中,相互馈赠也是一种表示友好和敬意的重要方式,有利于促进友好关系的发展。至于有的人借收受礼物来进行敲诈、勒索、贿赂等,则是对这一方式的不正当运用,应坚决加以反对和禁止。我们要妥善安排好各种必要的送礼馈赠活动,以促进人们相互关系的正常发展。

一、礼品的选择

(一)选择礼品的原则

1. 轻重原则——轻重得当,以轻礼寓重情

通常情况下,礼品的贵贱厚薄,往往是衡量赠礼者诚意和情感程度的重要标志。礼物是言情寄意表礼的,人情无价而物有价。我们在提倡"君子之交淡如水"和"礼轻人意重"时,既要注意以轻礼寓重情,又要入乡随俗地根据馈赠目的及自己的经济实力选择不同的礼物。

2. 时机原则——选时择机,雪中送炭

馈赠的时机以适宜为最重要。中国人很讲究"雨中送伞"、"雪中送炭",即十分注意送礼的时机,因为只有在最需要时得到的才是最珍贵的,才是最难忘的。因此,馈赠的时机包括时间的选择和机会的择定。一般来说,时间贵在及时,超前或滞后都达不到馈赠的目的;机会贵在事由和感情及需要的程度。

3. 效用性原则——对方所需,更显价值

一般来说,物质生活水平的高低,决定了人们精神追求的水准,在物质生活水平较低时,

人们多倾向于选择实用性的礼品,如食品、水果、衣料、现金等;在物质生活水平较高时,人们则倾向于选择艺术欣赏价值较高、趣味性较强和具有思想性、纪念性的礼品。因此,应视受礼者的物质生活水平,有针对性地选择恰当礼品。

4. 投好避忌原则——讲究谨慎,切勿犯忌

由于民族、生活习惯、生活经历、宗教信仰以及性格、爱好的差异,不同的人对同一礼品的态度也不同,或喜爱或忌讳或厌恶,等等。这里尤其要强调避其禁忌,禁忌是一种民俗的非理性的精神心理倾向。所以,馈赠前一定要了解受礼者的喜好,尤其是禁忌。例如,中国人普遍有"好事成双"的说法,因而凡是大贺大喜之事,所送之礼,均好双忌单,但广东人则忌讳"4"这个偶数,因为在广东话中,"4"听起来像"死",不吉利。再如,白色虽有纯洁无瑕之意,但中国人比较忌讳,因为在中国,白色常是悲哀之色和贫穷之色;同样,黑色也被视为不吉利,是凶灾之色、哀丧之色;而红色,则是喜庆、祥和、欢庆的象征,受到人们的普遍喜爱。另外,我国人民还常常讲究给老人不能送"钟",给新婚夫妻不能送"梨"、"伞",因为"钟"与"终"、"梨"与"离"、"伞"与"散"谐音,是不吉利的。其他国家的讲究更多。

5. 针对性原则——对象不同,有所区别

礼品的选择,要针对不同的受礼对象区别对待,因人因事因地施礼,是馈赠礼仪的要求。一般来说,对家贫者,以实惠为佳;对富裕者,以精巧为佳;对朋友,以趣味为佳;对老人,以实用为佳;对孩子,以启智、新颖为佳;对外宾,以民族特色为佳。

(二) 礼品的种类

礼品的种类有很多划分标准,如送礼的目的,受礼的对象,礼品本身的价值、性质等。一般而言,礼品可以分为以下两种:其一,可以长期保存的礼品,如工艺品、书画、照片、相册等;其二,保存时间较短的礼品,如挂历、电影票和一次性消费品等。前者礼重意深,后者经济实用。

从馈赠的目的和意义的角度来考虑,可将礼品分为以下类型。

(1) 能够引起美好回忆的礼品。对热恋中的情侣、久别重逢的老朋友等,赠送一件与其经历有关的礼品能起到见物如见景的作用,能把他带进对往事的美好回忆之中,使之感到欣慰。

(2) 对方喜爱并恰好需要的物品。若某位友人适逢乔迁之喜,她喜爱艺术,又是在农村长大,如果送她一幅山水浮动、野花遍地、炊烟袅袅的画,往往会使她喜不自禁,分外高兴。

(3) 具有特殊意义的礼品。同学生日、逢年过节、参加婚礼等,应选择象征吉利、带有美好祝愿的礼品,这样可以增加情意。

(4) 持久耐用的礼品。如艺术笔记本、图文并茂的寓言手册、钢笔等,会使对方经常看到,时时回想起两人的友谊。

(5) 鼓励对方的礼品。如飞驰的骏马、航海中的帆船,能表达对他(她)的心愿——"勇往直前",起到无声胜有声的作用。

(6) 慰问性礼品。亲朋好友生病或年长者身体欠安时,送去两盒营养品或一些对方喜欢而难以买到的食品,都可以表达问候与关心的情意。

(7) 支持援助性礼品。至亲挚友之间逢红白喜事或偶遇天灾人祸,既可以赠送其急需

的物品,如衣服、粮食、器具,也可以直接馈赠现金,帮助其应付困境、渡过难关。

(8) 喜庆祝贺类礼品。企业开张,馆所落成,桥梁竣工,个人升迁,生儿育女等,各相关单位或个人奉赠花篮、匾额、壁画以及其他日常用品,都可以起到庆贺的作用。

二、礼品的馈赠

选择一件满意的礼品,仅仅是馈赠活动的开始。如何把礼品合乎礼仪地赠送给对方,是整个馈赠行为取得成功不可缺少的重要环节。

(一) 馈赠方式

馈赠方式主要包括直接赠送和间接赠送,以及赠送时的一些具体做法。

直接赠送是指送礼者亲自将礼品当面交给受礼者。间接赠送是指委托他人送交礼品或通过邮政局寄送礼品。

一般来说,亲自赠送是最好的馈赠方式。中国人送礼、还礼,一般都是直接面交,以示敬重。不过随着社会生活节奏的加快,赠送礼品的其他方式也变得重要起来,如托人送交、邮寄等。在许多发达国家,礼品服务业很兴旺,礼品公司提供一条龙服务,只要一个电话,公司就能按照客户的要求把礼品送到受礼人手中。送礼与受礼双方不见面,这就省去了许多麻烦事。也有当面送礼的情况,如男女青年祝贺生日要当面送礼。这种当面送礼的方式,可以体现彼此之间的亲密关系。

馈赠方式还包括馈赠时的一些具体做法。中国人通常对礼品的包装不大讲究,一般宁可盒子小些,也不希望盒子大而装不满。日本人却特别讲究礼品的包装,礼品包装不合适会被视为无礼。在美国以及其他一些国家,人们习惯用彩纸包装和用丝带包扎,有时还会附上一张名片。

(二) 赠送时的注意事项

(1) 馈赠之前,要对礼品进行认真的选择。赠礼者要考虑受礼者的性别、婚姻状况、教养和嗜好。挑选具有特色、实用、恰当的礼品,才能为受礼者所喜爱。还应考虑具体情况和场合,要有针对性。应邀赴私人家宴,应为女主人带些小礼品,如土特产、小艺术品、纪念品、食品、水果以及花束等。新年、圣诞节,一般送日历、酒、茶、糖果、巧克力等。出席官方或民间组织的酒会、招待会、较大的宴会等一般可不必送礼,有时只送花篮、花束等。

(2) 要选择恰当的时机送礼。选择恰当的时机送礼,礼品会更有意义。对组织而言,在企业召开的新闻发布会上,向与会领导和新闻界朋友赠送纪念品;遇到传统节日,如春节等,向企业的业务往来单位赠送带有企业标记的纪念品,以增进友谊。对个人而言,受礼者在生日的当天收到生日礼物,新年前夕收到新年贺卡,婚礼之时收到祝贺礼金或礼物等,会留下深刻印象。

(3) 礼品不可太贵重。太贵重的礼品容易造成受礼者的心理负担,有行贿之嫌。礼物的轻重要根据送礼者的经济情况和双方感情深度决定。如果关系一般,不宜送贵重的礼物,送贵重的礼物可能会使对方产生不安或引起"重礼之下,必有所求"的猜测。社会上一般朋友交往送的礼品都是礼节性的,送一些小礼品就足以表达彼此之间的情意了。

(4) 礼品要注意包装。精美的包装不仅使礼品的外观更具艺术性和高雅情调,并显现出赠礼人的文化艺术品位,而且还可使礼品产生和保持一种神秘感。这既有利于交往,又能引起受礼人的探究兴趣及好奇心理,从而令双方愉快。反之,好的礼品若不讲究包装,不仅会使礼品逊色,使其内在价值大打折扣,而且还易使受礼人轻视礼品,而无谓地贬损了礼品所寄托的情意。

(5) 注意赠礼的场合。当众只给一群人中的某一个人赠礼是不合适的,这样会使受礼人有受贿之感,而且没有受礼的人会感到冷落和受轻视。赠礼时,应当着受礼人的面,以便观察受礼人对礼品的感受,并适时解答和说明礼品的功能特性,还可有意识地向受礼人传递自己选择礼品时独具匠心的考虑,从而激发受礼人的感激和喜悦之情。

(6) 要了解不同国家送礼、受礼的习惯。法国人与人初次见面一般不送礼,应该在下次见面时再送。法国人喜欢有文学价值和美学素养的礼品,而不送刀、剑、刀叉、餐具之类的物品。向妇女赠送内衣,这在欧美国家的风俗中是很失礼的,一般也不送香皂。在阿拉伯国家,初次见面不宜送礼,更不要送酒,因为大多数阿拉伯国家有禁酒的规定;也不能直接向阿拉伯妇女赠送礼品。阿拉伯人喜欢名牌和知识性、艺术性的礼物,一般赠送的礼物都较贵重,所以也希望得到相应的回赠。日本人送礼非常讲究装潢,习惯在包装盒上系一条很漂亮的红白纸绳结成剪刀状;如是丧事送礼,则系黑白钳状纸绳,忌结成蝴蝶状。在意大利和拉丁美洲,手帕不能作为礼品,因为它是和眼泪联系在一起的。送给外国朋友的礼品,最好是中国的特产,或者在对方国家特别受欢迎的产品,如手工艺品、茶叶、丝绸、仿古陶瓷等。

(三) 送礼忌讳

(1) 选择的礼物首先自己要喜欢,如果连自己都不喜欢,别人怎么会喜欢呢?

(2) 为避免重复选同样的礼物给一个人的尴尬情况发生,最好每次送礼时做一下记录。

(3) 千万不要把以前接受的礼物转送出去或丢掉,这种做法不礼貌。

(4) 切勿直接问对方喜欢什么礼物。

(5) 切忌送会刺激别人的东西。

(6) 不要试图以自己的礼物来改变别人的品位和习惯。

(7) 必须考虑接受礼物者的职位、年龄、性别等。

(8) 即使你比较富裕,送礼物给一般朋友时也不宜太重,应送一些有纪念意义的礼物。如送给孩子的礼物超过送给其父母的礼物,可能会引起其父母的不快。另外,礼品的价值最好在自己能力范围内。

(9) 谨记除去价签及商店的包装袋,无论礼物本身价值多少,最好用礼品包装纸包装,有时细微的地方更能显出送礼人的心意。

(10) 考虑受礼者在日常生活中会否用到该礼物。

三、礼品的接受

在社交场合,当他人赠送礼品时,受礼者也应讲究接受礼品的礼仪,做到有礼、得体。

(一) 接受讲礼仪

在一般情况下,对他人诚心诚意赠送的礼品,只要不是违法、违规的物品,就应大大方方、欣然接受。

当赠送者向受礼者赠送礼品时,受礼者应中止自己正在做的事,起身站立,双手接受礼

品,然后伸出右手同对方握手,并向对方表示感谢。接受礼品时态度要从容大方、恭敬有礼,不可忸怩作态,或者盯住礼品不放,过早伸手去接,或者推辞再三后才接受礼品。

接过礼品后,如果条件容许,受礼者可以当面打开欣赏一番。这种做法是符合国际惯例的,它表示看重对方,也很看重对方赠的礼品。礼品启封时,要注意动作文雅、文明有序,不要乱撕、乱扯,随手乱扔包装用品。开封后,赠送者还可以对礼品稍作介绍和说明,说明要恰到好处,不可过分炫耀。受礼者可以采取适当动作对礼品表示欣赏之意并加以称道,然后将礼品放置在适当之处,并向赠送者再次道谢。切不可表示不敬之意或对礼品说三道四、吹毛求疵。

(二) 拒收有分寸

接受礼品,一定要把握好原则和尺度。由于种种原因,不能接受他人赠送的礼品时,要说明原因,婉言拒收。拒收对方的礼品,要讲究方法,依礼而行,要给对方留有退路,不要使对方误会和难堪。

一般情况下,拒收礼品应当场进行,最好不要在接受后再退还。当不能接受对方的礼品时,一方面应该对对方的心意表示感谢;另一方面要坦率或委婉地说明不能接受的原因和理由,将礼品当场退还。

如果确因一些原因很难当场退还,也可以采取收下后再退回的方法。退还礼品时,一是要及时,最好在24小时之内将礼品退还本人;二是要保证礼品完整,不要拆启封口后再退还或者用过之后再退还。

(三) 要讲究礼尚往来

"来而不往,非礼也。"在人际交往中,要讲究礼尚往来。虽然赠送者送人礼物,不会有期望回报的心理,但受礼者收到他人的礼品时及时回报或有所表示,这才是合乎礼仪的做法。

首先,受礼者要把握好还礼的时间。还礼时间过早,会给人以"等价交换"的感觉,但如果时间拖得过久,又显得毫无诚意。因此还礼要把握好机会,或在对方有喜庆活动之时,或登门拜访、回访对方之时等。

其次,受赠者要把握好形式。还礼的形式是很有讲究的,还礼不当,不如不还。在所还礼品的选择上,可以选用对方赠送的同类礼品,也可以选择与对方所赠物品价格大致相当的物品。回赠礼品的价格也没有必要一定超过对方赠送的礼品的价格。另外,也可以其他的形式向对方还礼,比如,接受礼品后,可以写信或打电话向对方表示谢意,也可在再次见面时表示感谢,或者告诉对方,自己十分喜欢他送的礼品等,都可以起到促进相互之间的友好交往的作用。

> **教学互动**
>
> 互动问题:节日礼物设计。
> 要求:
> 　1. 请以感谢父母、老师为主题特别设计一份礼物在礼仪课上分享,可用PPT(演示文稿)展示。
> 　2. 请其他学生点评。

第五节 宴会礼仪

一、宴会的类型

宴会是指以比较正式、隆重的方式设宴招待，宾主在一起饮酒吃饭的聚会。宴会为正餐，入座进食，由服务员顺次上菜。宴会在规格上分为国宴、便宴、家宴等；在餐别上分中餐宴会、西餐宴会和中西合餐宴会；在举行时间上分为早宴、午宴、晚宴，一般在晚上举行的宴会更为隆重；在礼仪上分为欢迎宴会和答谢宴会等。

二、宴会的组织安排

（一）宴会的桌次安排

按国际习惯，桌次高低视离主桌位置远近而定，右高左低。桌数较多时，要摆桌次牌，这样既方便宾主，也有利于管理。

宴会可以用圆桌，也可以用长桌或方桌。一桌以上的宴会，桌子之间的距离要适当，各个座位之间也要距离相等。

团队宴请中，宴桌排列一般以最前面的居中桌子为主桌，如图5-5所示。

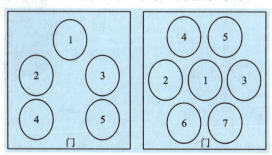

图5-5　团队宴会桌次布置参考图

只有两桌的小型宴会，可根据餐厅具体情况横排或竖排，如图5-6所示。

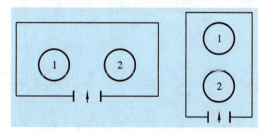

图5-6　小型宴会桌次布置参考图

(二）宴会的座位安排

正式宴会，一般都事先排好座次，以便宴会参加者各得其所，入席时井然有序，同时也是对客人的尊重。非正式的小型便宴，有时也可不必排座次。安排座次时，应考虑以下几点。

（1）以主人的座位为中心。如有女主人参加时，则以主人和女主人为基准，以靠近者为上，依次排列。

（2）要把主宾及其夫人安排在最尊贵显要的位置上。通常做法是：以右为上，即主人的右手边是最主要的位置；其余主客人员，按礼宾次序就座。

（3）在遵从礼宾次序的前提下，尽可能使相邻就座者便于交谈。例如，在身份大体相同时，把使用同一语种的人排在附近。

（4）主人方面的陪客，应尽可能穿插在客人之间，以便同客人接触交谈，避免自己人坐在一起。

（5）夫妇一般不相邻而坐。按西方习惯，女主人可坐在男主人对面，男女依次相间而坐；女主人面向上菜的门。我国和其他一些国家不受此限。

（6）译员可安排在主宾的右侧，以便于翻译。在有些国家，不给译员安排席次，译员坐在主人和主宾背后工作，另行安排用餐。

（7）在多边活动场合，对关系紧张、相互敌视国家的人员，应尽量避免把座位排在一起。

宴会座位安排参考图如图5-7至图5-10所示。

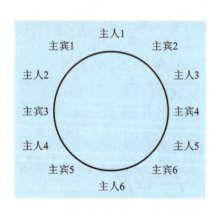

图5-7　宴会座位安排参考图（一）

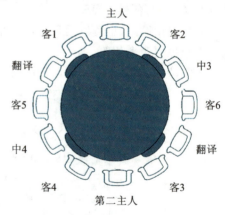

图5-8　宴会座位安排参考图（二）

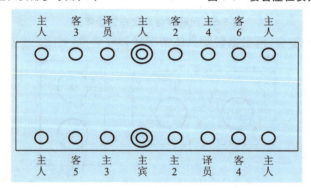

图5-9　宴会座位安排参考图（三）

图 5-10　宴会座位安排参考图（四）

以上是在安排座次时通常要考虑的一些做法。在具体实行时，还应根据当地习惯和主客双方的实际情况妥为安排。例如，主宾偕夫人出席宴会，而主人的夫人因故不能出席，通常可安排其他身份相当的女主人在主宾夫人的邻近就座，以便招呼、攀谈。有时还要根据客人临时因故不能来等情况，在入席前现场对座次进行调整。

座位排好后，应设法在入席前通知出席者，并在现场对主要客人进行引导。通知席位的方法有以下几种：

（1）较大型宴会，以在请柬上注明席次为佳。

（2）中小型宴会，可在宴会厅门口放置席位图，标明每个人的座次，请参加者自看。

（3）有的小型宴请，也可口头通知，或者在入席时由主人及招待人员引坐。

（三）菜单拟定和用酒

1. 菜单拟定

宴会上的食品菜肴，要精致可口，适合来宾的口味，而且要美观大方，让人赏心悦目，做到色香味俱全。客人往往从主人准备的美味佳肴中，体会到其热诚待客的心意，留下长久而难忘的记忆。所以，对于宴会菜单的拟定，主人大多比较重视。技艺精湛的厨师，也常常得到嘉宾的赞赏。

一定要尊重客人的宗教习惯。巴基斯坦首任驻华大使罗查离任前，周恩来总理曾请他一家吃饭。鉴于巴基斯坦是一个伊斯兰教国家，周总理特地指定在西单的民族饭店设清真席，以羊肉串等清真菜肴招待。

西餐上菜的顺序是冷盘、汤、热菜，然后是甜食或水果。中国人则是先吃热菜后喝汤。但不管怎样，冷盘要十分精致，开人胃口，量不必太大，以免一开始吃多了，后面的主菜吃不下。汤宜于清爽可口。热菜要调配适当。西餐上主菜时还辅以配菜。例如，鱼串配米饭，牛排配土豆、豆角、胡萝卜等，味道很好。宴会上的菜肴，应讲究质量，精心调配。例如，对于某些常来中国的外宾，可以飨之以不同的地方风味小吃，使其每次都感到有些新意。鲍鱼、海参是待人珍品，但有的欧洲人不习惯吃；松花蛋是好东西，但有的外国人因其为黑色不敢吃；海蜇皮是佐酒好菜，但有的女宾怕咀嚼时发出声音而不吃。凡此种种，在拟定菜单时，都要根据不同对象精心调配。

菜单确定后，可印制或书写，置于餐桌上。国家主要领导人和驻外使节举行宴会，所用的请柬、座位卡、菜单均可加印国徽。

2. 选用酒水

宴请用酒一般有以下三类。一是餐前开胃酒。常用的有雪利、葡萄酒、马丁尼、金酒加汽水和冰块、威士忌加冰块等，一般只在进餐前喝一小杯。二是席间佐餐用酒。常用的是红、白葡萄酒以及各种软饮料。席间用酒一般不上烈性酒。现在我国规定，宴会桌上不用茅台，是同国际上的习惯相一致的。一般习惯，吃鱼虾时用白葡萄酒，吃肉菜时用红葡萄酒。也有的只用一个酒杯，红、白葡萄酒任选。白葡萄酒需要先冰镇过再饮用，红葡萄酒则不需要。第三种是餐后用酒。在家庭式的小型晚宴以后，送上各种烈性酒，供客人自愿选用。至于冷餐招待会和酒会，则不分餐前、餐后，供应各种酒类饮料，任凭客人选用。外国人喝威士忌、啤酒及各种饮料大都喜欢冰镇过的，或者加冰块，因此在宴会、招待会和酒会上，都要准备一些冰块。倒酒时，要把瓶口封条去尽，把瓶身擦干净。最好用白餐巾把酒瓶裹好再倒。

3. 酒具、餐具和摆台

美酒佳肴，如配以比较讲究的酒具、餐具，则更能烘托气氛。酒具、餐具要美观、雅致，注意配套齐全。凡有裂痕的杯、盘及任何有污渍的餐具，均应加以更换。刀叉等要求明亮光洁，不发黄。每次宴会，应根据参加人数和酒菜的道数，准备好足够的酒具、餐具，并洗净、消毒、擦亮。桌布、餐巾要浆洗熨平。餐桌上的一切用品都要清洁卫生。每次用完的酒具、餐具均应洗净擦干，清点无误，分类保管，加以维护。

西餐餐具有刀、叉、匙、盘等（见图5-11）。刀分食用刀、鱼刀、肉刀（刀口有锯齿，用以切牛排、猪排等）、奶油刀、水果刀；叉分食用叉、鱼叉、龙虾叉；匙有汤匙、茶匙等；盘则有各种大小的菜盘、汤盘、吃盘、面包盘等。酒杯则分葡萄酒杯、香槟酒杯、烈性酒杯、啤酒杯等（见图5-12）。另外，须备有公用刀叉、冰筒、冰夹子（或冰匙）、托盘等。茶具或咖啡具，除杯子和小碟外，应有糖罐、奶罐及茶壶或咖啡壶等。

图5-11　部分西餐餐具示意图

中餐餐具有筷子、筷座、勺座、盘、碗、匙、小碟、酱油碟、五味架等。

"摆台"是一项专门的技艺。宴会前要把餐桌摆放好，既合乎规矩，又美观（见图5-13）。西餐的摆法一般是：座位前正面放食盘（或汤盘），左手放叉，右手放刀。汤匙也放在食盘右边。食盘上方放甜食匙，再往前略靠右放酒杯，右起依次为葡萄酒杯、香槟酒杯、啤酒杯（水杯）。餐巾叠成花样插在水杯内，或者叠好置于吃盘上。面包盘在左手。正餐的刀叉数目应与菜的道数相等，按上菜顺序由外至里排列，刀口向内，用餐时按顺序取用。中餐如上米饭等可另用小碗。宴会桌上还可点缀一些鲜花。

图 5-12　部分酒杯示意图

图 5-13　每个座位前面餐具、酒具的摆法

在宴会过程中,在所有人都用完一道菜时,招待员应及时撤走用毕的餐具。撤盘时将刀、叉一并撤去,要自始至终保持台面的整洁美观。但是,如果不是大规模的宴会,要注意必须等宾客全部吃完一道菜之后再撤盘子。否则,只要剩下一个客人没吃完,把其他客人的盘子撤掉就等于是在催促那位客人,这是不礼貌的。

三、参加宴会的礼仪

应邀参加宴会的客人,也应举止得当、讲究礼节,使宴会气氛和谐友好。由于东西方进餐的习惯多有不同,特别是正式的西餐宴会,规矩颇多,应多加了解和练习。1950 年,当新中国的首批驻外人员将要出国赴任时,当时身兼外交部长的周恩来总理,就特地安排外交部在北京饭店举行一次大型西餐宴会演习课,由将派赴印度任大使的袁仲贤做主人,对于如何做主人,如何做主宾,如何接送客人,如何尊重夫人、女士,如何使用刀叉,如何喝汤和咖啡等，都进行了学习。周总理还告诫大家，不要认为这是一些小节而漫不经心，而应讲究自己的风度举止，树立起新中国外交官的应有形象。

（一）中餐礼仪规范

赴宴过程中，尤其是席间的一言一行、一举一动都须掌握必要的礼仪分寸，这对于在宴席上从容地表现自我、塑造良好形象是非常必要的。

（1）接受邀请。接到宴请后，能否出席均应尽早给对方以明确答复，以便主人妥善安排。万一临时因故无法应邀出席，须尽早通知对方，深表歉意并作必要的解释。

（2）按时赴宴。出席宴请活动，要准时抵达，早到不礼貌，迟到更失礼。按时出席宴请是礼貌的体现。一般可按规定时间提前5分钟左右到达。过早、过迟出席都会被视作失礼。

（3）抵达致意。抵达宴请地点后，应主动向主人问好致意。如果是节庆活动，应表示祝贺，必要时，可按宴请性质和当地习俗赠送花束或花篮，而后随主人或迎宾人员引领步入休息厅或宴会厅。若是参加家宴，可酌情给女主人赠送鲜花。

（4）礼貌入席。应邀出席宴请活动，应听从主人安排，端庄就座。如宴会桌次较多，应在进入宴会厅前，先了解自己的桌次和座位，按序就座，最好不要随意更换座位。如邻座是年长者或妇女，则应主动为其拉座椅。

（5）席间交谈。参加任何宴请，切莫始终缄默不语，也不应只同熟人或左右邻座说话。如互不相识，可先自我介绍。谈话时应避免高声失态。在别人讲话时，插话是很不礼貌的行为。席间交谈应尽量选同桌人共同关心的话题。

（6）文明用餐。用餐时坐姿要端正、自然。入座后，待主人招呼后方可进餐。吃相要文雅。热食待凉后再吃，切勿用嘴乱吹。鱼刺、肉骨等应放在骨盘内。口嚼食物时切忌说话。即使有人同你讲话，也要等咽下食物后再回答。喝汤应借助勺子。喝茶或咖啡时，应右手拿杯把，左手端杯碟。剔牙时以用手或口布遮挡为宜，剔过的牙签应折断后放置在骨盘内。

（7）祝酒碰杯。在正式宴会上，一般都有祝酒的习惯。主宾应事先了解为何人、何事祝酒，以便做好应对准备。主人祝酒致辞时，应停止一切活动，认真聆听，不可做无关的小动作。主人前来碰杯或相互间碰杯时，应目视对方，面带微笑，点头致意。人多时也可同时举杯共祝，不必一一对碰。宴会上相互敬酒表示友好，也可活跃气氛，但切忌饮酒过量。主人不可强劝客人喝酒，强劝客人喝酒是失礼行为，有意使对方喝醉更是极大的失礼行为。

（8）致谢辞行。宴请结束后，应有礼貌地主动向主人握手道谢。参加正式宴会后的2～3天内，也可向主人书面致谢。若因故需提前退席，须向主人说明后方可离去，切莫不辞而别。

（二）西餐礼仪规范

从社交宴会来说，正式的西式宴会礼节比中式宴会礼节更严格一些。西餐的讲究非常多，吃西餐的礼仪主要包括以下内容。

（1）入座。入座的时间应听从主人的招呼。男客人应帮助其旁边的女宾挪动一下椅子，待女宾入席落座时，再帮助她将椅子往前稍推，使其身体离桌边半尺（1尺＝0.3333米）左右为宜。男子在女子坐下后才可入座。

（2）餐巾。当女主人拿起餐巾时，自己也可以拿起餐巾铺在双腿上。餐巾很大时，可以叠起来使用。不要将餐巾别在领上或背心上,也不要在手中乱揉。可以用餐巾的一角擦去嘴上或手上的油渍或脏物,但不能用它来擦刀叉或碗碟。

(3) 开始用餐。应等全体客人面前都上了菜,女主人示意后才开始用餐。在女主人拿起勺子或叉子以前,客人不要自行用餐。

(4) 姿势。进餐时,身体要坐正,不要前俯后仰,也不要把两臂横放在桌上,以免碰撞旁边的客人。进食时,身子可以略向前靠,但不要把头低向盘子,更不要低头用嘴凑到碗边吃东西,也不要把碗碟端起来吃,而应用叉子或勺子取食物放到嘴里,细嚼慢咽。好的吃相是以食物就口,不可以口就食物。

(5) 喝汤。喝汤不要啜。如汤太热,待稍凉后再喝,切忌用嘴吹。汤匙是座前最大的一把匙,放在盘子右边,不要错把放在桌子中间那把较小的匙,那可能是甜食匙。盛汤一般用汤盆,可用汤匙朝外侧将汤从盆子中徐徐舀起。喝汤时不要发出声响。

(6) 使用刀叉。右手用刀,左手持叉。如只用叉子,也可用右手拿叉。使用刀时,不要将刀刃向外,更不要用刀送食物入口。切肉应避免刀切在瓷盘上发出响声。吃面条,可以用叉卷起来吃,不要挑。谈话时,可不必把手中刀叉放下,但做手势时则应将刀叉放下,不要手持刀叉在空中比画。中途放下刀叉,应将刀叉呈八字形分开放在盘子上。用餐完毕,则将刀叉并拢放在盘子里。

(7) 取面包、黄油。取面包应用手去拿,然后放在旁边小碟中或大盘的边沿上,不要用叉子去叉面包。取黄油应用奶油刀,不要用个人的刀子。黄油取出后放在旁边的小碟子里,不要直接往面包上抹。不要用刀切面包,也不要把整片面包涂上黄油,应该每次掰一小块面包,吃一块涂一块。

(8) 吃色拉。吃色拉时只用叉子。可用右手拿叉,叉尖朝上。如上色拉时,也同时上了面包、饼干的话,可用左手拿一小块面包或饼干,把色拉推上叉子。

(9) 吃鱼。西餐吃鱼,通常是在烹制时把鱼刺和骨头剔干净才上桌。但如遇到仍然带刺的鱼,可用刀将刺轻轻拨出。如鱼刺或骨头已经入口,不要直接吐入盘中,而要用叉接住后轻轻放在盘沿上,或尽可能不引人注意地用手取出放在盘中,不要扔在桌上或地下。吃其他菜或水果时,骨头、水果核等均应争取不要入口,如已入口则先吐在手上,放入盘内。西餐吃鱼常配柠檬,可用手将柠檬汁挤在鱼上。

(10) 取菜。当招待员依次为客人上菜,走到客人的左边时,才轮到该位客人取菜。取菜时,最好每样都取一点。如果有实在不喜欢的菜,也不要勉强,可以说:"谢谢,不用了。"不要流露出对食品的不满。

(11) 喝茶或咖啡。想加牛奶或白糖时,可自取。喝时用右手拿杯把,左手端小碟。如在餐桌上,也可不端小碟。不要把小匙放在杯中,用它搅拌完后可放在小碟上。

(12) 吃水果。吃苹果、梨等,不要整个咬着吃,应先切成小瓣,然后削去皮、核,用手拿着吃。削皮时,刀口朝内,从外往里削。吃香蕉时,应剥皮后用刀切成小块,以叉取食。橙子可用刀切成四瓣后剥皮吃。西瓜、菠萝等可去皮切块,以叉取食。

(13) 喝酒。为表示友好、活跃气氛,可相互敬酒、祝酒;可以碰杯,也可举杯示意。用餐时,也可根据自己的需要,喝一些佐餐酒,但不应酗酒。

(14) 离席。客人应等女主人从座位上站起后,一起随着离席。在此之前不应提前离

席。离席时,男宾应帮助女宾把椅子放归原处。餐巾可置放桌上,不必按原样叠好。宴会结束后,可视情况与主人和其他来宾再交谈一会儿,然后相机告辞。

(15)告退。告退不宜过早或过迟。如果是主宾,应先于其他客人向主人告辞。一般来说,主宾应在用完点心之后,移到客厅,再过20~40分钟后告辞。一般客人则不要先于主宾告辞,否则对主人和主宾均不礼貌。如有事情,则应向他们说清楚,求得谅解。

以上所述,都很重要,不可忽视。对于宴会上的礼节,如果另外又遇到一些自己不懂的,可视主人的行为,参照着做,或者向邻座客人问清楚。

教学互动

互动问题:中餐进餐礼仪,西餐进餐礼仪。
要求:
1. 学生分组用中餐桌理清桌上的座次关系、上菜礼仪、进餐礼仪等。
2. 学生分组用西餐桌理清桌上的座次关系、上菜礼仪、进餐礼仪等。
3. 请其他学生互评、老师点评。

第六节 舞会与"沙龙"礼仪

一、舞会礼仪

舞会是一种社交活动,它不仅可以联络感情、增进友谊,而且有时还是一个十分微妙的谈判场所。有些在谈判桌上未能解决的问题,却能在舞会轻松愉快的气氛中得以解决。舞会是以跳交谊舞为主,通常在晚上举行。它可以单独举行,也可以在宴请、招待、庆祝等其他活动之后举行。在这种群众性的社交娱乐中,对每一个参与者的形象和举止都有相应的规范和要求。掌握舞会礼仪,对于提高个人素质、塑造自身形象、优化社会环境都大有裨益。

(一)舞会基本知识

交谊舞又称"宫廷舞"或"舞厅舞",我国在20世纪50年代称之为"交际舞"。交谊舞是一门艺术。交谊舞会既是重要的社交活动,也是培养文明礼貌、陶冶情操、进行自我审美教育的场所。交谊舞的基本形式有布鲁斯(又称慢四步)、慢华尔兹(又称慢三步)、快华尔兹(又称快三步)、狐步舞(又称中四步)、快步舞、伦巴舞、探戈舞、吉特巴等。

(二)舞会组织的礼仪

舞会通常安排在晚上举行,它可以作为一次单独活动,也可作为宴请之后的余兴。交谊舞会除以跳舞为主要内容外,还可穿插安排短小精悍的文艺节目和游戏等。

舞会的组织工作相当重要。被邀请的男女客人人数要大体相等,对已婚者一般要邀请夫妇双方。舞会场地应宽敞,环境布置应雅致、美观。正规的舞会应安排乐队演奏,乐曲的强烈节奏和舒缓节奏应适当搭配。

举办舞会时,可备咖啡、茶、三明治、点心等食品和饮料,以便客人休息时随时选用。

按照惯例,第一场舞由主人夫妇、主宾夫妇共舞(如夫人不跳,也可由已成年的女儿代替)。第二场舞由男主人与主宾夫人、女主人与男主宾共舞。舞会上,男主人应陪无舞伴的女宾跳舞,或为她们介绍舞伴,并照顾其他客人。男主宾应轮流邀请其他女宾,而其他男宾则应争取先邀请女主人跳舞。男子避免全场只同一位女子跳舞。切忌同性相伴跳舞,以免有同性恋之嫌。

(三) 参加舞会的礼仪

1. 服饰要整洁大方

服饰要尽可能和环境融为一体,服装要整齐。国外举行舞会,通常在请柬上注明服装要求。男子以身穿燕尾服或西装为多;女子应穿长身的晚礼服,戴长手套。舞会的服饰应以红、橙、黄等暖色为主调,辅以浅蓝、淡绿等色彩。女士着装以裙装为宜,飘逸的长裙会使人有飘飘欲仙之感。此外,还应根据服装、发式佩戴相应的首饰。男士应以庄重的色调为主,服饰要端庄得体、落落大方。若穿西装,可不必像参加正式会议或正式宴会那样严肃。不管参加哪种舞会,都应注意自己仪容的干净和整洁,头发要梳理整齐。女士应适当化妆,男士要修一修胡须。夏天参加舞会,应该洗完澡、洒上香水后再去。

2. 邀请跳舞要注意礼貌

邀舞时,男士应步履庄重地走到女士面前,弯腰鞠躬,伸出右手,同时轻声微笑说:"请您跳支舞,可以吗?"鞠躬的深度以15度左右为宜,不能过分。如对方婉拒,不能勉强。一曲完毕,男子应向女子致谢,并陪送回原来坐处。如果是女士邀请男士,男士一般不得拒绝。舞场上不可以独占某一舞伴,即使是自己专门请来的舞伴,这样做也是失礼的。也不要几个男士同时邀请同一位女士,以免使对方难堪和不知所措。

3. 礼貌地辞谢邀舞

在拒绝别人的邀请时,要十分注意文明礼貌。当然女士最好不要拒绝他人的邀请,也别故作姿态。如果拒绝,一定要说明理由,以求得对方的谅解。已经拒绝他人的邀请后,在一曲未终时,就不能再同他人共舞。否则,会被认为是对前一位邀请者的蔑视,这是很不礼貌的表现。当被拒绝的男士再次前来邀请,在无特殊情况的条件下,女士应欣然接受其邀请。

4. 言行举止要文明

进入舞场后,语言要讲究文明,走路时脚步要轻,不要在舞池中穿行。跳舞的舞步要尽量规范,不能随心所欲、随意乱跳。在舞场中,不应显得过分亲昵,因为这对周围的人来说是很不礼貌的。如想吸烟,应到室外,以免污染舞场里的空气。跳舞时,双方距离以两拳为宜,不要过近或过远,男士右手应放在女方腰部正中。男士不可把女士的手握得太紧,也不要和女方的身体贴得太近,也不能目不转睛地凝视女士的脸,以免引起女方的反感或造成误会。

5. 其他注意事项

舞会是一个高雅、文明的社交场合,因此,除注意舞姿和仪表外,还应注意以下几点。

(1) 舞会前不吃葱、蒜、韭菜等有异味的食品,不喝烈性酒。跳舞时,口里不得嚼口香糖,不得抽烟、吃东西。

(2) 不要打嗝、咳嗽、打喷嚏,实在憋不住应用手帕掩住口部。也不要伸懒腰、挖耳朵、挖鼻孔或剔牙缝。

(3) 跳舞时,双方可低声交谈,但不宜高声谈笑,更不能大声喧哗。

(4) 不要询问陌生女伴的年龄与婚姻状况。

(5) 男女共舞时,男子不可当着一位小姐的面,夸奖另一位小姐如何漂亮动人等。

(6) 在舞厅如遇见熟人或朋友,应将舞伴介绍给对方,可以简单寒暄,不要过分热情,更不宜深谈。

(7) 与女伴跳舞后不要立即用手帕擦手。

二、"沙龙"礼仪

(一)"沙龙"及其类型

"沙龙"是法文"Salon"的音译,即"会客室"和"客厅"之意。从17世纪起,欧洲贵族和资产阶级中的一些人常常聚集到某些私人客厅谈论文学、艺术或政治问题,因此形成社交聚会的一种形式——"沙龙"。目前,我国把扩大交际范围的各种各样的室内聚会也统称为"沙龙"。其中比较多见的有:由较熟识的朋友、同事结成的定期或不定期的社交性"沙龙";由职业、志趣相同或相近的人组成的,以探讨某一学术或理论问题为主要目的的学术性"沙龙";以接待来访者,谋求增进了解和友谊为目的的应酬性"沙龙";以联络感情和相聚娱乐为目的的文娱性"沙龙";还有参加人数较多,兼有上述各种目的的综合性"沙龙"等。上述"沙龙"聚会采取的活动形式有讨论会、茶话会、冷餐会、酒会、家庭晚宴和舞会等。

(二)"沙龙"聚会的礼仪

1. 发言应有见地

参加"沙龙"讨论问题,应提倡三思而后言。发言之前,要对自己所想说的话作认真的思考,发言要有自己的见解,要言之有物;不能无的放矢、文不对题,白白浪费大家的宝贵时间;也不能哗众取宠,故作惊人之语,结果言不及义,或使讲话内容过分出格;更不能旁若无人,"以自我为中心",对别人的发言充耳不闻,甚至讨论主题尚未弄清楚就与别人瞎侃一气,结果弄得贻笑大方,在众人面前失态、丢丑。

2. 举止得体,态度诚恳

由于"沙龙"是重要的社交场所,所以对每个参加者来说,都必须使自己保持开朗乐观、生气勃勃的精神风貌。每个人都要有得体、适宜的衣着打扮;要有稳重得当、谈吐大方的仪表举止;要有是非分明、助人为乐的道德观念;要有理解宽容、谦虚诚恳的待人态度。这样,参加者才能以良好的形象赢得大家的信任、友谊和尊敬,从而结交更多的朋友和取得社交上的成功。

3. 彼此关照,注重情谊

家庭晚宴型的"沙龙",形式较为随意,客人可以比约定时间晚到10~20分钟,以免主人因还未做好准备而无暇出来应酬。赴家庭宴会的客人也不宜空手,要买瓶酒或买束鲜花带去。有些家庭宴会因参加者都是熟人,宾主常不拘礼仪,餐桌前坐不下还可在会客室里面围成一圈,或者坐在沙发上,甚至席地而坐,大家高谈阔论,无所顾忌。

教学互动

互动问题:舞伴邀请礼仪。
要求:
1. 准备三步、四步舞曲,组织简单舞会。
2. 演示邀请舞伴、单首舞曲结束时的基本礼仪。
3. 请其他学生互评、老师点评。

内容提要

旅游服务人员在工作过程中见面与介绍礼仪、拜访与接待礼仪、亲友礼仪、馈赠礼仪、宴会礼仪、舞会与"沙龙"礼仪的相关理论与应用知识。

核心概念

交际礼仪　拜访接待礼仪　中西餐礼仪。

重点实务

理解交际礼仪内涵;着重训练拜访、介绍、名片、中西餐、舞会与"沙龙"的典型礼仪规范。

知识训练

一、简答题
1. 握手时需要注意哪些礼仪?
2. 介绍时需要注意哪些礼仪?
3. 选择礼品的原则是什么?
4. 舞会中需要注意哪些事项?
5. 如何安排宴会接待的桌次和席位?
6. 简述中西餐赴宴的礼仪。

二、讨论题
1. 每位同学制作名片,以小组为单位把见面与介绍、拜访与接待、亲友礼仪等一系列礼仪连贯起来,导演一个情景剧,制作视频,在课堂上展示、分享,评出优秀的作品。
2. 以小组为单位,自创中西餐请客礼仪,制作视频,在课堂上展示、分享,评出优秀的作品。

能力训练

一、理解与评价

在大学校园里,有旅游相关专业学生做礼仪实践周活动;在教学楼、行政楼等公共场合,有旅游相关专业学生对老师或同学做专业的列队问候礼仪训练。对此,有些老师、学生以及其他非旅游专业的行政人员认为这是搞形式,甚至予以嘲讽。如果你是一名旅游职业人士,你会怎么看待这种现象?这种形式有什么好处?是一种什么意识的培养?

二、案例分析

自助餐礼仪

周小姐有一次代表公司出席一次外国商社的周年庆典活动。庆典活动结束后,那家外国商社为全体来宾准备了丰盛的自助餐。尽管在此之前,周小姐并未用过正式的自助餐,但是她在用餐开始之后,发现其他用餐者的表现非常随意,她也就"照葫芦画瓢",像别人一样放松自己。

让周小姐开心的是,她在餐台上竟然见到自己平时最爱吃的北极甜虾,于是毫不客气地替自己满满地盛了一大盘。当时她的主要想法是:这东西虽然好吃,可也不便再三再四地来取,否则旁人会嘲笑自己没见过世面。再说,这么好吃,这会不多盛一些,说不定一会就没有了。

然而令周小姐脸红的是,她端着盛满了北极甜虾的盘子从餐台边离去时,周围的人居然个个都用异样的目光盯着她。有一位同伴还用鄙夷的语气小声说道:"真给中国人丢脸啊。"事后一经打听,周小姐才知道,自己当时的行为是有违自助餐礼仪的。

思考:周小姐错在哪里?

第六章
沟通礼仪

学习目标

通过本章学习,应当达到以下目标:

职业知识目标:了解旅游从业人员口头沟通礼仪,掌握交谈技巧和沟通原则,掌握手机、电话、短信、电脑、书信、传真等礼仪。

职业能力目标:运用本章知识,研究相关案例,提高对旅游沟通礼仪的认识,掌握口头与书面礼仪的要点,并能够将旅游沟通礼仪付诸旅游实践。

职业道德目标:结合旅游沟通礼仪教学内容,结合职业道德规范或标准,分析企业或从业人员在旅游沟通礼仪中的言行规范,强化职业道德素养。

引例:修养是第一课

背景与情境:有一批应届毕业生共22个人,实习时被导师带到北京的相关某部委实验室参观。全体学生坐在会议室里等待部长的到来,这时有秘书给大家倒水。同学们表情木然地看着她忙活,其中一个还问了句:"有绿茶吗?天太热了。"秘书回答说:"抱歉,刚刚用完了。"

林晖看着有点别扭,心里嘀咕:"人家给你水还挑三拣四的。"轮到他时,他轻声说:"谢谢,大热天的,辛苦了。"秘书抬头看了他一眼,满含着惊奇,虽然这是很普通的客气话,却是她今天唯一听到的一句。

门开了,部长走进来和大家打招呼。不知怎么回事。静悄悄地,没有一个人回应。

林晖左右看了看,犹犹豫豫地鼓了几下掌。同学们这才稀稀落落地跟着拍手,由于不齐,越发显得零乱起来。部长挥了挥手:"欢迎同学们到这里来参观。平时这些事一般都是由办公室负责接待,因为我和你们的导师是老同学,非常要好,所以这次我亲自来给大家讲一些有关情况。我看同学们好像都没有带笔记本,这样吧,王秘书,请你去拿一些我们部里印的纪念手册,送给同学们作纪念。"

接下来,更尴尬的事情发生了,大家都坐在那里,很随意地用一只手接过部长

双手递过来的手册。部长脸色越来越难看,来到林晖面前时,已经快没有耐心了。就在这时,林晖礼貌地站起来,身体微倾,双手握住手册,恭敬地说了一声:"谢谢您!"

部长闻听此言,不觉眼前一亮,伸手拍了拍林晖的肩膀:"你叫什么名字?"林晖照实作答,部长微笑点头,回到自己的座位上。早已汗颜的导师看到此景,微微松了一口气。

两个月后,毕业分配表上,林晖的去向栏里赫然写着国家某部委实验室。

有几位颇感不满的同学找到导师问道:"林晖的学习成绩最多算是中等,凭什么选他而没选我们?"导师看了看这几张尚显稚嫩的脸,笑道:"是人家点名来要的。其实你们的机会是完全一样的,你们的成绩甚至比林晖还要好,但是除了学习之外,你们需要学的东西太多了,修养是第一课。"

(资料来源:http://mt.sohu.com/20151216/n431543156.shtml.)

启示:22位同学中,林晖乐观向上,通情达理,讲礼仪,懂礼貌。在人际交往的过程中,一个人语言交往的礼貌表现是一个人整体素质的表现,是用人单位在选择人才上的潜在标准。

第一节 旅游从业人员口头沟通礼仪

没有沟通,世界将成为一片荒凉的沙漠。当你穿梭在茫茫的人海里,置身于市场经济的大潮中,每天都不可避免地与他人交往,交往能给你带来幸福和欢乐。你的婚姻、职业和人际关系成功与否,在很大程度上取决于你与人沟通的能力。如果你是一位酒店经理,那么你面临的最大困难将可能是如何与人打交道。不过,即使你是一位普通员工,情况也同样如此,因为你每天都将面对着不同的顾客,卡耐基基金会赞助的一项调查研究表明,即使在工程技术这样最不经常与人打交道的工作中,一个人所获得的高额薪水中,也只有不到15%是来自他的技术,而其他的85%则来源于他的人际交往,也就是他的个人品质和才能的发挥。而在旅游活动中,沟通也是必不可少的一项工作,不管是从事饭店业,还是旅行社业,抑或是景区管理工作,与客户之间的成功沟通是事业成功的必备要素。所以,在旅游活动中,人际沟通占据着十分重要的地位,发挥着重要的作用。

一、言谈之间讲礼节

言谈也是一门艺术,是交往艺术的重要组成部分。言谈艺术也可以通过学习、实践而得以不断提高水平。总体要求是:诚恳交谈,耐心聆听,形态得体,不犯禁忌。

(一) 谈话时态度一定要诚恳

一般而言,如果一个人能和其他人持续谈话达10分钟以上,并在谈话中能使对方对自己产生兴趣,则可以说这个人已具备良好的交际能力了。

谈话成功并不一定完全取决于智慧的妙语或雄辩的口才,重要的是诚恳的交谈使双方情感互联和思想互通。要达到诚恳交流,就要注意谈话内容,不能漫无边际,谈些八竿子打不着的话。要理解对方,谈话内容应是对方关心的、感兴趣的、能接受的。

俗话说"言以传情,情以动人",要态度诚恳、表达得体,不能表里不一、故作姿态。旅游服务人员在工作时说话语气要温和、语调要轻柔,要求说话时发音清晰、音量适中,并注意抑扬顿挫的变化。不要使用命令语气,而应多使用询问语气。交谈时要有自信,做到有备无患,不要惊慌害怕。要注意以相宜的礼貌对对方表示尊重,保持人格平等。

同步案例　导游沟通协调礼仪

背景与情境:一个旅游团因为订不到火车卧铺票而改乘轮船,游客十分不满,在情绪上与导游形成了强烈的对立。导游面带微笑,一方面向游客道歉,请大家谅解,由于旅游旺季火车票难订导致了计划的临时改变;另一方面,耐心开导游客,乘轮船虽然速度慢一些,但提前一天上船,并未影响整个游程,并且在船上能欣赏到两岸的风光,相当于增加了一个旅游项目……导游成功地运用分析方法,以诚恳、冷静的态度,幽默、风趣的语言,很快化解了游客的不满情绪。

(资料来源:http://www.examw.com/dy/fuwu/zhidao/11402/.)

问题:在遇到类似情况时,应如何调节氛围?

分析提示:情绪是人对于客观事物是否符合自身需要而产生的一种态度和体验。旅游活动中,由于有相当多的不确定因素和不可控因素,随时都会导致计划的改变。例如:有时由于客观原因,游览景点要减少,游客感兴趣的景点停留时间要缩短;预订好的中餐因为某些不可控制的因素,临时改变吃西餐;订好的机票因大风、大雾停飞,只得临时改乘火车……类似事件在接团和陪团时会经常发生,这些都会直接或间接影响到游客的情绪。多数情况下,拒绝客人是不得已而为之,只要措辞得当、态度诚恳并掌握适当的分寸,客人是会予以理解和配合的。

(二) 耐心聆听,引起共鸣

语言交流本身就包括参与各方谈话,每一个成员都包括谈和听两方面。切忌只顾自己口若悬河地垄断整个谈话过程,一定要给大家发言的机会。当别人说话时,要全神贯注地倾听对方讲话,同时应该有一些回应的动作,如:"我也是这样认为的。""不错!"或者在适当的时候回以微笑、点头等一些表示你理解的肢体语言。在听完了一段话的时候,要简单归纳、重复一下内容。不仅表示你认真听了,还可以向对方确认你所接收到的信息是否准确,当你没有听清楚的时候,要及时提问。

另外,在谈话时,还要注意在声音的运用上彼此达到和谐共鸣。假设你是一名导游人

员,在接待客人时,如果对方是一个非常冷漠的人,适当降低你说话的热情也许会是一个好的对客服务策略;如果对方是一个讲话非常快的人,那么你也应该适当提高语速以适应客人,以免使客人感到不和谐而产生抱怨。适应客人的交流方式,与客人产生共鸣,也是旅游服务人员需要注意的谈话要素之一。

(三) 与他人交谈时要做到形态得体

与他人交谈时应站坐有态,端庄稳重,落落大方。手势不宜过多,幅度不能过大,尤其不要东张西望、左顾右盼。谈话时不要做一些不必要的小动作,如掰指头、摆弄衣角、抓痒痒、捋头发等,这些不得体的行为,有失礼仪和身份。我们有时还会看到有的男士在与别人交谈时,竟然脱去鞋袜,双手掰抓自己的脚趾头,这种行为简直令他人无法忍受。还有的故作大惊小怪、过分紧张之态或者漠不关心等,也都属于失礼行为。特别不能在与人交谈时打哈欠、看手表、伸懒腰,或用一些不恰当的行为表示不愿听甚至嘲笑、不满意。

(四) 与他人交谈时,不能犯禁忌

除了在交谈过程中要防止形态方面出现一些不得体的行为外,还应注意不要犯忌讳,如不能直接询问女士的年龄、男士的收入、对方不愉快的过去、生理缺陷等,甚至职业、婚姻、经历等都被认为是个人隐私,不能随便询问,更不能窥探;不能出言不逊,凌驾于客人之上,不强词夺理,尽量做到谦虚谨慎,不夸夸其谈以显示自己的高明;不能拨弄是非,议论他人;不能动辄骂脏话,言语粗俗;不能故作高深,不懂装懂;不能用方言俚语,冷落他人,等等。这些都是在语言交流过程中要注意的问题。

(五) 要求讲好普通话

为什么要求旅游工作者从管理人员到一线员工都要讲普通话?这是不是口号和形式主义呢?不是。讲普通话既是文明程度的体现,也是企业实力、员工受教育程度和个人素质的重要组成部分。

你的普通话讲得标准不标准是另外一回事,重要的是你有没有讲普通话的意识和实际行动。你不能因讲不好普通话就不讲,首先要讲,只有讲普通话,普通话的水平才有可能不断提高。其实绝大部分人的普通话并不标准。

二、交谈的技巧

(一) 谈吐中要注意语音语调

声音是感情的外部体现,如果失去了感情的运动变化,声音便没有内在依据,声音也就失去了活力,成了空洞、僵滞的东西。感情的变化丰富细致,因而与它相适应的声音的变化也必须是生动丰富的。当你讲话时,发音、音调、音量、情绪、表情同你说话的内容一样,会极大地带动和感染你的听众。

美国一位心理学家多年前发表过一篇研究文章。他认为沟通效果的来源为:文字意义(7%),语音语调(38%),身体语言(55%)。虽然这些数字引起了学者的争议,其真实性受到质疑,但在某种意义上他的看法是成立的。文字虽然重要,决定它的效果的是语音语调和身体语言。语音语调的配合会给客人带来情绪上的共鸣,能令对方马上感觉你接受了他,因此使关系更易建立,沟通更有效果。诚然,音质音色很大程度上取决于先天条件,但这并不能

抹杀后天训练的重要性。通过科学的方法,我们完全可以塑造更加专业的声音。旅游从业人员在与人交往过程中要做到轻言平语,声音的大小以对方能听得清而又不影响其他无关人员为宜。

1. 语调柔和

语调能反映出一个人说话时的内心世界,表露其情感和态度。生气、惊愕、怀疑、激动时,表现出的语调也一定不自然。服务人员沟通中的语气语调要柔和,应保持说话的语调与所谈及的内容相互配合,恰当把握轻重缓急、抑扬顿挫。

2. 语速适中

语言的节奏,大致可分为轻快、紧张、舒缓等几种形式,语言的速度可快可慢。一般情况下,适中的语速和节奏适合在服务中使用。当然,面对老年人、青年人,以及性急者和慢性子的客人,应根据不同语境和交谈对象有效掌握,从而起到打动人心的效果。

3. 发音标准

发音是说话的关键。发音标准,字正腔圆,没有乡音或杂音,将有助于清楚明白地表达出自己的思想,自信地面对客人,达到理想的谈话效果。另外,尽量保持音色甜美,声音富有磁性和吸引力,从而会让人感到愉悦,愿意交流。

4. 音量合适

说话应适当控制音量,语言的威慑力和影响力与声音的高低是两回事。大喊大叫不一定能说服和压制他人,声音过大只能使他人不愿听你讲话甚至讨厌你的声音。我们每个人说话的声音大小也有其范围,服务中应找到一种最适合个人的声音,既不能太响,也不能太轻,以客户感到舒适为准。

导游在为游客作景点介绍时,要适当提高声音,让游客听得清楚,那是另外回事。有的人在公共场合,在外人面前或者是打电话时,声音很大,旁若无人,这是不尊重他人的表现。所以有人讲,到了一个单位也好,或跟一个人交谈也好,你听一听他(她)谈话时音量的高低,就可以大体判断此人受教育的程度和所处社会的阶层。实际上,在别人面前时,说话声音低一点、语调平和一点是适宜的。这样做一是符合规范,二是比较悦耳动听,更具亲和力。

(二)谈吐中要善用身体语言

导游讲解时的表情、手势和体态,以及语音、语调,是导游讲解的重要辅助手段。尽管体态语言不是导游讲解时的主导因素,但它会直接影响语言表达和导游讲解的效果。

导游员常常借助手势来加强自己的语言。一般说来,向上伸开手掌表示欢迎以及对客人的尊重、友好、亲善;手心向下通常是不够坦率、缺乏诚意的表现;攥起拳头则暗示进攻、自卫或愤怒;伸食指是要引起他人注意,有教训人的意味。古罗马政治家和雄辩家西塞罗曾说:"一切心理活动都伴有指手画脚等动作,双目传神的面部表情尤为丰富。手势恰如人体的一种语言。"因此,手势动作完全可以代替一句话、一个字,表示一个完整的概念,如V形手势,几乎成了全世界的通用语言。但有些手势,世界各地有不同的含义,使用时要谨慎,要看对象和场合,不能乱用。如表示赞扬和允诺的"OK"手势,世界大多数人都理解,而且是亲切友善的自然表露。然而,在法国南部喝葡萄酒时用此手势,表示酒质低劣;在巴西、马耳他、希腊,这是一句无声而恶毒的骂人话。

有些专家说,体态语言在整个导游语言中的重要性可达70%。一个目光呆滞、面无表情、体态僵硬的导游,不管语言多么动听,也不会受游客欢迎。

(三)谈吐中要注意距离得体

在与人交谈中,保持适当距离是确保通话效果和礼貌得体的要求。从礼仪角度来讲,如果说话时你与对方距离过远,有可能使对方误认为你不愿意与之友好和亲近,这是失礼之举。但如果你与谈话人保持过近的距离,稍有不慎就有可能唾沫飞溅,或者因有体味而令人生厌,同样失礼。因此,从礼仪角度讲,一般应保持半米到一米的距离为宜,这也叫作"社交距离"。这样,既让对方感到有亲切的气氛,同时又保持轻松、自然、大方之感,在人的正常主观感受上最为舒服,交谈效果最佳。

知识活页

空间距离

心理学家发现,任何一个人都需要在自己的周围有一个自己能够把握的自我空间,这个空间的大小会因不同的文化背景、环境、行业、个性等而不同。不同的民族在谈话时,对双方保持多大距离有不同的看法。美国人类学家霍尔博士的研究显示,以下四种距离表示不同情况。

(1)亲密接触(0~45厘米)。交谈双方关系密切,身体的距离从直接接触到相距45厘米之间,这种距离适用于双方关系最为密切的场合,比如说夫妻及情侣之间。

(2)私人距离(45~120厘米)。朋友、熟人或亲戚之间往来一般以这个距离为宜。

(3)礼貌距离(120~360厘米)。用于处理非个人事务的场合中,如进行一般社交活动,或在办公、办理事务时。

(4)一般距离(360~750厘米)。适用于非正式聚会,如在公共场所看演出等。

从上述四种分法可以看出,人类在不同的活动范围内因关系的远近而保持不同的距离。不同民族与文化构成的人之间有不同的空间区域。西方文化注重个人隐私,东方人的隐私意识相对较淡。在电梯、巴士或火车上,素不相识人的拥挤在一起,东方人可以容忍身体与身体接触,西方人则无法容忍。在对个人空间的要求方面,中国人、日本人以至大多数亚洲人要比西方人小得多。这是因为不同的文化习俗导致的,西方人注重宽松的氛围,崇尚个人自由和个人权利,而东方人则不太重视这些方面。

(四)谈吐中要注意内容适当

言为心声,你所讨论的问题往往是你当时的所思所想。所以当你跟别人交谈时,一定要注意内容的选择和把握。应该谈什么,不该谈什么,要有分寸。有些私人问题不要去问别人。总共有"六不问":收入、年龄、婚姻、健康、经历和文凭。

1. 不问收入

这是重要的、关键的问题。在市场经济条件下,经济收入的高低与旅游从业者的个人能力有关,也跟所在的地域有关,还跟所从事的行业有关,更跟企业效益有关,与不同的机遇有关。本来不同地区、行业、企业等的人士在一起聊天,或者是大学、中学同学在一起聚会是很高兴的事,这个时候就不要去谈收入,一谈收入就很有可能会令人愤愤不平。张三每月五千元,李四年薪十五万,王五月工资只有四百块,刘六还是个下岗人员。你干吗要问人家的收入呢?

2. 不问年龄

特别有以下几种人的年龄,不要信口问及。一种是临近离退休年纪的人,你最好不要问及年龄。尤其是担任公职的人员,如政府官员等,国家有法定退休年龄,到年龄就要退休。但有的同志不太愿意退休,想多干几年。你要时不时去问人家年龄多大,有时是说者无心,但听者在意:"老王,退休还差半年吧?到站咯。"你什么意思,那么急不可待啊?不怀好心!另一种是女性。在这方面最有忌讳的是白领女性,其年龄与公司及个人的发展有关,不要随便问及,否则会引起对方不悦。

3. 不问婚姻

在旅游活动过程中,不能随便问婚姻家庭问题,这有可能会涉及别人一些难言之隐甚至人格尊严问题。比如一位漂亮的姑娘,芳龄25岁,由于各种原因至今未嫁。你偏问她婚姻如何、爱人在哪里工作、孩子多大等,这不是在让人家难堪吗?如果一位男士,他妻子已经提出与他离婚,你在这时问他妻子如何,他会很为难的。

有的人就喜欢问这些"难言之隐",问起这些问题来还比谁都执着。比如开口就问:"今年多大了?"被问的女士说:"我今年20了。"他紧接着会跟打太极拳似地紧贴上来就问:"有对象吗?"女士说:"有了。""结婚了吗?""结了。"下一个问题就会叫你难以应对:"有孩子了吗?"碰到这样的人士,最好尽快找理由走开。

4. 不问健康

为什么旅游交往场合不能随意问人家健康问题?因为健康关系到个人的发展前途,同时也关系到对方当时的心态、思想情绪问题。一个旅游者,他健康状况不好,他本人只想避开此话题,轻松调剂一下。但有的人一见面就大声提醒人家:"身体好吗?精神好像不对啊,头发掉得差不多了,要注意休息啊。"

有次,一位男士碰到熟人,见面就说:"老王,你脸色不太好啊。"老王说:"我最近比较忙,出差熬夜多一点。""是不是胃不大好?"老王说:"我胃还可以。""那你肝呢?你这个吃四方的人,国内外、省内外吃遍了还不容易坏肝的啊。"老王说:"前不久体检时,我肝好着呢。"他意犹未尽:"那心脏可能有问题。对,可能是心脏有问题,你工作忙,压力也大,上有老下有小的,心脏容易出问题的啊。那你要注意啊。那个外经委的老陈你认识吧?好像是你研究生班的同学啊,比你还小!"老王说:"当然认识的,怎么啦?""死了!前几天就是因心脏病,升天了。"老王要是真有心脏病的话,这些对老王不是一个打击吗?老王虽然没有心脏病,但也会影响他的思想情绪,影响一个人的积极性和愉快的心态。

5. 不问经历

英雄不问当年,好汉不论出处。茫茫人生路,条条多坎坷,哪有那么一帆风顺的经历?

一问别人经历,难免碰及他人痛处,影响情绪。

假如有个旅游者因犯罪而曾经被判刑10年,你问他过去都干过些什么,他不好回答你。他如实回答你,大家都不痛快;他说假话回答你,心里也不是滋味,会弄得场面尴尬。

6. 不问文凭

文凭、学历也是不能随便问的。你别见到一个人就问:"哪个大学毕业的?学的什么专业啊?"有的企业家是白手起家,有的工程师是自学成才,有的部门经理也是边干边学出来的。比尔·盖茨就是连大学本科都没有读完的。学历文凭固然重要,但有时也不能单以学历来衡量一个人。

除了以上六不问之外,旅游从业人员在接待交往中,以下话题是不能谈论和涉及的。

第一,非议国家、政府和民族的话不谈。不论是中国人还是外国人,在正式礼仪场合,在外人面前,热爱祖国、维护民族团结、拥护政府,这是基本的道德品质。

第二,涉及国家、行业和企业的秘密不谈。我们有国家安全法,有国家保密法,有知识产权保护法和相关法规等。我们不能随便涉及这些问题,不能违法、违规,不能随便向外人提供内部情报,更不能向外国人泄露国家机密。

第三,对交往对方的内部情况不能随意谈论。国际交往,不要涉及别国内政,单位交往不要涉及对方单位的内部事务,更不能说人家的坏话。

第四,背后议论他人的话不谈。来说是非者,必是是非人,有教养的人是不会在背后挑拨是非的。议论别人的人,实际上会被听者看不起,因为你是是非之人,别人跟你打交道时心里会有数的,谁还能放心与你交往?

第五,格调不高的话题不谈。有的人没有自律性,跟别人聊起天来,嘴上没有把门的,家长里短、小道消息、男女"段子"、流言蜚语、信口开河,随意传播,这样的人没有尊严可谈。

上述不问不谈也是重要的谈话技巧,只有这样,才能避免喋喋不休、口若悬河,才能找到合适的话题和陈述的方式,你的交谈对象也才会感兴趣,不会感到你的话题索然无味。所以所有的谈话都要先想后说。要知道几乎所有的谈话失误都有可能给对方带来伤害、不敬、不悦,给沟通带来不利因素。而这一切又都是缘于谈话前不假思索或内容不当所致。因失言而冒犯他人所造成的损失,比沉默不语要严重得多,再多的道歉也难以弥补。俗话说"话不投机半句多",就是这个道理。

(五)谈吐中要注意区别场合

因人而异,这也是我们旅游礼仪中应当强调的一点。讲话是很有讲究的,也是很有规矩的。不同的场合,不同的对象,谈话就应当分别采用不同的方式、角度,选取不同的谈话内容。切不可生搬硬套,否则会贻笑大方。

比如说交际中我们遇到声望、学问、地位较高的人。谈话时,我们切不可因其地位高而过于谦卑,应当自然大方。否则,我们会被他人轻视。相反,我们在与地位较低的人交往时,要守着一个"谦"字和一个"诚"字,切勿气势凌人、不可一世,也不可虚伪待人,否则我们会失去朋友,失去沟通机会。在不同的场合,谈话也应有所不同,一般严肃、静默的场合,言谈要庄重、严肃、认真,不要乱开玩笑。而喜庆、休闲的场合,谈话则可以轻松、活泼,可以适当开玩笑。当然也要把握分寸,以免有失身份。

以打电话为例,假如你是一个领导、上司,你的同事王楠是个女士。你有急事,晚上8点钟必须打她家电话找她。电话打过去之后正好又是一个男士接听。那你就应当问:"请问王楠同志在家吗?"这就是根据不同对象进行准确定位的一句问话。不管那个接电话的男人跟王楠是什么关系,他一听就会比较放心:"噢,同志啊,你请等一下,我叫她去。"

称号就是关系定位,不同情况,应区别对待。你叫我某教授,我在你面前就要做出一个教授的样子,我得站有站像,坐有坐姿。你叫我老张,我可能就比较放松了,就背靠椅背了。你要只叫我名而不叫我的姓,那我就尤其可以放开些了,说明我们不是一般的关系,很熟悉很密切。你要叫我"张哥",那我就没有什么讲究了。知己啊,该说的说,该笑的笑,该吃的吃,该闹就闹。所以称呼实际上也要根据具体情况而区别对待,也是有讲究的。

(六)谈吐中要注意礼貌用语

礼貌是人们之间在频繁的交往中彼此表示尊重与友好的行为规范。礼貌用语是尊重他人的心理表现,是友好之门的敲门砖。礼貌用语首先表现在,交谈中不能时不时地对自己的同伴用方言交谈几句,在座的其他人听不懂,这对他们很不礼貌。其次是在称呼他人时要注意不能"无称呼",如:"哎,你知道五一广场往哪里走?"也不能用替代型称呼,如:"6号、7号,下一个。"再次是不能用地方性称呼,如不适当的地方性称呼或者称兄道弟。当然,在强调礼貌用语的同时还强调语言应讲究区别对象、因人而异。在本地范围之内交往时,你偶尔用一点本地习惯性称呼尚可理解,也无大碍,如:大嫂、小妹、老哥、爷们、战友等,还有张哥、李姐、王叔等,我国北方还有什么妞、娃、伙计等。但如果是跨地区范围、跨文化背景、跨国家民族等交往,这些就不能随便使用,一则人家可能听不懂;二则弄不好会闹出误会来。

此外,在讲礼貌用语时,要注意情境,否则可能适得其反。有次,一位老师开车把车停在一个店铺前面,因为只要一会儿就要开走,该老师也没有注意这里不准停车。结果被警察发现了:"同志,这里不准停车,罚款200元。"那有什么法子,记住这个教训吧,到银行交钱去。此时,该老师有点不愉快,不管怎么样车子停错地方罚了款,规则是大家都应当遵守的,下次不犯就得了。但该老师交完罚款后,银行收钱的服务员丢出一句话给老师,搞得老师哭笑不得。她非常开心地笑着对老师说:"谢谢您的光临,欢迎下次再来!"该老师本来就有点不悦,她这一说更气了,于是用眼光瞪着她。她大概领悟到刚才说的"欢迎再来"有点不合适,便对该老师说:"对不起,我们单位要求我们每接待一个顾客后都应这么说,表示礼貌。好像在这种情况下不应当这么说才对。"交谈一定要看对象,不看对象机械地使用礼貌用语也是不行的。

(七)谈吐中要注意体现幽默

恩格斯认为,幽默是具有智慧、教养和道德上优越感的表现。幽默是一种轻松、诙谐的表达方法,旅游工作者在与人交流中适当使用一些幽默风趣的语言,能反映说话者的文化修养,又能形成轻松、愉快的谈话氛围,还能化尴尬为自然。一位年迈的美国妇女,在苏州旅游,不小心被石头绊倒,在头部碰出个口子,流血很多,满脸血污,团内成员都很紧张,全陪和

地陪竭力救护止血,但这位老太太血一止就坐起来说:"我喜欢苏州的石头,跟它亲吻了一下。"这句幽默的话,使在场的人尽展笑颜,使紧张的心情松弛下来。

同时,幽默也能使你顺利渡过难关,在社交场合建立起和谐的人际关系,得到他人的喜爱和信任。一位到中国观光旅游的欧洲姑娘在上海参观植物园时,不小心被树枝钩破了心爱的上衣,她顿时傻了眼,不一会儿眼泪流了出来,其他游客见状都围拢上来纷纷劝说,但效果不大。这时,导游人员走上前笑眯眯地说:"年轻漂亮的小姐您可别生气,上海植物园是位多情的白马王子,他见您是那么的美丽动人,想多看您一眼,想留住您,他这是在拉住您不要匆忙离开他。"话音刚落,周围游客都会心地笑了,那位年轻的姑娘也转忧为喜,人们沉浸在一片欢乐之中。

幽默不是卖弄、炫耀,肆无忌惮地使用幽默的话语会让人觉得油腔滑调,不要旁若无人地高谈阔论、大声说笑,更不要把一些庸俗无聊的笑话当成幽默。

同步案例　导游的欢迎词

背景与情境:"各位游客朋友,大家好!欢迎各位来到风景秀美、气候宜人、美食成堆,美女如云、帅哥成林的历史文化名城济南。俗话说得好:'百年修得同船渡,千年修得共枕眠。'现在流行的说法呢就是'百年修得同车行',我们大家今天在同一辆车里可是百年才修来的缘分呐,我真是深感荣幸。中国有句话说要活到老学到老,那来到了济南呢,首先我们也要学习一下三个'代表':第一,我谨代表济南人民对各位远道而来的客人表示热烈的欢迎;第二,我谨代表济南阳光旅行社公司全体员工欢迎大家参加本次快乐之旅,欢迎,欢迎,热烈欢迎;第三,我代表我本人和司机师傅真诚欢迎大家的到来……"

这段欢迎词作为导游迎接客人的一段开场白,诙谐幽默,热情真切,表现了导游较好的语言功底。相信游客对这位导游会产生良好的第一印象,这也为游客的旅程增加了一份好心情。

(资料来源:http://www.yjbys.com/bbs/924696.html.)

问题:幽默的导游员是非常受欢迎的,那么如何培养幽默感呢?

分析提示:幽默并非天生才能,可以经后天培养、积累和锻炼而成。培养幽默感可以从以下几点入手:

(1)主动接纳各种不同的人、事、物,使自己性格更加开朗;
(2)时刻保持愉快的心情有助于幽默感的萌生;
(3)平时应多积累一些妙趣横生的幽默故事,比如看漫画和笑话从中体会幽默的感觉;
(4)幽默可以从给身边的人讲笑话开始锻炼。

三、沟通的原则

旅游礼仪有三项很重要的原则,也叫"3A"(acception(接受对方),appreciation(重视对方),admiration(赞美对方))原则。这三项原则的一个基本出发点就是告诉人们,在人际交往中一定要注重以人为本。

(一)接受对方

在旅游交往中与他人沟通时,宽以待人,不要难为对方、让对方难堪,客人永远是对的,只要他不触犯法律,只要他不违背伦理道德,只要他不伤害到我们的国格和人格乃至生命安全和身体健康。交往对象在你面前,他应该是没有错的,你一定要这么去理解。有的问题只能说是理解不同、表达不同、考虑的侧重点和出发点不同。比如在交谈时有"三不准"。

(1)不准打断别人。生硬地打断别人的讲话,这是非常不礼貌的行为。有话,你要在人家讲完了之后再讲,不要迫不及待地在人家讲话的时候不知轻重地插话,不要随意打断他人谈话。

(2)不准轻易补充对方。旅游交往场合与我们平时的研究工作场合是完全不同的两种工作场合。我们常见到有的人似乎出于好意地说:"你说的这个问题还不全面,还有这些没有说完……"其实,在旅游交往中,只要不是大是大非的问题,他要是愿意跟你说多少,你就听多少,顺其自然。你认为对的你就接受,你认为不对的你自己心里有数就行,没有必要去补充对方。

(3)不准随意更正对方。往往一个问题的答案有时不止一个。连数学、物理题目都可能有多个解,何况谈话呢?特别是在人际交往过程之中,你凭什么认为你的看法就一定对,而他人的观点就一定错呢?不是原则性问题的话,要接受对方。你不善于接受对方,是你不够宽厚,进而你就很难在情感上或者在一些业务往来中与他人达成一致,你的旅游业务就会受到影响。

(二)重视对方

在旅游交往中与他人沟通时,要多看对方的优点,不要专找对方的缺点,更不能当众指正。重视对方,一是在人际交往中要善于使用尊称、敬语、谦语。在旅游交往中,尊称是不能少的,尤其是在比较正规的社交场合。在与师长或身份、地位较高的人交谈,在与人初次打交道或会见不太熟悉的客人,在会议、谈判等公务场合或其他社交场合,尊称都显得尤为重要。尊称包括对方的行政职务,还包括对方的技术职称,如博士、律师、教授、研究员、工程师等。使用敬语也是人们表示尊敬和重视对方的形式,同时也体现出使用者个人的文化修养。比如"请"、"您"、"阁下"、"贵方"、"尊夫人"等都是敬语。还有一些泛尊称,就是对来自各行各业的交往对象都可以用的。比如女士、夫人、先生这样一些泛尊称,在旅游交往中是可以广泛使用的。二是记住对方的姓名。比如接过名片要看,记不住时不要张冠李戴。一种既简单但又很重要的获得好感和信任的方法,就是牢记别人的姓名。记住别人的名字,是对别人的重视,既是一种礼貌,又是一种感情投资。你叫得出对方的姓名,了解他的一些细小之事,对方就会觉得你很重视他,这样别人才会乐意与你交往,乐于帮你办事。对方的细小之事,是你办事的"敲门砖"。

知识活页

有一次,李玉去一个单位办事,因为没有熟人,也没有什么用得上的关系,所以所求之事并没有办成,他失望地走出了这家单位。在单位大门口,他意外地遇到了一个人,似曾相识,好像在哪里见过,当那个人走近时,他突然想起在一次文化"沙龙"上见过这个人,这个人是一个杂文家,当时在"沙龙"上做了演讲。李玉主动与对方搭讪:"您就是某某作家吧?"对方一听李玉叫出了自己的名字,停了下来,十分友好地问:"正是在下,请问先生怎么称呼?"李玉说出自己的姓名,又对那个作家说:"上次在文化沙龙上,我听了您的演讲,您讲得真好。"

接着,李玉说出了演讲中的一些细节。例如,主办者如何向大家介绍,中途有人如何提问,以及这个作家的演讲内容,等等。这个作家见李玉连一些细节都记得这么清楚,心里乐滋滋的,信任感油然而生。他笑着对李玉说:"没想到你听得这么用心,有些细节我自己差不多都忘了。"接着他问李玉来这里是不是有什么事。李玉把要办之事一五一十说了出来,作家听了后说:"这是小事一桩,我帮你打个招呼就行了。"

李玉只不过因为参加了那次文化沙龙,对方虽然并不认识他,但因为他注意了沙龙上尤其是那位作家的一些细小之事,就这样顺顺利利地把事情办好了。

每个人都喜欢被别人关注,因此记住与人交往中的细节是你获得别人信任和好感的基石,是你踏上成功之路的制胜法宝。

(三)赞美对方

在旅游交往中与他人沟通时,对交往对象应该给予一定的赞美和肯定。人人都需要赞美,你我都不例外。在交谈过程中,双方的观点、看法、意向出现基本一致时,或者对方某些方面确实表现较积极,态度乃至其他方面值得赞赏时,我们应当抓住时机,用溢美的言词、中肯的表述,予以赞美。赞美会使整个交谈氛围变得轻松、和谐,赞美会使陌生双方从较多的差异中开始产生一致感,进而将心理距离拉近。同样,当对方赞美自己时,自己也要以恰当行为进行反馈与交流。

赞美对方的技巧如下。

(1)赞美要真诚。这是赞美的先决条件。只有名副其实、发自内心的赞美,才能显示出它的光辉,它的魅力。其一,赞美的内容应该是对方拥有的、真实的,而不是无中生有的,更不能将别人的缺陷、不足作为赞美对象。比如,对一个嘴巴大的人,你夸他:"瞧,你的小嘴多可爱!"或者对一个胖子说:"呀,你多苗条!"还有比这更糟糕的赞美吗?这种赞美不但不会换来好感,反而会使人反感,甚至造成彼此间的隔阂、误解,甚至反目成仇。其二,赞美要真正发自肺腑,情真意切。言不由衷的赞美无异是一种谄媚,最终会被他人识破,只会招来他人的厌恶和唾弃。

(2)赞美要适时。在交际中,认真把握时机,恰到好处地赞美对方,是十分重要的。一是当你发现对方有值得赞美的地方,就要善于及时大胆地赞美,千万不要错过机会。二是在别人成功之时,送上一句赞语,就犹如锦上添花,其价值可"抵万金"。考了好成绩,评上先进,受到奖励……这时,人的心情格外舒畅,如果再能听到一句真诚的夸赞,其欣喜之情可想而知。赞美是有有效期的,过期作废!

(3) 赞美要适度。赞美的尺度掌握得如何往往直接影响赞美的效果。恰如其分、点到为止的赞美才是真正的赞美。使用过多的华丽辞藻,过度恭维,空洞吹捧,只会使对方感到不舒服,不自在,甚至难受、肉麻、厌恶,其结果会适得其反。假如你的一位同学歌唱得不错,你对他说:"你唱歌真是全世界最动听的。"这样赞美的结果只能使双方都难堪,但若换个说法:"你的歌唱得真不错,挺有韵味的。"你的同学一定很高兴。所以赞美之言不能滥用,赞美一旦过头变成吹捧,赞美者不但不会收获交际成功的微笑,反而要吞下被置于尴尬地位的苦果。古人说得好,过犹不及。

四、旅游从业人员常用的行业用语

(一) 善用专业术语

在运用专业术语时,关键是服务人员要注意使道理讲得通,同时还能够让对方听得明白。要真正做到这一点,就要在交谈之前善于对交谈对象进行必要的观察、了解,而适当地有所区别,因人而异。另外,在具体运用过程中,还要把握好时机变化,善于随时根据具体情况的改变而加以调整应变。当深则深,当浅则浅;当多则多,当少则少。使用行业用语的基本原则如下。

1. 机智

要求服务人员在使用行业用语时要机智应对,在面对各类顾客时,一定要注意察言观色,反应灵敏。在使用行业用语时,要抓住重点,讲究少而精,并且尽量能让对方理解。

2. 时间

行业用语的使用具有一定的时间限制,因此,只有在工作中有必要时使用行业用语,才会使之发挥功效。

3. 体谅

体谅主要是指要将心比心、待人如己,设身处地多为对方着想。假如发觉自己所使用的行业用语不为对方所理解,则应立即加以调整,直至完全把本人意思或对方的问题回答清楚。千万不要表现得不耐烦,嘲弄对方"怎么这么笨"、"连这个都听不懂"。

4. 适度

运用行业用语要真正做到得体,关键是要把握好分寸、适可而止,当用则用、尽量少用。应该使用时而不使用,往往会令人怀疑你的业务能力;不必使用时,却连篇累牍地不停使用,则会给人以故弄玄虚之感。

(二) 用词文雅

在与顾客交谈时,尤其是正式交谈时,用语要力求谦恭、文雅、脱俗。在注意切实致用、避免咬文嚼字的前提下,可以有意识地采用一些文雅的词语。例如,在正式场合欢迎顾客到来时,使用雅语说"欢迎光临",显然比说"您来了"要郑重得多。而对一位有文化的老人则使

用雅语"敬请赐教",自然也比直言"有什么意见请提"更为中听。在旅游服务中,应对中国传统的约定俗成的文明用语熟记多用,例如:

初次见面说"久仰"　　看望别人用"拜访"
请人勿送说"留步"　　请人帮忙说"劳驾"
求给方便说"借光"　　归还原物叫"奉还"
请人指点用"赐教"　　请人指导说"请教"
赞美见解用"高见"　　赠送作品用"斧正"
老人年龄叫"高寿"　　等候客人用"恭候"
欢迎购买称"光顾"　　客人到来用"光临"
麻烦别人说"打扰"　　求人原谅说"包涵"
托人办事用"拜托"　　表示感激用"多谢"
请人解答用"请问"　　赠送礼品用"笑纳"
好久不见说"久违"　　与人道别用"告辞"

此外,还应特别注意以下几点。

1. 不讲粗话

粗话是指那些意在侮辱他人人格的粗野或带有恶意的话语,也就是所谓骂人话。服务人员在工作岗位上,不管遇上何种情景,都不允许骂骂咧咧,在口语中夹杂粗话、骂人话。

2. 不讲脏话

脏话是指庸俗、低级、下流的话语。在服务时,服务人员不论自己与对方是同性还是异性,是故旧还是初识,切不可在交谈中讲脏话、带脏字。有些具有双关性质或暗示,易引起误会的话语,亦不可使用。

3. 不讲黑话

黑话通常泛指那些为帮会、地痞、流氓、盗匪等所专用的暗语,或者含意隐晦的话语。服务人员若是在服务时有意无意流露出一两句黑话,不仅会使自己显得匪里匪气、身份叵测,而且也会惊扰对方,令其心生疑惑或戒备。

4. 不讲怪话

怪话在这里实际上主要指的是牢骚话。服务人员一定要做到不因为个人的委屈不满而当着顾客的面阴阳怪气、指桑骂槐、乱讲怪话,以泄私愤。这些都有悖服务宗旨,应予禁止。

5. 不讲废话

服务人员在工作岗位上,不宜主动找顾客攀谈与工作无关的题外话,尤其是不宜没话找话,主动询问对方的个人隐私问题。

(三)对客服务沟通中的魔力词语和可怕词语

1. 魔力词语

在旅游服务中,很多词语具有神奇的魔力,它往往可以给客人带来轻松愉快的心境,迅速拉近与客人之间的距离,化解很多不愉快,解决很多棘手问题。这些词语包括:"您好";"认识您很幸运";"非常感谢";"很荣幸为您服务";"如果您有什么需要,请不要犹豫,告诉我以及我的伙伴们,我们将竭尽全力为您服务";"我会马上为您安排";"感谢您对我们工作的理解和支持";"请您多多指教";"欢迎您批评指正";"这是我应该做的";"相信有了您的支持,我们会越做越好";"期待与您再次相逢";"期待有机会再次为您服务",等等。这些词语往往使客人感到备受尊重,能明显地感受到自己所享受的尊贵待遇,会大大增加对服务人员的好感,使双方的沟通更加愉悦,甚至变成一种享受。

2. 可怕词语

1) 不尊重之语

不尊重之语多是触犯了顾客的个人忌讳,尤其是与其身体条件、健康条件方面相关的某些忌讳。例如,对老年顾客,绝对不宜说"老废物"、"老没用"。即便提的并不一定是对方,对方也会十分敏感或反感。跟病人交谈时,尽量不要提"病号"、"病秧子"一类的话语。没有特殊原因,也不要提身体好还是不好,因为绝大多数病人都是"讳疾忌医"的。

面对残疾人时,切忌使用"残废"一词。一些不尊重残疾人的提法,诸如"傻子"、"侏儒"、"瞎子"、"聋子"、"瘸子"之类,更是不宜使用。接触身体不甚理想的人士时,对其身体的不满意的地方,例如胖人的"肥",个子低之人的"矮",都应回避。

2) 不友好之语

例如,在顾客要求服务人员提供服务时,后者以鄙视的语气询问:"你买得起吗?"当顾客表示不喜欢推荐的商品,或者在经过了一番挑选后感到不甚合意,准备离开时,服务人员在顾客身后小声嘀咕:"没钱还来干什么。""一看就是穷光蛋。"等等。有时,当顾客对服务感到不满,或是提出一些建议、批评时,有个别服务人员居然会顶撞对方,说什么:"谁怕谁呀,我还不想待候你这号人呢","你算什么东西","我就是这个态度","本人坚决奉陪到底",等等。这些不友好之语会严重伤害他人自尊,应坚决避免使用。

3) 不耐烦之语

服务人员在接待顾客时要表现出应有的热情与足够的耐心。要努力做到:有问必答,答必尽心,百问不烦,百答不厌,始终如一。例如,服务对象询问某种商品的功能时,不允许向对方答以"我也不知道","从未听说过"。当服务对象询问具体的服务价格时,不可以训斥对方:"那上面不是写着了吗?""自己看清楚!""没长眼睛吗?"

当服务对象要求为其提供服务或帮助时,不能说:"着什么急","找别人去","那里不归我管","吵什么吵",或者自言自语"累死了","烦死人了"。当下班时间临近时,决不可不耐烦地驱赶顾客:"下班了","抓紧时间","赶快点"。

4) 不客气之语

在劝阻顾客不要动手乱摸乱碰商品时,不能够说:"瞎乱动什么","弄坏了你管赔不管赔"。在需要服务对象交零钱,或没有零钱可找时,直截了当地要对方"拿零钱来",或告知对方"没有零钱找",都极不适当。在服务对象提出更进一步的问题时,绝对不能同对方说:"管那么多干什么","不买东西别问","你问我,我问谁去"。

(四) 礼貌用语

在人际交往过程中,恰到好处地使用礼貌用语,不仅可以表现出个人的亲切、友好与善意,还能够传递出对交往对象的尊重,因此有助于双方产生好感、彼此接受。工作中的礼貌用语,主要是指服务人员在服务中表示谦恭之意的一些约定俗成的用语及特定表达形式。

常用的礼貌用语有以下几种。

1. 问候语

1）首次见面问候

问候要根据不同的宾客、不同的场合来使用，旅游服务人员在与客人第一次见面时应该说"您好"，"见到您很高兴"。

2）平时见面问候

遇到客人时应该根据不同的时段问候，如"您早"、"早上好"、"下午好"、"晚上好"、"晚安"等。

3）对外宾的问候

要熟练掌握外宾的习惯用语，如在第一次见面时应该说"Nice to meet you"、"How do you do"，熟人见面时用"How are you"，不能使用"您吃了吗"、"您去哪儿呀"这类的话语，外宾会认为这是在干涉其隐私。

要注意一些非正式的日常问候用语不能在岗位上使用，比如说"您最近忙什么呢"、"来了"、"日子过得怎么样"等。

在正常情况下，应当由身份较低者首先向身份较高者进行问候。如果被问候者不止一个人时，服务人员对其进行问候，有以下三种方法可循。一是统一对其进行问候，而不再一一具体到每个人。例如，可问候对方："大家好"，"各位午安"。二是采用"由尊而卑""由长而幼"的礼仪惯例，先问候身份高者，然后问候身份低者。三是以"由近而远"为先后顺序，首先问候与本人距离近者，然后依次问候其他人。当被问候者身份相似时，一般应采用这种方法。

2. 迎送语

1）欢迎用语

欢迎又叫迎客用语，主要适用于客人光临自己的服务岗位时。其做法是在欢迎用语前加上对方的尊称，或加上其他专用词。例如："××先生，欢迎光临！""××小姐，我们又见面了！""欢迎再次光临！""欢迎您又一次光临本店！"在使用欢迎用语时，通常应一并使用问候语，必要时可同时向被问候者施以其他见面礼，如点头、微笑、鞠躬、握手等。

2）送别用语

在酒店、机场、车站、大巴上，向客人真诚告别时，应做到声音响亮悦耳，给客人留下美好的印象，不能将与客人告别的语言和仪式变成缺乏情感的公式；同时还要注意配合点头或鞠躬等礼节。常用语包括："先生，再见！""先生，一路平安（客人要远去时），希望下次见到您！""先生，您走好！"当顾客因故没有消费时，服务人员仍要一如既往地保持送别的礼貌风度，千万不可在对方离去时默不作声。

3. 请托语

请人帮忙或者托付他人代劳的时候要使用请托语。

1）标准式请托语

当服务员向客人提出某个要求时，都应该在前面加上一个"请"，如"请稍后"、"请您稍等一下"、"请您让一下"、"请跟我来"。

2)求助式请托语

常见的求助式请托语有"劳驾"、"打扰"、"拜托"、"请多关照"等。往往在向他人提出某一具体的要求时,比如请人让路、请人帮忙、打断对方的交谈,或者要求对方照顾时使用求助式请托语。

3)组合式请托语

这是将前面两种请托语相结合使用的请托语,显得更礼貌,更恭敬。如"麻烦您让一让"、"麻烦您稍等一会儿"、"打扰了,麻烦您帮我看一下"。

4. 征询语

在需要了解对方要求、给予对方选择时,或是在征求对方意见时常会用到征询语。旅游从业人员在工作中常常会用到征询语。旅游从业人员在工作中常常会用到以下几种征询语。

1)主动式征询语

主动向别人提供帮助时使用主动式征询语,例如:"您需要点什么?""我能为您做点什么?""需要帮助吗?""您想要哪一种?"它的优点是节省时间,直截了当。缺点是如果稍微把握不好时机的话,便会令人感到有些唐突、生硬。

2)封闭式征询语

通常在向客人征求意见和建议时使用封闭式征询语,只给对方一个选择方案,以供对方决定是否采纳。例如:"您看这样可以吗?""您觉得这个款式怎么样?""您要不要先试试?""您要不上一杯咖啡吗?""您不介意我来帮助您吧?"

3)开放式征询语

在向客人征求意见和建议时,给对方两个或两个以上的选择方案,这样意味着尊重对方。例如:"您要住豪华间还是标准间?""您看这三种颜色哪个您更喜欢?""您打算预订雅座,还是预订散座?"

5. 致谢用语

在得到他人的帮助、得到他人的支持与合作、感受到对方的善意、婉言拒绝等情况下要向对方致谢。致谢用语有以下几种表达方式。

1)标准式致谢用语

主要内容通常只包括一个词汇——"谢谢",在任何需要致谢时,均可采用此形式。在许多情况下,如有必要,在采用标准式致谢用语向人道谢时,还可在其前后加上尊称或人称代词,例如:"××先生,谢谢!""谢谢,××小姐!""谢谢诸位!""谢谢您!"这样做,可使其对象性更为明确。

2)加强式致谢用语

为了强化感谢之意,可在标准式致谢用语之前,加上具有感情色彩的副词,若运用得当,往往会令人感动。最常见的加强式致谢用语有:"十分感谢!""万分感谢!""非常感谢!""多谢!"

3)具体式致谢用语

一般是因为某一具体事情而向人致谢。在致谢时,致谢的原因通常会被一并提及。例如,"有劳您了"、"让您替我们费心了"、"上次给您添了不少麻烦"等。

6. 应答语

应答语是指在工作岗位上，用来回应顾客的召唤，或是答复其询问时所使用的专门用语。基本要求是：随听随答，有问必答，灵活应变，热情周到。

1）肯定式应答用语

主要用来答复顾客的请求。这一类的应答用语主要有："是的"、"好"、"很高兴能为您服务"、"好的，我明白您的意思"、"我会尽量按您的意思去办"等。

2）谦恭式应答用语

当客人对提供的服务表示满意，或是直接对服务人员进行口头表扬、感谢时，服务人员一般可以此类用语进行应答。例如"请不必客气"、"这是我们应该做的"、"请多多指教"、"过奖了"。

3）谅解式应答用语

在客人因故向自己致以歉意时，服务人员应及时予以接受并表示必要的谅解。常用的谅解式应答用语主要有："不要紧"、"没有关系"、"不必，不必"、"我不会介意"、"请您别放在心上"，等等。

使用应答用语时应面带笑容、亲切热情，不能表情冷漠、反应迟钝，必要时可以借助表情和手势加强交流。

7. 祝贺用语

在旅游工作中，向客人适时地使用一些祝贺用语，不但是一种礼貌，而且也是一种人之常情。一句真诚的祝贺语通常能为"人逢喜事精神爽"的对方锦上添花。

1）应酬式祝贺用语

因祝贺的具体内容各异，因此在使用祝贺语前要对对方的心思有所了解和揣摩。常用的应酬式祝贺用语有："祝您成功"、"一帆风顺"、"心想事成"、"身体健康"、"生意兴隆"、"全家平安"等。

2）节庆式祝贺用语

主要在节日、庆典以及对方喜庆之日使用，时效性极强，视不同场合而用往往可为对方讨口彩，增添喜庆气氛。例如："节日愉快"、"活动顺利"、"新年好"、"春节快乐"、"生日快乐"、"新婚快乐"、"百年好合"、"恭喜，恭喜"、"福如东海，寿比南山"、"旗开得胜，马到成功"，等等。

8. 赞赏用语

及时而恰当的赞赏等于是欣然接受了对方，同时也是对对方行为的正面肯定，这既可以激励别人，也可以促进或改善双方之间的人际关系。使用赞赏用语，讲究的是少而精和恰到好处。

1）评价式赞赏用语

主要适用于对客人的所作所为予以正面评价。常用的评价式赞赏用语主要有"太好了"、"真不错"、"对极了"、"相当棒"、"非常出色"、"您真有眼光"等。

2）认可式赞赏用语

当对方发表某些见解之后，往往需要由别人对其是非直接做出评判。在对方的见解正确时，一般应对其做出认可与肯定。例如，"还是您懂行"、"您的观点非常正确"、"看来您一定是一位内行"、"没错,没错"等。

3) 回应式赞赏用语

主要适用于客人夸奖之后,工作人员回应对方。例如:"哪里,哪里,我做得还很不够","承蒙夸奖,真是不敢当","得到您的肯定,的确让我开心",等等。

9. 推托用语

对于客人提出的某种要求不便给予满足时,要用得体、委婉的语气来推托。

1) 道歉式推托用语

当对方的要求难以被立即满足时,不妨直接向对方表示自己的歉疚之意,以求得到对方的谅解。例如:"非常抱歉,我们现在没有这个服务","请您多包涵,我们的条件还不够完善"等。

2) 转移式推托用语

不纠缠于对方的某一具体细节问题,而是主动提及另外一件事情,以转移对方的注意力。例如:"抱歉,豪华间已经订满了,您看能不能换一间标准间?""您可以去对面的酒店看一看。""我可以为您向其他航空公司询问一下。""对不起,您要的商品已经没货了,要不您再看看别的?"

3) 解释式推托用语

在推托对方时尽可能准确说明具体缘由,以使对方觉得推托合情合理、真实可信。例如:"下班后我们酒店还有其他安排,很抱歉不能接受您的邀请","对不起,因为我们有规定,现在不能满足您的要求"等

10. 提醒道歉语

提醒道歉语是服务语言的重要组成部分,使用得好,会使客人感受到尊重,留下良好的印象。同时,提醒道歉语又是一个必要的服务程序,缺少了这一个程序,往往会使服务出现问题。当需要提醒客人注意某项服务时,正确的做法是先说:"对不起,打搅一下!给您……好吗?"在宴会上,当然不必对每一个客人都说一次"对不起",但给主宾位的客人或为第一个客人服务时,一定要采用道歉语,以后依次服务采用手势就行了。对这类语言的处理,要求做到以下两点:一是要把提醒道歉语当作口头禅和必要程序。二是要诚恳主动。常用语包括:"对不起,打搅一下","对不起,让您久等了","请原谅,这是我的错"。

11. 指示语

向客人使用指示语首先要避免命令式。例如:"先生,请你出去,厨房是不能进去的。"这种命令式的语言,就会让客人感到很尴尬,甚至会与服务员吵起来。如果换成:"先生您有什么事让我来帮您,您在座位上稍坐,我马上就来好吗?"可能效果就会好得多。其次,语气要有磁性,目光要柔和。指示语不仅要注意说法,还要注意语气要软,目光要柔,才能给予客人好的感觉因而息怒。应该配合手势。有些服务人员在碰到客人询问地址时,仅用简单的语言指示,甚至挥挥手、努努嘴,这是很不礼貌的。正确的做法是运用明确而客气的指示语,并辅以远端手势、近端手势或者下端手势,在可能的情况下,还要主动走在前面给客人带路。例如:"先生,请一直往前走!""先生,请随我来!""先生,请您稍坐一会儿,马上就给您上茶。"

12. 拒绝语

"良言一句三冬暖,恶语伤人六月寒。"旅游服务行业应对拒绝语的艺术化与标准化予以高度的重视。使用这类语言时应注意:一般应该先稍作停顿,先是后非;还要注意理由充分,解释诚恳;言辞委婉,留有出路;巧作肯定,善于补偿。例如:"你好,谢谢您的好意,不过……""承蒙您的好意,但恐怕这样会违反我们的规定,希望您理解。"

五、手机、电话礼仪

(一) 手机礼仪

手机给人们的工作和生活带来了极大的方便,因此也得到了普遍使用。手机的使用也应遵循一定的礼仪规则。

1. 方便他人为先

使用移动通信工具,在方便自己的同时,不应忘记方便于人。要牢记自己手机的交费日期,并自觉按时交纳使用费用。不要频繁变更手机号码,如果手机号码已经变更,应及时通知联系人,以保证彼此联络顺畅。当他人利用手机联络自己时,应尽早回复。在约定的联络时间内,不要随便关机。因掉线、无电而有碍联络或暂停联络时,应及时说明,并向联络对象道歉。利用手机初次向他人发送短信,不仅应当内容健康,而且务必署上本人姓名,免得让人猜疑。

2. 遵守公共秩序

使用手机时,不要在有意、无意之间破坏了公共秩序。不要在要求"保持安静"的公共场所(诸如音乐厅、美术馆、影剧院等)大张旗鼓地使用手机,必要时,应使之关机,或处于静音状态;不要在会务期间(例如报告、开会、会见时)使用手机,以免分散他人注意力。使用手机时应将铃声调低,以免惊动他人。不要用手机偷拍他人。

如果在车里、餐桌上、会议室、电梯中等场合通话,应尽量将说话的声音放低,并使谈话简短,以免干扰别人。如果有些场合不方便通话,就告诉来电者说你会打回电话,不要勉强接听而影响别人。

3. 自觉维护安全

使用手机时,必须牢记"安全至上",在一切标有文字或图标禁用手机的地方,均须遵守规定。不要在乘飞机时使用手机,因为手机讯号会干扰飞机的导航系统,使飞机"迷失航向";不要在驾车时使用手机通话,以防止发生车祸;不要在病房、油库等处使用手机,免得它所发出的信号有碍治疗,或引发火灾、爆炸等。在马路上开车、骑自行车,或者过马路时,也不要打手机,否则会给自身和他人的人身安全带来威胁。

4. 置放到位

使用手机时,应放置在适当的位置。在较为正式的场合(尤其是在公务交往中)以及其他公共场所,手机在未使用时,均应暂放于合乎礼仪的常规位置。不要在并未使用时,将其执握于手,或是将其挂于上衣口袋外。通常可将手机放于随身携带的公文包内。穿外套时,可将其别挂在腰带之上。

5. 注意手机铃声

来电铃声的音量不能太大,铃声的种类设置也要注意使用的场合。现在的彩铃五花八门,要慎重选择。不同层次的人对彩铃铃声的反应不同,比如:对于一首流行歌曲的彩铃,年轻人听到后会觉得时髦新潮,而老年人听到后可能会心生反感;对于一首经典的老歌,年长者听到后可能会心生愉悦,而年轻人听到后或许会觉得沉闷难听。彩铃会在不经意中泄露机主的心情、喜好或性格,有一些标新立异的彩铃,比如驴叫、鬼叫等,会给用人单位和同事留下不稳重的坏印象。有特色和个性的来电铃声与彩铃,一般仅适用于休闲场合,不适合工作场合。

(二) 电话通话礼仪

使用电话,不但可以及时、准确地向外界传递信息,而且还能借此与交往对象沟通感情、保持联络。要正确地使用电话,不只是要熟练地掌握使用电话的技巧,更重要的是要自觉维护自己的"电话形象"。

1. 拨打电话礼仪

在整个通话过程中,发话人通常居于主动、支配的地位。若要使自己所打的电话既能准确无误地传递信息、联络感情,又能为自己塑造完美的电话形象,发话人在打电话时,就必须时间适宜、内容简练、表现文明。

1) 时间适宜

(1) 通话时机。按照惯例,通话的最佳时间有两种:双方预先约定的时间;对方方便的时间。除有要事必须立即通告外,不要在他人的休息时间打电话。打公务电话,尽量要公事公办,不要在他人的私人时间,尤其是休假期间,去麻烦对方。

(2) 通话长短。在一般情况之下,公务电话通话的时间应有所控制,基本要求是:以短为佳,宁短勿长。打电话者要言简意赅,讲清楚事情就可以了,以免耽搁了接电话方的时间。

2) 内容简练

(1) 事先准备。在通话前,发话人应做好充分准备。

(2) 简明扼要。在通话时,发话人讲话务必要务实不务虚;最忌讳发话人讲话吞吞吐吐,含糊不清,东拉西扯。

(3) 适可而止。发话人在通话中务必要注意长话短说,适可而止。

3) 表现文明

发话人在通话的过程中,自始至终都要文明大度,尊重自己的通话对象。具体讲要注意以下几个重要环节。

(1) 语言文明。在通话时,发话人不仅不能使用"脏、乱、差"的语言,而且还须牢记,有三句话是礼貌通话中必须要有的:一是问候语,在通话之初,要向受话人首先恭恭敬敬地问一声"您好",然后方可再言其他;二是介绍语,在问候对方后,接下来须自报家门,以便对方明确"来者何人";三是道别语,在终止通话前,预备放下话筒时,应先说一声"再见"。

(2) 态度文明。发话人在通话时,除注意语言文明外,在态度方面也应注意。对于受话人,不要厉声呵斥,态度粗暴无理;通话时若突然被中断,理应由发话人立即再拨,并说明通话中断是线路故障所致,不要不了了之;若拨错了电话号码,应对接听者表示歉意,不要一言

不发,挂断了事。

同步案例 问候不敬让对方反感

背景与情境:"喂,你给我找一下××!"一位先生有急事给某客户打电话,拨通电话后,高声地让接电话者去找人。正好那天接电话者心情不佳,听到这种电话后心情更是不爽。而且接电话者也知道他要找的人正在开会,这时也不能接听电话。于是接电话者不高兴地说:"他不在。"随即挂掉了电话,这位先生也不知道客户到底干什么去了,什么时候才能打电话找到人,急得像热锅上的蚂蚁,但干着急也没有办法。他不知道造成这一结果的唯一原因是打电话时忘了"客气"。

(资料来源:http://blog.sina.com.cn/s/blog_506d10f0010194rx.html.)

问题:电话问候的重要性。

分析提示:如今,在生活中,电话交流已经成为人们生活中必不可少的内容,而且成为交流越来越重要、越来越频繁的形式。问候又是交流中的重中之重。它就像是一个人出门要化妆、要整理衣冠一样,是展示个人形象的第一步。如果不会问候,会让自己的整体形象受到破坏,而且影响到电话交流的效果。生活中我们经常会听到这样的话:一听他(她)的话就不爱听,都懒得跟他(她)多说。所以人们应当高度重视问候,同时学习一些问候的技巧,学会得体适度地问候,为彼此的交流打下良好的基础。

2. 接听电话礼仪

根据礼仪规范,受话人接电话时,由于具体情况有所不同,分为本人受话、代接电话以及录音电话等。在整个通话过程中,受话人在接电话时,虽处于被动的位置,但也不可因此在礼仪规范方面马虎将就、不加重视。

1) 本人受话

所谓本人受话,是指由受话人本人亲自接听他人打给自己的电话。按照电话礼仪的要求,需要注意以下两点。

(1) 接听及时。电话铃声响一声大约耗时3秒,最好在三声之内接听。即便电话离自己很远,听到电话铃声后,附近又没有其他人,我们也应该用最快的速度拿起听筒。因特殊原因,致使铃响很久才接电话,须在通话之初向发话人表示歉意。

(2) 应对谦和。接电话时,受话人应努力使自己的所作所为合乎礼仪。特别要注意以下四点。一是自报家门。接电话的时候,首先将自己的岗位名称报出,以便对方确认。如果想知道对方是谁,可以说:"请问您是哪位?"或者可以礼貌地问:"对不起,可以知道应如何称呼您吗?"二是聚精会神,心情愉快。接听电话时,要专注,不应该吃东西、操作电脑、与别人聊天等。同时,打电话时应保持良好的心情,即使对方看不见你,但是从欢快的语调中也会被你感染。三是姿态端正,声音清晰。若坐姿端正,身体挺直,所发出的声音会亲切悦耳,充满活力。口与话筒间,应保持适当距离,适度控制音量。四是与人道别。通话完毕,要与来电之人道别,对方感谢自己时,要作相应的回复。五是善待错拨电话。不要对错拨电话的来电之人口出恶语或讥讽语,只需说"对不起,您打错了"即可。

知识活页

"您姓孙,是孙子的孙"

电话铃响过两声后,小美接起电话:"您姓孙,是孙子的孙吗?""您姓冷,是冷淡的冷吗?"这类话,让对方听了感到不快。其实可以改成:"是《孙子兵法》的孙吗?""是冷热的冷吗?"替人转接电话,确认对方姓名、身份时,尽量要用褒义词语。不要脱口而出,用习惯用语去确认对方的姓名。

2) 代接电话

在公务活动中,有时候会出现这样的情况:对方想要通话的人不在,自己成为电话的代接者。代接、代转电话时,特别需要注意尊重隐私、记录准确、礼尚往来、传达及时。

(1) 尊重隐私。在代接电话时,不要充当"包打听",向发话人询问对方与其所找之人的关系及要谈及的详细内容。

同步案例 是个男的

背景与情境:"喂,刘姐,你的电话,是个男的。"小赵接了一个电话,大声地招呼刘姐过去接电话。整个办公室的人都听到了有个男的找刘姐,大家都抬起头看着刘姐。刘姐非常不好意思地过去接电话。

很多人在拿着话筒时,通常会比较注意自己的语言,会说:"您找哪位?请您稍等。"放下电话找人时,往往忘了对方也能听见,变得随心所欲,就像案例中所说的,变成了"是个男的",或者"一个有外地口音的人"、"一个声音挺娇的小姑娘"。当对方在电话里听到这些形容方式时,会感到不愉快,有时也会令被叫方很尴尬,也许在有意无意中就透露了别人的隐私。因此,在转接时,要同样用客气的方式叫人,或者用手捂上话筒,注意隔音。

(资料来源:http://blog.sina.com.cn/s/blog_497edae101016o3a.html.)

问题:转接电话的注意事项。

分析提示:如果转接到了一个敏感人物的电话,比如大家怀疑甲跟乙有特殊关系,恰好甲打电话找乙时被你接到了,这种时候千万不要捕风捉影,不要去转告第三人"甲给乙打来电话了",更不能在旁边偷听对方的电话内容。不论是对绯闻相关者还是对同事,转接电话者都不能妄自猜测、随意传播。否则会破坏正常的人际关系。

(2) 记录准确。如果对方要找的人不在或不便接电话,可在向其说明后,让其稍后再拨,或者询问一下对方是否需要代为转达或留言。

(3) 礼尚往来。不要对对方所找之人口有微词,或是对方要找的人就在身边,却偏偏告之以"不在"。至于硬要说"没有你找的这个人",则更属无礼。应让对方稍候,然后迅速帮对方找接话人。

(4) 传达及时。接听寻找他人的电话时,先要弄明白"对方是谁"、"现在找谁"这两个问题。若对方不愿讲第一个问题,可不必勉强。若对方所要找的人不在,可先以实相告,再询问对方"来者何人"、"所为何事",若将先后次序颠倒,则可能使发话人产生疑心。

3. 中止通话礼仪

如果万不得已,须搁置电话或让宾客等待,则应给予说明,并致歉。每过20秒留意一下对方,向对方了解是否愿意等下去。如果对方愿意等待,要用手捂住话筒。尽快把事情处理完毕,再继续接电话。在恢复通话时,也要向对方说一声"很抱歉",然后再谈下去。

如果你知道事情短时间内处理不完,就应当跟对方说:"很对不起,我有件急事要办,不得不中断同你的谈话。稍后我再给你打过去。"不能让人家拿着电话等很久。

第二节 旅游从业人员书面沟通礼仪

一、短信礼仪

短信,是随着手机出现的一个新生事物。如今,收发短信已成为手机使用者频繁进行的活动之一。有报道认为,中国人性格内敛、含蓄,偏好用短信来表达感情、传递祝福、交流信息,比如每年过春节的时候,国内手机短信的数量都会飙升。收发短信也应遵守一定的短信礼仪规范。总体来说,在收发短信时,应遵循如下礼仪。

(一) 确认收件人的联系号码

在发短信前,应确认收件人的联系号码,确保短信发送对象无误。如果短信发错了对象,可能会引起不必要的矛盾和误会。《武汉晚报》(2007年8月27日第29版)报道了一条题为《一条错发短信,热恋情侣分手》的新闻,其中谈到一个男孩子收到了一条别人错发的短信,正准备告诉对方发错了的时候,不小心转发给了自己的女朋友,结果跟自己的女朋友产生了误会,最后导致这对热恋的情侣分手。所以,一定要确保将短信发给了正确的联系人。

(二) 记得署名

发短信的时候,应记得署名。不论接收短信的人是否存有自己的号码,在发送短信的时候都应署名,这是对交往对象的尊重,也可以提高交流效率,达到发短信的目的。

(三) 注意发送短信的时间、地点和场合

发送短信一定要注意时间、地点和场合。在不合适的时间、地点和场合发送短信,一方面会有损发信人自身的形象,另一方面可能会给收信人带来诸多麻烦,是一种不礼貌的行为。

(四)注意发短信的内容

1. 简洁明了

能用一条短信说明的问题,不要使用两到三条短信。在编辑短信前,应先打好腹稿,简明扼要地表达意思。同时也要注意,简洁也要适度。总之,短信的长度,要以能最有效、准确地表达发信人的意思为准。

2. 条理清晰

短信文字的表达应有逻辑性、条理性,以易于使收信人理解为准。

3. 内容合理、合法、健康

不要发广告短信,传播垃圾信息,更不要发送诈骗性质的短信。也不能用短信造谣生事,不要发黄色笑话、流言蜚语等不健康的内容,这样既自毁形象,也有害于他人。

(五)群发短信要慎重

在发送一条短消息给一组联系人的时候,可以使用短信群发功能,即仅编辑一条短信,选择多个发送对象同时发送。群发的短信通用性强,但针对性很弱,易使收信方产生不受尊重的感觉,影响发送短信的效果。因此,群发短信一定要慎重,宜有选择性地使用这种方式。

(六)转发短信要过滤

有时人们会将收到的短信转发给其他人。对转发的短信要进行过滤,使接收信息的人对转发来的短信不产生厌烦等负面情绪。

(七)回复短信要及时

在条件允许的情况下,收到短信后应该第一时间回复对方,不要让发信人久等。如果不能及时回复,应至少发送一个诸如"忙"或者"正在忙"之类的短信给发信人,忙完之后再向发信人解释原因并认真回复其短信。

二、电脑通信礼仪

人们进行互联网交往,往往通过以下几种方式,一是通过即时聊天工具交流,比如QQ、微信等;二是通过网络论坛之类的方式交流;三是通过电子邮件来交流。此外,还有其他交流方式,比如网络游戏中的互动交流等。

(一)网络即时对话礼仪

1. 尊重聊天对象

不论是"一对一"的聊天方式,还是"一对多"的聊天方式,都应该尊重自己的聊天对象。在网络即时对话中,应仔细考虑自己的每一句话给对方带来的感受,应多站在对方的角度进行"换位思考"。

2. 注意聊天用语和内容

在聊天过程中应注意使用文明用语。另外,不宜毫无顾忌地在网络聊天室"灌水",发送毫无意义的信息。同时,不应谈及一些不该谈的内容,如打探对方的隐私、薪水、婚姻状况等。

（二）网络论坛类交流礼仪

1. 尊重其他网友

在网络论坛交流,应尊重其他网友的人格尊严。论坛里的发帖人,在网络世界俗称"楼主"。有的网友在回复帖子的时候,往往会出言不逊,大肆辱骂"楼主"。如果不赞同"楼主"的观点或"楼主"描述的事物,可以心平气和地讨论,但是不应该对其进行人身攻击。

特别要注意的是,要尊重他人隐私。如果知道其他网友的真实身份,在没有征得对方同意的前提下,不要在论坛里私自公开对方的真实姓名和身份;不要在论坛里通过揭发其他人的隐私来吸引眼球,这是每位网民都应该做到的。

2. 了解网络语言

随着互联网的普及,现在年青一代网民为了彰显自己的个性或者谋求表达方便,开始使用同音字、音近字、繁体字、外文、异体字、特殊符号等来表达文字。不论对待网络语言的态度如何,为便于与其他网民沟通,应对网络语言有大致的了解。

3. 乐于分享

论坛就像居民社区,论坛上的网民就是社区里的居民,互相帮助,乐于分享自己的知识,是值得赞扬的现象。

（三）电子邮件礼仪

电子邮件,又叫电子信函或电子函件。它是通过电脑网络向交往对象发出的一种无纸化电子信件。英文名为 E-mail。在网上有"伊妹儿"的谐音美称。其收发过程与普通邮件的收发过程很相似,普通邮件是通过邮局发信和收信,电子邮件是通过电子邮件服务器发信和收信。它作为商务联络工具,具有方便、快捷、经济、高效、可靠性高等特点,在商务往来中发挥着越来越重要的作用。

1. 电子邮件的撰写与发送

向他人发出的电子邮件,一定要缜密构思,精心撰写。

（1）电子邮件的内容与纸质书信一样,包括称呼语、问候语、正文内容、文末致敬、签名等。在书写电子邮件时,应尽量少用网络流行用语或者网络简写语,用语也不能太随便。签名后面应加上自己的单位、部门和办公电话,以便他人与自己联系。在发出邮件之前,检查收件人的邮箱地址和内容,避免出错,经检查无误,一次性发送。发信前要对系统进行病毒扫描以免不小心把病毒带给收信方。

（2）主题一目了然。让收信人知道信的主旨,并能引起读信人的兴趣。如祝贺生日,传送文件、传达商务信息、研讨××问题等,一般用几个字概括即可。如另加有"附件",一定要在信中说明。

（3）内容简明扼要。如果不包括对方所要的资料,信的内容一般不超过两个页面。

（4）抄送的时候注意隐蔽收件地址。有时一封电子邮件需要发给很多收信者,这时会有很多抄送地址。在抄送时最好选择能隐蔽抄送地址的功能,否则收信人会看到很多的电子邮件地址,一方面收件人会觉得发件人不够尊重自己,另一方面会暴露其他人的电子邮件地址信息。

2. 电子邮件接收与回复

（1）定期打开收件箱，查看有无新邮件，以便及时阅读与回复。

（2）收到来历不明的邮件，切勿匆忙打开，可先对其进行预防性杀毒，然后打开或者直接删除。

（3）及时回复公务或商务邮件，一般应在当天予以回复。如实在来不及作详细回复，也应先回信告诉对方已收到来信，如回复某人来信，可摘录部分来信原文，并答复对方提出的要求。

（4）定期整理收件箱，对不同邮件分别保存或删除。

三、书信礼仪

书信是人们交流感情、互通信息乃至洽谈业务的一种书面交际方式，是人与人交往的重要手段。书信一般由封文和信文构成，封文就是写在信封上的文字，信文就是写在信笺上、装在信封内的文字。

（一）封文

封文由收信人地址、收信人姓名、发信人地址和姓名三部分组成。

第一行写收信人地址。包括邮政编码、省市街道、门牌号码，或者机关团体、企事业单位名称，均应准确无误。

信封的中间写收信人姓名。姓名后可用先生、女士、小姐、同志等称呼，或用收、启、亲启等词语。一般不要写表示亲属关系的称谓，如父、母、舅、叔之类。

第三行写发信人地址、姓名、邮政编码，如果信件错投，或无法投递，据此可退回原处。

中国人的信封写法是从整体到局部，先省市，再到区县镇、街道、村。西方人的信封写法正好与我们相反，如果向国外发信，应注意这一特点。

（二）信文

信文是书信的主要内容，包括开头、正文、结语、署名、日期、附言几部分。

1. 开头

开头写收信人的称谓，置于第一行顶格的位置，以示尊敬和有礼貌；称谓之后加冒号，以示引领下文，有话要说。

一般书信的称谓分几种情况：一是平时对收信人怎样称呼，写信时还怎样称呼；二是写给长辈的信，按照辈分的称谓称呼；三是写给平辈的信，亲属之间也按长幼称呼；四是写给晚辈的信，可直呼其名，后加晚辈辈分；五是写给同事的信，可区别不同情况，国内习惯称同志、先生、小姐、女士，国外则称先生、女士、小姐。一般书信可不写职务头衔，如有个别需要，写上也可以，以示尊敬。如"××教授"、"××经理"。姓名称呼之前一般不加修饰语，为表达特别的情意，也可以加上"亲爱的"、"尊敬的"等词语。

专用书信的称谓也分几种情况。如为办理公务，收信对象是机关、单位、团体者，直接写单位、机关、团体的名称。如写给个人，则视情况而定：是领导者的，可加职务，如"××市长"；是专家学者的，可加学衔职称，如"××教授"、"××博士"；若是国内人士，也可用同志；若是国外人士，则用先生、女士、小姐。为了表示敬意，在姓名之前可以加上"尊贵的"、"尊敬的"、"亲爱的"等。

2. 正文

正文是书信的主体,主要写明写信的意图,其内容因实际需要而不同。

一般书信,可问候、可询问、可答复、可托事、可商讨、可解疑、可求教、可论理、可抒发情感、可求爱,凡是人生涉及的事情,均可通过书信表达。

专用书信多为了公务,如介绍、证明、推荐、咨询、答复、建议、通知、请托、祝贺、感谢、慰问、表扬等,凡是公务中涉及的事项,均可作为书信的内容。

正文要另起一行,空两格,转行时顶格写。根据内容和习惯,可分为几个段落。一般包括下列内容:首先向收信人表示问候。可单独成行,也可接着写。若收信对象是单位、团体,则不写问候的话。其次说明写信的背景、缘由。一般书信可叙旧、抒怀;专用书信则直言其事。

信的内容较多,可分段。其层次是先讲对方之事,再谈个人之事,重要之事在前,次要之事在后。为了眉目清楚,可一事一段,也可标以数字。

3. 结语

结语一般是表示祝愿、感谢、敬意的话。诸如"此致敬礼"、"祝健康长寿"、"祝万事如意"、"祝事业发达"、"表示衷心感谢"等。其写法有两种格式,常用的是正文之后,接着写"此致",转行顶格写"敬礼";也可不写"此致",只另起一行,写"安好"、"平安"、"敬礼"等。

若收信对象是单位机关,可省略祝愿之类的结语。

4. 署名、日期

署名、日期又称落款,写在正文的右下角,先写姓名,后写时间。亲属、熟人可只写名不写姓,亦可加上辈分的称谓,如"儿××"、"弟××";如系长辈,可不写自己的名字,只写"父字"、"母字"即可;如系关系不密切或写给组织的,则应署全名。时间最好写全年、月、日。

5. 附言

并不是每封信都有附言,有时写信中考虑不周,或者信写完之后又有话要说,则可写附言。附言可在信末,也可在正文旁边。常用"又"、"又及"、"另"表示。

(三) 书信写作的基本要求

1. 书写规范、用语礼貌

书写格式要规范。信文中的称谓、正文、结尾、祝颂辞、署名、附注等,都要注意顺序和格式;同时,封文的收信人邮编、地址及发信人地址、邮编等都要注意规范。书信是书面谈话,要讲礼貌,使收信人有亲切感和被尊重感。一般情况下,信文先要和谈话对象打招呼,说两句表示尊重对方的话;接着用应酬语引出正题;然后就是正文、结语、署名及日期。

2. 内容实在、通情达理

书信所述内容应实实在在,所表之情要真切,所讲之理要通达自然。所以,书信的正文中要向对方诉说什么、要求什么等,都应恰当地表达出来,以促进双方的了解与友谊,增进相互的交往与合作。

3. 字迹清晰、文辞畅达

书信主要靠文字来表达,文字书写要让人看着明白、舒服、愉快,书信的内容要使收信人感到诚实、顺畅、优雅。同时,正文整体美观大方,字迹工整,言词优美。切忌字迹潦草、文笔生拗、令人费解。

知识活页

致李××副总经理的信

李总:

您好。我是北京旅游学院的教师,因参加国家旅游局组织的活动入住贵宾馆。承蒙热情接待,并有缘与李总相识,甚感欣幸,特表示诚挚的谢意。

由于本人近些年来参与北京市旅游局旅游经济等专业的技术职称评审工作,涉及宾馆、饭店较多;又因首次到龙都宾馆,故留下了较深的印象。为促进首都旅游服务质量的提高,为龙都宾馆创造灿烂的明天,不揣冒昧,特简述一二。

一、闹中处静,位置优越

龙都宾馆坐落于闹市与西山之接合部,临万泉河路,交通便利,无闹市之嘈杂,环境幽静;开会、办公、休憩,无打扰之忧;登楼远眺,西览秀丽山岚,东瞰栉比高楼,耳畔阵阵清风之音,是会议与休憩之良所也。

二、小巧玲珑,颇具特色

龙都宾馆规模不大,但结构颇有特色。虽少隙地,然楼内巧做安排,小桥、绿树、红花、竹楼相映,以成室内庭院,虽为人造之景,亦有观赏之妙。且生活工作,亦感便利。

三、朴实可爱,诚恳热情

龙都宾馆的服务虽暂称不上上乘,但是基本素质较好,领导诚恳热情,服务人员质朴可爱。如11月10日中午离店时,李总率李科长、餐饮部经理亲送至车上,与客话别,甚为得体。

四、美中不足,碧玉有瑕

管理欠规范,服务水平较低;服务人员外观尚可,仪态气质欠佳;服务热情,尚不得法。

短短几天,并未专心留意,发现纰漏多处,举几例可证。

第一,11月9日,客从四楼电梯走出,服务小姐找人,大声喊道:"嘿!谁是山东的?"语调生硬,不合礼貌用语。

第二,11月10日,中午用餐时,失误多起:其一,服务小姐上菜时撞倒啤酒瓶,啤酒污染小高上衣、西裤多处。服务员茫然不知所措。客人呼之,方拿毛巾来。其二,上错蒜苗肉丝(鱼香肉丝类),客已用1/3,服务员匆匆走来说"上错了",急忙将菜撤去。客人目瞪口呆,后窃窃议论。其三,客人用餐过半,尚无餐巾纸,呼喊之后,方送来一打,向一客一递了之。

第三,服务小姐无站相,待客之余谈笑,开啤酒瓶寻找中奖号码。凡此种种,说明软件建设需下功夫,管理需进一步规范化,服务人员需进行必要的培训,应加强企业文化建设,提高文化档次。

本人从事旅游教育多年,对旅游事业有所偏爱,曾在海淀区香格里拉饭店、香山饭店、友谊宾馆、信达雅旅行社等多次参与职称评审工作,与海淀旅游有交情。为海淀旅游业的发展,为龙都宾馆的辉煌,愿尽微薄之力,若有所需,定当鼎力相助。

言有不当之处,祈请海涵。

祝万事亨通!

何××
2009 年 10 月 12 日

李副总经理的回信

何××教授:

您好!

几天来我不时地阅读着您写给我、写给龙都人的信,信中您热情洋溢赞美龙都宾馆的话语,使我感到欣慰;诚恳指出的龙都宾馆存在的问题,正是令我担忧、影响龙都宾馆发展的症结之所在。在此我表示万分感谢。

正如您所言,宾馆员工素质的提高靠强化管理、教育和培训。过去在这三大要素上我们宾馆确实存在着不足。接到您的信后,我们召开了有关领导的会议,反复查找管理与服务上存在的问题,对员工进行教育与服务技巧的培训。我相信,经过我们龙都人的努力工作,龙都宾馆会有一个新的面貌和气象。

与您短短几天的结识,给我留下了深刻美好的印象。您能为中国旅游业、为龙都宾馆的发展竭尽全力,我十分敬佩。有幸结识像您这样充满敬业精神的朋友,我感到自豪。欢迎您再次下榻龙都宾馆检查指导工作。

祝您万事如意!

李××
2009 年 10 月 20 日

(四)专用书信

常见的专用书信有邀请函、咨询信与答复信、请托信、贺信、表扬信、慰问信、柬帖、贺卡、便条等。下面分别予以介绍。

1. 邀请函

邀请函在社交活动中使用频率较高。正式的邀请函常常往来于国内、国外各机构之间。

写邀请函时,要注意礼节。行文要热情、诚恳。邀请函一般由以下三部分组成。

(1) 被邀请人的姓名,按其性别在姓名之后加写"先生"、"小姐"或"女士"。

(2) 邀请的细节(邀请对方参加什么活动,邀请的原因,活动的时间、地点等)要交代清楚。必要时可要求对方回复。

(3) 邀请方的署名位于邀请函的右下角,同时注明时间。

知识活页

邀 请 函

中国旅游学院
尊敬的×××先生:
　　您的《××××》一书给我校师生以深刻的印象并引起强烈的反响,我们恳切地希望您能在方便的时候亲自到我校讲授这门课。您的来往旅费及其他费用由我校承担。如能光临,请尽早通知我们,并告之到来的确切时间。

桂林旅游学校
2000 年 10 月 5 日于桂林

收到邀请函的一方,无论接受与否,都应该立即回复,对邀请一方表示谢意以及期待会面的心情,否则即为失礼。

非正式的邀请函往来于私人之间,格式较随意。

2. 咨询信与答复信

1) 咨询信

有问题、有疑难而向了解或能解疑的部门咨询,可写咨询信。咨询对象可以是单位,也可以是个人。其内容应先说明背景、因由,再说明咨询的问题,最后写期望答复。

知识活页

××旅行社:
　　年终将至,我公司拟办年终奖励赴泰国游。听说今年出国旅游者较多,节假日旅费要加价。我公司拟组团 12 人,不知是否有名额?费用多少?敬请尽快复函为盼。

山东××公司
王××
××年××月××日

2) 答复信

先写来函收悉,再根据咨询的问题予以答复。若问题较多,可列项一一写明。答复问题要恳切。

知识活页

王××先生：
　　××月××日来函收悉，感谢您对我社的信任与支持。我社近期拟推出泰国专项旅游，已拟定旅游日程表及价目表，现附上，请参考。今年出国旅游者虽然较多，但我社有能力接待，请放心。
　　附：旅游日程及价目表各一张

××旅行社
××年××月××日

3. 请托信

有事情请求单位或个人协助，或请人帮忙，可写请托信。请托信先写因由，再写请求帮助之事，结尾写感谢的话。语言要真诚恳切，事情要具体明确。

知识活页

××饭店培训部：
　　我校为新建旅游职业高中，今年有第一批饭店服务专业毕业生40人，拟请贵饭店安排20人实习。为培养新的旅游服务人才，恳请予以安排。具体事项，将派专人商议。请复函，谢谢。

××旅游职业高中
白××

4. 庆贺信

这是一种运用比较广泛的书信，私人书信中也较多见。作为公务书信的庆贺信，大多是组织、单位或代表组织、单位的个人发出的。某个企业、团体成立，重要会议召开，工程竣工，以及其他所有值得庆贺的事件的发生，都可用此种书信表示庆贺。庆贺信，一是情感要饱满、真实、有激情，充满热情、喜悦、鼓舞、奋进之意；二是颂扬、赞美之词要恰如其分，不要故意拔高，夸大其词，甚至有献媚之词；三是篇幅要短小，语言要高雅。

知识活页

××省旅游协会代表大会：
　　正值全国人民欢欣鼓舞深入贯彻党的十五大会议精神之际，欣悉贵会胜利召开。我们××饭店全体员工谨向大会表示热烈的祝贺。

这次大会的召开,是我省旅游界的一件大事,也是全省人民的一件大事。长期以来,我省旅游业发展缓慢,这次大会将根据党的十五大精神,促进我省旅游事业的大发展。我们热切希望这次大会能为我省旅游业的发展做出新的贡献。

预祝大会圆满成功。

××省滨海饭店
××年××月××日

5. 表扬信

表扬信是指用于表彰先进思想、高尚风格、模范事迹的书信。表扬对象可以是个人,也可以是集体。表扬信要注意:所表扬的人物事迹要尽量具体生动,以充分反映出对方的先进思想、高尚品质;时间、地点、经过、重要情节、具体细节最好都写出来;议论要精当、自然,不要泛泛地讲大道理,议论应起到画龙点睛的作用;实事求是,不要夸大,不要拔高;要富有感情,短小精悍,简明有力。

知识活页

××旅行社:

贵社导游黄××小姐在带团游览黄山期间,遵纪守法,服务热情,细致周到,讲解清楚生动,给我们留下了美好的印象。

她热情大方,知识丰富,多才多艺,在长途旅行车上,为客人们讲故事,唱歌,说笑话,介绍沿途风光,车厢里欢歌笑语,洋溢着欢乐的气氛。

在爬山过程中,她不顾自己疲劳,跑前跑后,扶老携幼,累得满头大汗。她把自带的水分给小朋友喝。为了游客的安全,她站在悬崖边上搀扶老人和小孩。她对客人的关心和照顾胜似亲人,大家十分感动。

在介绍景点时,她业务纯熟,黄山景点的历史、传说故事,七十二峰、奇松、怪石、云海、温泉、徐霞客等,被她讲得活灵活现,使我们听得津津有味,使大家真正体会到了黄山之美。我们不仅增加了知识,而且更爱祖国的大好河山了。

在与黄小姐分别的时候,大家相互签名留念,互相握手,依依不舍。大家恳切希望旅行社对黄××小姐的高素质、高水平、高质量的导游服务给予奖励。下次我们来旅游,还要请贵社黄××小姐作导游。

再一次谢谢黄××小姐,谢谢贵旅行社。

江苏××公司安徽之旅团
赵××等十四人
××年××月××日

6. 慰问信

当亲友患病、受灾或遭遇其他不幸时,无法前去探望或慰问而发出的信,就是慰问信。这种信不只限于亲友之间,单位之间也经常发出此种书信。一封真切感人的慰问信会给对方带来莫大的欣慰,增强对方克服困难、战胜灾难的勇气和力量。慰问信的内容是表达关切之情,劝慰对方不为遭遇所难倒,鼓励对方克服困难、增强信心。这种信最好不要勾起对方的痛苦回忆,更不能责备对方的错误和过失。慰问信要写得真挚诚恳。同时还要及时写好、及时发出,否则就没有意义了。

知识活页

××旅行团的女士们、先生们:

　　首先对你们在××交通事故中的不幸遭遇表示真挚的同情,对你们身体和精神受到的伤害表示深切的歉意,对于因为恶劣天气和工作失误给你们造成的痛苦表示衷心的慰问。

　　××月××日,你们赴××景点观光,山路崎岖,行车难度较大,又逢浓雾,本应共商改变旅行计划,但因事先已有安排,又存侥幸心理,司机在行车中未掌握好车速,造成了这次不幸事故的发生。其责任应由我社承担。即使女士们、先生们没有遭受重大伤亡,我们也感到特别的内疚。现派我社副总经理××,代表全社员工,携带慰问品前去表示真诚的慰问。希望你们静心休养,尽快恢复健康。关于××事故中造成的损失,我社会合理地予以赔偿,请大家放心。

　　衷心地祝你们休养愉快,早日康复!

××旅行社

总经理××

××年××月××日

7. 柬帖

柬帖是一种礼貌性的书面通知。今天,人们举行宴会、酒会、茶话会、招待会、舞会、婚礼以及各种专题性的活动(如博览会、订货会、展销会、联欢会、新闻发布会)等,都常用柬帖邀请各界宾朋。发送柬帖是为了表示隆重。因此,在旅游工作中,柬帖也是一种比较流行且受欢迎的礼仪信函。

利用柬帖进行邀请时,应注意以下礼仪原则。

1) 格式完整

请柬的形状、大小可根据不同的用途自行确定,没有统一的标准,但基本格式应包括以下几个部分。

(1) 封面。颜色、图案可自行设计,封面上应写明"请柬"二字。

(2) 称谓。与信函的称谓基本相同。

(3) 正文内容。主要包括活动性质、规格、内容、时间、地点及其他有关事项。如果是请人看戏或其他表演还应将入场券附上。若有其他要求也需注明,如"请准备发言"、"请准备节目"等。

(4) 祝颂语。与信函的祝颂语基本相同,但更为简单。常用的祝颂语是"敬请光临"。

(5) 署名、日期。与信函相同。

(6) 附启语。邀请参加正式宴会,一般是在请柬发出之前就要排好座次。因此,根据不同需要,有时还要在请柬的下方或左下边加上一些附启语。如"如请就座于第一桌第二座","如能光临,请回电话6846××××"等。

2) 措辞庄重

措辞务必简洁明确、文雅庄重、热情得体。第一,求其"达",即要通顺明白。第二,求其"雅",即要讲究文字美,比如请人前来叫"敬请(恭候)光临(莅临、早光、惠顾、惠临)"等;如果是请人为自己办某些事情,则用"雅教"、"指导"等。第三,请柬文字尽量用口语,不可为求"雅"而去追求古文用语,要尽量用新的、活的语言。雅致的古文用语可偶尔用之,但需恰到好处。第四,要根据具体的场合、内容、对象、时间具体认真地准备措辞,语言要文雅、大方、热情。

3) 款式适合

请柬是邀请宾客用的,所以在款式设计上要注意其艺术性,一张精美的请柬会使人感到快乐和亲切。选用市场上的各种专用请柬时,要根据实际需要选择合适的类别、色彩、图案等。

4) 郑重邀请

请柬主要是表明对被邀请者的尊敬,同时也表明邀请者对此事的郑重态度,所以邀请双方即便近在咫尺,也必须送请柬。凡属比较隆重的活动,邀请客人均以请柬为准,切忌随便口头招呼,顾此失彼。为了准确把握来客的情况,有的请柬同时带有回执。回执可明确被邀请人是否光临,以及有否其他问题。回执可以是另外印制附于请柬上,也有请柬自带回执。收到带回执的请柬,应将回执填好后寄出,或者打电话告知对方有关情况。

5) 提前送达

请柬一般应提前4~10天寄出或亲自送达,以便受邀者及早做出应邀与否的决定或准备。有些请柬不能随便发出,只有在征得对方同意后才能发出,比如请人讲学、做报告或为自己做其他的事情等,否则就是"先斩后奏"、"下命令",就可能违背别人的意愿,是不礼貌的做法。

知识活页

请　柬

××女士/先生:

　　兹定于××月××日晚7:00—9:00在××酒店宴会厅举行元旦茶话会,敬请届时光临。

　　此致

敬礼

××市旅游局
××年××月××日

请　束

××电视台：
　　兹定于××月××日上午9时整，在××酒店多功能厅举行我市第二届导游技能大赛，届时恭请贵台派记者光临。

××市导游协会
××年××月××日

8．贺卡

贺卡是一种通过卡片表示祝贺、传递感情的特殊通信门类，是节日、庆典、纪念日、重要事件时表达感情的手段之一。因其使用方便、外观精美，已被广泛运用于现代社交礼仪中，在旅游工作中，也发挥着重要的作用。

在选购、寄发贺卡时，有以下几点礼仪规范需要注意。

1）选好日期

绝大部分贺卡都和时间有着密切的联系，如元旦、春节、生日、婚礼庆典、周年庆典、开业庆典等。无论是哪类贺卡，都必须及时寄出，太早或太迟都会失去贺卡的意义。例如，寄送生日贺卡，最好使别人在生日前或生日当天收到。

2）精心挑选

贺卡虽小，却满含情意，应根据用途、使用对象精心挑选适合的贺卡。比如寄贺年卡，给朋友的，要温馨一些；给长辈的，要古朴一些；对于已印有文字的贺卡，一定要选择适合于对象及寄送目的的词语，否则会适得其反。

3）亲笔题词

无论多精美的贺卡，都不能完全表达人情，若能在贺卡的适当地方写上几句祝词，哪怕是几个字，都会提升其感情的含量。祝词要亲笔题写，最好不要请别人代笔，使收卡对象见字如见人，增加亲切感。

9．便条

便条是日常交际中的轻便通信工具，包括便笺和留言条。与一般书信相仿，便条的使用范围很广泛，几乎不受限制。

1）便笺礼仪

便笺，即便函，俗称便条，其书写要求和格式与一般书信大致相同。其特点是文字简短，内容单一。便笺的内容，如果是告知对方某一日常生活事宜的，虽三言两语却情味隽永；若是就某一问题发表意见的，应有真知灼见，写得言简意深；如果是拜托对方帮忙办理某一具体事情的，应礼貌周全、简洁明确。

便笺可请人代为传送，也可通过邮局寄送。请人代送的便笺，可套入信封，也可不用信封，视具体情况而定。

2) 留言条礼仪

留言条是一种临时性的书面留言,通常是在访而未遇或在日常交往中未见对方而有事要告知对方时所书写的一种便条。

访而未遇,是留言条用得较多的场合。在这种情形下,留言条一般应写明来访目的、未遇心情,以及希望、要求等。如果以前与对方没有交往,还需作自我介绍。临时想到一件事要告诉对方,或者临时有一活动希望对方参加,而对方恰恰暂时离开,这时也常常采用留言条的方式来通知对方。

四、传真礼仪

传真是用户双方利用光电效应,通过安装在普通电话网络上的传真机,对外发送或接收书信、文件、资料、图纸以及照片的一种迅速高效的现代通信联络方式。传真以其传递迅速、逼真、使用方便、费用低廉等优点,已成为国内外普遍采用的一种通信联络方式,也是旅游界广泛采用的重要办公设备之一。

利用传真进行联络时,应遵守以下礼仪。

(一)选择时间

向别人发传真,应该在接收方允诺的时间范围内传出,尤其要注意的是,应主动避开半夜三更、午休时间、节假日或工作最繁忙的时间。在没有获得对方同意的情况下发送传真是非常不礼貌的行为,容易引起接收方的反感,从而给工作带来不必要的负面影响。

(二)礼待对方

发传真时应有人文关怀,礼待对方。撰写传真时一般应有必要的问候语和致谢语,行文用语要正规,标点断句要准确,内容表达要清晰,最好分段落或用序号、短语精准地表达,使接收方能迅速掌握信息,这也是对对方的一种尊重。

(三)内容完整清晰

发传真方应检查是否在传真件上注明了发件人信息、传真号码、发送日期、总页数以及自己的有效联络电话。同时,也应写明接收方的信息,传真号码、所有的注释均应写在传真内容的上方,但不得触边,以避免传真机传送文件时被切掉,从而给接收方带来识别的困扰。发送传真时应尽量使用清晰的原件,避免发送后出现内容看不清楚的情况。传真件越清晰,自己重复工作的几率也就越低,接收方也容易获得好的心情,更能愉悦地投入工作。

(四)事前通报

发传真前,应先打电话给接收传真的单位或个人,询问对方是否可以接收传真,并说明所传资料。收到传真的一方也应给予及时回复,明确告知发送方自己已完整收到传真,会马上处理,请发送方放心。

(五)注意纸色

传真纸最好是白色或浅色。深色或深色宽条文的信纸不但会耗去很多扫描时间、浪费更多金钱,也将影响双方传真机的使用寿命。

(六)及时回复、转交

收到传真后,应即刻通知对方,以免牵挂。需要转交、转达别人发来的传真时,应当从速办理,以免误事。

(七) 注意保密

因为传真机的保密性不高,一份传真往往要经过几个人的眼和手,所以一般不用传真机传送保密性强的文件或材料,否则就会成为"公开的秘密"。传真完毕后,应记住取走传真原件,避免信息泄露。若有长期保管需要,应将传真件实物编号存档,并保存该传真件的电子影像;若无长期保管需要,应及时予以销毁。

教学互动

互动问题:

1. 当客人坐下时,你正在清洁桌子。如果你是服务人员,遇到上述情境你该如何与客交流?
2. 在对客交流的过程中,有哪些不宜发问的地方?

要求:

1. 教师不直接提供上述问题的答案,而引导学生结合本节教学内容就这些问题进行独立思考、自由发表见解,组织课堂讨论。
2. 教师把握好讨论节奏,对学生提出的典型见解进行点评。

本章小结

内容提要

本章首先介绍了旅游从业人员口头沟通礼仪,包括言谈礼节、交谈技巧、沟通原则、旅游从业人员的行业用语,以及书面沟通礼仪,包括手机短信、书信、传真等现代科技手段下的书面沟通礼仪,内容丰富,具有较强的实用性。

核心概念

口头沟通　书面沟通

重点实务

短信　书信　传真

本章训练

知识训练

一、简答题

1. 如何练好普通话?
2. 交谈的技巧有哪些?

3. 旅游从业人员的常用礼貌用语有哪些？
4. 接听电话有哪些礼仪？

二、讨论题

　　导游小张这次要去机场接待两位散客,他从资料上了解到这是一对夫妻,大约四十多岁。客人一到机场出口,小张就热情地迎上去,主动帮助女士提行李箱。这时,她发现这位女士保养得十分到位,整个人活力十足,于是小张对这位女士说:"您一定是舞蹈专业出身吧？您身材怎么保持得这样好？"这位女士和她先生都非常开心。在回市区的路上,这位女士和小张主动聊起了运动、养生、化妆品,迅速拉近了距离。在这次服务中,导游小张很好地从客人的衣着打扮入手,展开了客人感兴趣的话题,消除了客人的旅途疲惫,又给了客人充足的自信,为旅途创造了愉快的沟通气氛。

　　讨论:初次见面应如何寻找话题？

能力训练

一、理解与评价

　　张旭是小王的上司,他让小王打电话通知客户李涛,让李涛周五下午到公关公司开会。小王从来没有见过李涛,他是这样打电话给客户的:"喂,你好！是李涛先生吗？我是小王,张旭让我通知你,周五下午来我们公司开会。可以么？"

　　分析:小王打电话的方式存在哪些问题？小王应如何改进电话沟通过程？

二、案例分析

案例(一)
先生,您还要饭吗?

　　一个来自香港的旅游团在所下榻酒店用餐。服务小姐发现一位70多岁的老年人的饭碗已空,就轻步上前问道:"先生,您还要饭吗？"那位老先生摇了摇头。服务小姐又问道:"那么先生您完了吗？"只见那位先生冷笑起来:"小姐,我今年已经70多岁了,自食其力,这辈子还没落到要饭吃的地步,怎么会还要饭呢？我的身体还硬朗得很呢,一下子不会完的。"服务小姐顿时哑口无言。

　　思考:从这个案例中,你得到了什么启示？请举出几个同类案例。

案例(二)
停电风波

　　一天晚上,广东某旅行社在广州某中餐厅用餐,餐厅里灯火辉煌,本来大家都很开心,但是就在这时偏偏停电了,客人反应都特别大:怎么四星级的酒店也出现停电这种事呢？就在这时,出来了一个端着蜡烛的服务员。他说:"现在是烛光晚餐时间,请大家慢慢用餐。"说完后,大家都鼓起掌来,忘掉了刚才停电的事情,然后继续用餐。事后,该旅行社的导游向餐厅经理表扬了这位服务员。

　　思考:不同的服务语言会给客人带来什么样的不同感受？旅游业的从业人员应该如何运用语言艺术？

第七章 服务礼仪

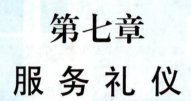

学习目标

通过本章学习,应当达到以下目标:

职业知识目标:明确旅游酒店服务人员的基本礼仪要求并掌握岗位服务礼仪规范;明确导游员服务的基本礼仪要求并掌握导游员迎送和讲解礼仪;掌握乘务员服务的基本礼仪要求及对客服务规范。

职业能力目标:运用本章专业知识研究相关案例,培养在各种旅游服务情境中的对客服务能力;通过酒店、导游、空乘服务中的实训操练,培养相关专业技能。

职业道德目标:能够理解良好的服务礼仪是衡量服务质量的前提,全面认识良好的礼仪修养是体现旅游业优质服务、文明程度的重要标志,依照行业道德规范或标准,强化自身职业道德素质。

引例:记住客人的名字

背景与情境:客人小王来到服务台办住宿手续,还未等小王开口,服务小姐就先说:"王先生,欢迎您再次光临,希望您在这儿住得愉快。"小王听后十分惊讶,露出欣喜的神色,因为他只在半年前到这里住过一次。当天夜里,小王突然感觉到肚子很饿,想要点东西吃,便找出了房务中心的电话号码。让小王感到十分意外的是,他刚拨通电话,电话那头就有一位服务小姐接听电话,并非常亲切地说:"您好,王先生。这里是房务中心,请问有什么需要帮忙的吗?"小王更为惊讶了,房务中心的服务员又怎会知道他姓王呢?

(资料来源:中国旅游报,2005-12-23.)

启示:美国一位学者曾经说过:"一种既简单但又最重要的获得好感的方法,就是牢记别人的姓名。"善于记住别人的姓名,既是一种礼貌,又是一种情感投资。姓名是一个人的标志,人们由于自尊的需要,总是最珍爱它,同时也希望别人能尊重它。在人际交往中,当你与曾打过交道的人再次见面,如果对方能一下叫出你的名字,你一定会感到非常亲切,对对方的好感也油然而生。基于以上原因,酒店一般都要求服务员尽量记住客人的姓名。当然,航空公司对于乘务员也有类似要求。

如何尽快记住客人的名字是有方法的,通过以下手段,可以使服务员在记住客人姓名方面有很大的进步。①留意并尽快知道客人的名字,必要时可以有礼貌地问:"先生,请问您贵姓?"②一旦知道客人的名字,就应反复利用各种机会,用名字来称呼客人,这样有助于记住对方的名字。③努力记住客人的面貌和身体特征,并且设法和他的名字联系在一起。④在提供服务过程中要专心倾听,不可三心二意,以增强记忆效果。⑤客人离去时,要及时回想一下他的外貌、职业和你所给予的服务,并再次和姓名联系在一起,必要时以书面形式记下所需资料。⑥再次见面,应用记住的名字称呼,如不能完全确认对方名字时,可以试探地问:"对不起,请问你是××先生吧?"千万不能贸然叫错客人的名字。

第一节 导游服务礼仪

导游(又称导游员)是旅行社从业人员中与旅客直接接触相伴的人员,是旅游者旅途中的指南针。因此,导游人员的业务水平、服务意识和待人接物的礼仪素养,在很大程度上决定了游客对旅行社旅游产品的印象,更加影响着游客的旅行质量。

一、导游语言的运用礼仪

(一)导游语言的基本要求

(1)语调要适度。在讲解过程中,导游员的声音要适度,不高不低,以使在场的客人听清为宜。

(2)语音要优美。导游员的声音要让游客有悦耳动听的感觉。

(3)把握语言节奏。导游语言的节奏涉及说话的快慢、语句的停顿及声调的高低,节奏运用得当,不仅使旅游者听得清楚明了,而且可以使他们感同身受,达到良好的信息传递效果。

(4)合理运用修辞手法和格言典故。导游员在导游讲解中应适当运用比喻、拟人、夸张、排比等修辞手法,并恰当地使用旅游者所熟悉的谚语、俗语、歇后语、格言、典故等。

(5)交流形成双向共感。导游员在与旅游者谈话时,要能听话听音,随机应变,适时调整话题内容。

(二)导游语言的运用礼仪

1. 导游语言的运用原则

(1)准确。导游语言应当准确,这是导游员在导游讲解时必须遵守的基本原则。

（2）清楚。导游员在讲解和交谈时，应口齿清楚，简洁明了，确切达意，措辞恰当，组合相宜，层次分明，逻辑性强。

（3）生动。旅游者在旅途中追求的是轻松愉快，在游览中向往的是导游员活泼风趣的讲解。

（4）灵活。导游员应根据不同的对象和时空条件进行讲解，注意因人而异，因时制宜，因地制宜。

2. 欢迎辞

欢迎辞是导游与旅行团第一次见面时，为表达欢迎之情以及进行自我介绍时所作的简短的口头演说。具有一定专业水平的欢迎辞，一般需包括以下几个方面的内容：

（1）向旅行团的游客问候，并代表旅行社表示热烈欢迎；

（2）自我介绍，内容包括自己的姓名和职务，司机的姓名和所驾车的牌号以及其他接待人员的姓名和职务；

（3）简要介绍当地风土人情和游览目的地的基本情况以及接团后的大致行程安排，使旅游者心中有底；

（4）表明自己的工作态度，即愿竭尽全力为客人搞好导游服务；

（5）祝愿客人旅行愉快，并希望得到客人的合作与谅解。

欢迎辞的常用模式有风趣式、闲谈式、感慨式、朗诵式、猜谜式、讲故事式。

3. 欢送辞

欢送辞是旅游过程结束后，导游员为表示惜别、感谢合作、征求意见、期待重逢所作的口头演说。一篇饱含感情的欢送辞能给旅游者以心灵上的震撼，给他们留下永久的记忆，有时甚至可以激发他们"故地重游"的愿望。欢送辞主要包括以下几个方面的内容。

（1）回顾旅途行程，感谢大家的合作。

（2）表示惜别之情。不少游客在短短数天的游览中，已成了导游员的朋友，分别时应表达依依不舍之情。

（3）对游客的配合与支持表示感谢。一次成功的旅游活动是旅游者与导游员双方共同合作、共同努力的结果。

（4）欢迎批评。在旅游接待过程中，难免在服务中有欠缺和言行不当的地方，通过欢送辞也可向旅游者表示歉意，以求得到他们的谅解。同时，也应表示出"欢迎批评"的意思，征求意见、欢迎批评往往会给游客留下良好的印象。

（5）期待下一次重逢。可引用些名言、谚语等有文采的语言，表达一种"愿意再见"的情感。

二、导游接待礼仪

（一）迎接服务礼仪

（1）遵守时间是最重要的礼节。导游要佩戴导游胸卡，打社旗和接待站牌，至少提前10分钟抵达机场、车站、码头迎接客人。

（2）接待大型团队，部门经理应亲临机场或码头，并安排乐队迎接。

(3)客人抵达后,导游要协助客人上车。客人落座后,要认真清点客人人数,不宜用手指点。

(4)行车时致欢迎辞,包括自我介绍,介绍全陪、司机等,并祝愿游客身体健康、心情愉快。欢迎要热情,用词要恰当,不可过于拘谨,也不可夸夸其谈,给人以不信任感。导游人员讲话时应做到音调柔美,音量适中,手势简练,举止大方。

同步案例　谦虚也有错的时候

一位英国老妇人到中国游览观光,对接待她的导游评价颇高,认为她服务态度好,语言水平也很高,便夸奖导游说:"你的英语讲得好极了!"这位导游马上回应道:"我的英语讲得不好。"英国老妇人一听生气了:"英语是我的母语,难道我不知道英语该怎么说?"

问题:

1. 这位英国老妇人生气说明了什么?
2. 我们在与英国等西方国家的人士交流时应该注意什么?

分析提示:这位英国游客生气无疑是导游忽视东西方礼仪的差异所致。西方人讲究一是一,二是二,而东方人讲究的是谦虚,凡事不张扬。

(二)入住酒店服务礼仪

(1)旅游团进入酒店后,导游要帮助客人办理住房登记手续,提醒客人携带好随身物品。

(2)导游要向客人介绍酒店内的就餐形式、时间、地点及餐饮的有关规定。同时要尊重旅游者的宗教信仰、风俗习惯,特别要注意他们的宗教习惯和禁忌。

(3)客人进餐时,导游要了解客人对餐饮的反应和供应情况。如发现有饭菜不洁、变质、发霉等情况,要主动与餐厅主管进行交涉,要求其按标准重新提供,并向客人赔礼道歉。

同步案例　误解的求婚

某旅行社接待了一少数民族团体,团体中美丽的少女们各戴着一顶很漂亮的鸡冠帽,导游小杨出于好奇,用手摸了一下其中一位少女的帽子,结果被带到族长那里去,族长以为小杨爱上了那位少女,向她求婚,后经旅行社领导出面调解,二人以兄妹相称。

(资料来源:张文.酒店礼仪[M].广州:华南理工大学出版社,1997.)

问题:分析导游小杨在工作中出现了什么失误?

分析提示:在历史上,这个少数民族曾在一夜里受到外族的入侵,恰巧一只公鸡鸣叫,唤醒了人们,才免去了一场灭族之灾。之后,为了纪念这只公鸡,村里的少女都戴上鸡冠帽,男子触摸就表示求婚。因此,在与少数民族交往中,应了解并尊重少数民族的风俗习惯,不做他们忌讳的事,这样才有利于各民族之间平等友好地交往。

(资料来源:http://blog.sina.com.cn/s/blog_5d8f22df0100dict.html.)

(三)带客游览服务礼仪

(1)遵守时间。导游必须及时把每天的活动时间安排清楚并告诉每位旅游者,同时要随时提醒。导游必须按照规定的时间提前到达出发地点,按约定的时间与客人会面,如遇特殊情况,必须耐心地向客人解释,以取得谅解。

(2)服务严谨,一视同仁,不以貌取人、厚此薄彼。既要尽到自己的责任,彬彬有礼,又要做到尊重老人和女士,并对小孩多加关照,对残疾人要提供特殊照顾,表现出热情、体贴而不是怜悯。接待重点客人要有分寸,不卑不亢。要注意与司机、酒店、交通部门和商店的服务人员通力合作。对旅游团的领队要尊重,做到有事商量,以礼待人,力求协调,通力合作。

(3)热情待客,但是注意适度原则。既要尽到自己的职责,彬彬有礼,又要做到自尊自爱,端庄稳重,不失人格、国格。导游员不要和旅游者开庸俗的或政治性的玩笑。

(4)讲解时要运用不同导游手法,通过穿插历史典故、神话传说等形式可以增加客人的旅游兴趣。讲解要准确,特别是数字、事实应准确无误,条理要清楚,脉络清晰,不脱离主题,语言生动、幽默,方法灵活,做到因人、因时、因地而异。

同步案例 *恰当的解释*

一群西方游客在游览河北承德时,有人问导游:"承德以前是蒙古人住的地方,因为它在长城以外,对吗?"导游回答:"是的,现在有些村落还是用的蒙古名字。"该游客又问:"那么,是不是可以说,汉人侵略了蒙古人的地盘呢?"导游回答:"不应该这么说,应该叫民族融合。中国的北方有汉人,同样南方也有蒙古人。就像法国的阿拉伯人一样,是由于历史的原因形成的,并不是侵略。现在的中国不是哪一个民族的国家,而是一个统一的多民族国家。"客人听了连连点头。

(资料来源:牟红,杨梅.旅游礼仪实务[M].北京:清华大学出版社,2007.)

问题:客人为什么对导游的回答连连点头?

分析提示:导游在回答有关历史方面的问题时,要有理有据,不可信口开河。对于不理解中国历史的外国游客,对历史问题进行解释时,可以对照其国家的历史,从而便于使外国游客感同身受。

(5)在参观旅游景点时,应控制好导游讲解的时机,对游览点特色、旅游者心理变化、行车路线和速度及日程安排做出统一考虑,选择最佳时机,有序讲解。翻译时要尊重主人的原意,听不懂主人或客人的话时,可请求其重复一次,尽量做到"信、达、雅"。导游员不得为迎合个别旅游者的低级趣味而在讲解中掺杂庸俗的内容。

(6)对旅游者在旅游过程中的特殊要求应尽量满足,对根据有关规定不允许办理的事情应有礼貌地婉言拒绝。对旅游过程中发生的各种差错和事故,导游要冷静、耐心、积极地协助有关部门予以解决。导游人员应谢绝小费。

(7)带团购物必须去正规商店,客人购物时,可陪同客人介绍商品,协助服务人员做好翻译工作。如遇小贩强拉强卖,导游有责任提醒客人不要上当受骗。导游本人不得强迫客人购物,不得向客人直接销售商品,不得要求客人为自己选购商品,不得从购物商店私拿回扣或变相索取小费,不得向客人推销假冒伪劣商品。

(四) 送客服务礼仪

(1) 欢送客人时要致欢送辞,表达惜别和祝福之意,以加深与旅游者之间的感情。主动征求意见,对服务欠缺之处要向客人表示歉意。致欢送辞时语气应真挚、富有感情。

(2) 主动与旅游者一一握手告别。

(3) 在火车启动后,导游方可离站。在机场,客人乘坐的航班有可能因故推迟时,应主动关心客人,必要时应留下与领队共同处理有关事宜。

第二节 空乘服务礼仪

空乘服务礼仪属于职业礼仪的范畴,是礼仪在民航服务活动中的具体运用,是对乘客表示尊重和友好的一系列行为规范和准则,包括迎接乘客登机,飞机飞行中的供餐、送饮料等一系列行为规范。

一、客舱服务礼仪

客舱服务礼仪贯穿于乘客从登机到下飞机的全过程,是民航服务礼仪的重要组成部分。客舱服务是与乘客近距离、面对面的服务,乘务员的每一句服务语言和每一个服务动作都有严格的要求和统一规范的标准,以其真诚、规范的服务礼仪赢得乘客的认可和好感。

(一) 登机前礼仪

民航客舱服务工作共分为四个阶段。飞行前的"准备会"是乘务员执行飞行任务的第一项工作,是飞行前的总动员和工作检查会,是乘务员进入工作状态的必要准备阶段。

1. "准备会"礼仪

乘务员之间的礼仪是他们一天工作的良好开始,可为当天执行好航班任务打下良好基础。

(1) 乘务员见到乘务长和其他乘务员应主动问候,并向乘务组成员作自我介绍。

(2) 个人的飞行箱、衣袋应按照乘务长要求按顺序摆放整齐,个人的背包或手提包应统一摆放在自己腿上,制服帽整齐排列在准备桌上,登机证必须挂在胸前。

(3) "机组车"是乘务员从航前会议室地点出发前往候机楼的专用车,通常"机组车"上还有机长、飞行员等机组成员。乘务员乘坐"机组车"时,先上车的应从后排开始就坐,然后依次向前坐;个人的行李物品依次摆放整齐,注意不能妨碍他人行进;下车时应礼让机长、飞行员、乘务长等先行。

2. 行走礼仪

乘务员在候机楼中行走,其统一的制服、整齐的队列、靓丽的形象、优雅的步态都代表着航空公司的品牌形象。因此,乘务员要注意基本的行走规范,纵队行进,步伐整齐。在正确的走姿的基础上,女乘务员左肩挎包,左手扶握于包带下端,右手拉箱;男乘务员左手提包,右手拉箱。在步行梯或移动电梯上,应以纵队靠右站立,个人的飞行箱应放在身体的后面或右侧,留出左侧通道,以方便需要快速通过的乘客。

乘务员在行进中,要保持良好的行为举止(见图7-1),不可勾肩搭背,不可边走边吃食物、打手机或嬉笑打闹。

图7-1 乘务员行进中礼仪

3. 候机楼待机礼仪

乘务员在候机楼大厅等候登机时,应按照航空公司的待机礼仪要求自己。

(1)乘务员入座后,按照坐姿基本规范要求,女乘务员要两膝并拢,背包统一放在自己的双腿上,双手放在背包上;男乘务员两腿可自然分开。

(2)乘务员在候机楼待机时,集中就座,飞行箱集中依次整齐摆放。

(3)乘务员待机时,不可与乘客混坐,不可吃食物,不可补妆,不可打瞌睡,不可嬉戏打闹,不可吸烟。

(二)客舱迎送礼仪

客舱迎送礼仪是指乘务员在客舱门口及客舱内迎接乘客登机或离机道别时的礼仪。主要包括乘务员迎送客时的站位、站姿、仪表、表情,以及称谓、问候等。客舱迎客会使客舱乘务员在乘客面前留下第一印象,客舱送客则标志着航班服务的完成,良好的客舱迎送礼仪有助于乘客对乘务员留下较好印象。

1. 客舱迎送前准备

(1)整理仪容仪表。在乘客进入客舱前,乘务组全体成员利用3至5分钟时间完成仪表和着装的整理,乘务员之间可以交叉互相提示需要整理的部位。

(2)在各自的位置上迎接乘客。乘务员根据各自的工作区域,站立于指定的位置。乘务长通常负责在L1门迎客,头等舱乘务员通常在头等舱第一排D座位一侧迎接乘客。

2. 迎送乘客礼仪规范

(1)乘务员按照规范站姿,女乘务员通常为V字步腹前握手式,男乘务员以垂臂式站姿迎客。

(2)乘务员按照登机时间、乘客性别、年龄的不同,使用个性化礼貌用语向乘客问候,表示欢迎。

(3)乘务员迎接乘客时,表情应亲切温和,应用真诚的眼神和甜美的微笑(见图7-2),给乘客留下良好的第一印象。

(4)在迎送乘客时,乘务员应使用规范的手势示意方位和接递物品。

(5)在迎送乘客时,乘务员通常行15度鞠躬礼。

图 7-2　迎送乘客

(三) 客舱服务礼仪

在航班飞行过程中,乘务员时常在客舱里发放报纸、送餐或巡视,为乘客提供服务。在对客服务操作中,乘务员规范的操作手势,端庄优雅的走姿、蹲姿以及温和亲切的礼貌用语,都可以展示乘务员良好的职业素养。

1. 客舱规范走姿

(1)女乘务员走姿。在规范站姿的基础上,双手交叉握于腹部,手腕略微上抬,双臂微收,面带轻柔微笑,脚步轻柔稳健。

(2)男乘务员走姿。在规范站姿的基础上,双臂自然下垂或一只手放在身后,面带微笑,脚步轻稳。

(3)男女乘务员在客舱内行走都要避免过急,更不能跑(遇到突发情况除外)。夜间飞行时,脚步更要轻、慢,避免打扰乘客休息。

2. 客舱服务规范操作手势

1)行李架操作

(1)打开或者关闭行李架时,要求身体面向行李架,用单手臂操作,必要时可以踮起脚来增加身体高度。

(2)进行客舱安全检查时,可以采用右臂或左臂单臂侧身的姿势进行操作。

(3)放置或者拿取行李时,身体面向行李架,双臂上举拿放行李。打开或关闭行李架时动作要轻,不能用力过猛,发出较大声响。

2)手势示意

(1)规范动作为五指并拢,手掌与水平面呈45度角,手掌与小臂成一条直线(见图7-3)。

（2）指示具体方位时，单手从体侧抬起，指向具体方位，目视乘客，同时告知所指方位，比如"座位号码位于行李架两侧"、"请把行李放在行李架上"、"卫生间在客舱的后部"等。

图 7-3　手势示意

3. 乘务员规范坐姿

（1）基本坐姿要求：头颈部保持正直，上身挺拔，背部直立；目光平视前方，关注客舱内动态。

（2）女乘务员坐姿要求：就座时一手扳动坐垫，一手整理裙摆，轻稳就座；双腿并拢，上体紧靠椅背坐满椅子，小腿与地面垂直，双手叠放于腿上；系好安全带。

（3）男乘务员坐姿要求：就座时一手扳动坐垫，平稳就座；双腿分开与肩同宽，上体紧靠椅背坐满椅子，双手自然放于腿上；系好安全带。

4. 乘务员规范蹲姿

（1）基本蹲姿要求。站立姿态，上体垂直，呈前后步蹲下，用高低式蹲姿；女乘务员下蹲时一手抚裙，双膝并紧；男乘务员下蹲后，双膝略开。

（2）取、收餐盒。乘务员在取、收餐车底部餐盒时，采用站立姿态，面对餐车后退半步，蹲下后双手从餐车底部抽取餐盒，起身，依次送出；收回餐盒时，双手接过乘客餐盒，从上往下依次摆放。

（3）拾取物品。在规范蹲姿基础上，一手捡取物品，另一只手置于腿上。女乘务员着裙装时，将手置于两膝之间。

（4）为贵宾、老人或儿童服务时，面部以45度角朝向乘客，采取弯腰或下蹲的姿态。

5. 客舱巡视礼仪

1）客舱巡视的内容

客舱巡视是客舱服务中的一个环节，其工作内容主要包括以下几个方面。

（1）保证客舱安全。乘务员在客舱内来回巡视，观察每位乘客的状态，及时了解乘客是否有需要帮助的情况，比如乘客在乘机过程中可能出现身体不适等突发情况。此外，乘务员在巡视过程中还要仔细观察客舱设备是否正常。

（2）提供个性化服务。乘客因年龄、性别、喜好及身体状况不同，需要的服务各不相同。乘务员在客舱巡视过程中，应针对乘客提出的个性化要求及时提供细致周到的服务。比如，帮助老人或儿童调节椅背，为需要的乘客送上饮料或盖上小毯子，或者帮助睡觉的乘客关闭阅读灯等。

(3) 保持客舱干净整洁。乘务员在巡视客舱时,会手拿托盘,随时将乘客不需要的餐盒、杯子、纸巾、报纸等收拾干净,保持客舱环境的舒适和整洁。

2) 客舱巡视规范

(1) 体态。乘务员按照客舱规范走姿要求,面带微笑(见图7-4),轻缓迈步。

图7-4 客舱巡视

(2) 目光。乘务员关注的范围在左右两侧座位的1至5排为宜;以正视的目光与乘客交流,同时用微笑和点头向乘客表示礼貌问候。

(3) 交汇。与他人在客舱通道交汇时,先向对方点头示意,然后以背靠背的方式通过,手的姿态不变。

二、地面服务礼仪

(一) 值机礼仪

为乘客办理值机手续是机场地面服务流程中的第一个环节,工作人员的态度、礼仪以及技能将直接影响到乘客对航空公司或机场服务质量的满意程度。因此,保证航班正点、安全和乘客满意是值机人员的首要职责。

1. 值机服务礼仪

1) 使用礼貌用语

(1) 主动问候乘客。"您好。请出示您的身份证(或护照)。"

(2) 主动询问航班。"请问您的航班号?"如果乘客忘记了航班号,也可以询问:"您是几点到哪里的航班?"值机服务员在电脑上输入身份证号和姓名就可出现乘客的乘机信息。

(3) 主动安排座位。值机员要主动询问乘客选择客舱座位的要求:"您选择靠过道还是靠窗口的座位?"如乘客要求的座位(比如靠前的座位)已经没有,值机员应该说:"对不起,靠前的座位已经没有了,我给您安排客舱中部的座位可以吗?"

(4) 主动询问有无行李托运。在办理值机手续时,值机服务员要主动询问乘客有无需要托运的行李。如:"您有托运行李吗?请把行李放到传送带上。"或者"您的行李已经超重××公斤,请到逾重行李收费柜台补交逾重行李费。"

知识活页

值机服务基本常识

值机（check-in）是民航机场众多服务项目中的一项，就是为乘机的客人办理乘机手续（换登机牌、收运乘客的托运行李、安排乘客的座位等）。乘客需要在航班起飞前 1 小时 30 分到候机室办理值机手续，换好登机牌，国际航班一般要求提前 2 小时办理。在航班起飞前 30 分钟停止办理值机手续。

根据行业要求和规定，对外公布的航班起飞时间与实际起飞时间相距 15 分钟内属航班正点起飞。因为在值机柜台停止办理某个航班的手续后，还有很多相关工作要做，要清点乘客人数、行李件数、货物装运情况，计算飞机的载重平衡，画出平衡表及飞机重心位置，做好舱单后交机长确认签字。同时，要广播通知乘客登机，核对登机牌，清点乘客人数，并与飞机上的乘务员核对无误，乘客的行李、货物和邮件还要同时装上货舱。飞机关闭舱门后的滑行起飞还要等待航空管制的放飞指令。以上大量的台后航班保障工作需要很多有关部门和所有工作人员争分夺秒相互配合完成，才能保障航班正点。

（5）主动告知登机口。"您的航班在××号登机口，祝您旅途愉快！"

2）行为礼仪规范

每位正在上岗的值机服务员应在 30 秒内完成一个乘客的登机牌办理手续（包括办理行李托运）。经过训练，值机员的服务礼仪要规范。

接交证件的礼仪。当乘客走到值机柜台跟前，值机员要面带微笑并站立，双手接过乘客的身份证或护照等有效证件。

值机员办理好手续后起立，面带微笑，双手将乘客的身份证、登机牌、行李条（粘在登机牌上）递交给乘客，同时提醒乘客保管好行李条。

3）进行有针对性的对客服务

乘客到达机场后希望自己能够尽快顺利地办理好乘机手续，有些经常乘坐飞机的乘客以为自己有经验，常常掐着时间到机场，留给自己办理乘机手续的时间和过安检的时间非常紧张。机场值机服务员要了解并掌握乘客在办理乘机手续时的心理及要求，在有限的时间内又快又好地办好每位乘客的乘机手续。

（1）焦急乘客。每个机场都有航班高峰时段，也就是航班相对集中的时段。我们经常看到在机场值机柜台前乘客排队等待办理手续的情形，这种情形下的乘客心情都比较焦急，希望前面的乘客快点办完，担心自己的时间来不及。值机服务员的服务礼仪往往在快速办理手续的过程中同时体现，比如面带微笑的问候、礼貌的语言以及温馨的提示。

（2）初次乘坐飞机的乘客。初次乘坐飞机的乘客不知道自己如何办理手续，有的乘客连自己的航班号都不记得，想问的问题很多。比较有经验的值机服务员就用比较直接的问题询问这类乘客，比如是否托运行李，告知保管好行李条，并且提醒乘客在几号登机门登机，必要时还会以手势指示方向。

(3) 晚到乘客心理。由于交通不畅或其他原因导致晚到机场的乘客,看到值机柜台排着长队等待办理手续的乘客,心里着急,担心误机。如果该乘客的航班乘机手续还没有停止办理,值机员应尽快告知这样的乘客到快速柜台办理手续,如果时间已经来不及,可告知其到值班经理柜台请求帮助。

同步案例 为什么不能通融几分钟?

背景与情境:李先生随旅行团准备乘飞机从深圳到云南丽江旅游,当他按航班起飞时间到达登机口时,被工作人员挡在登机入口处。因为他乘坐的飞机已经关闭舱门,正在启动,准备滑行。李先生希望工作人员通融一下,打开舱门让他登机,也耽误不了几分钟,但被工作人员拒绝。李先生不仅耽误了旅行团的行程,而且由于买的是团体票,购票时就已声明不能退票或改签,想下午改签另一航班都不可能了,只能重新买票,造成了不必要的经济损失。

(资料来源:盛美兰.民航服务利益[M].北京:中国民航出版社,2011.)

问题:为何连几分钟都不能通融?该如何向乘客解释。

分析提示:每个航空公司都有登机最后截止时间的规定,一旦到了时间就会关闭登机口。因为从飞机舱门关闭到飞机起飞,中间有很多环节,并不是多等一两分钟那么简单。首先,要向机组通报上机人数,没有登机的旅客的行李要被拿走,然后通知配载部门人数和行李重量,画出配载图并向塔台通报申请起飞,塔台给出起飞时间,等等。如果重新开门上人,这一切流程都要重新来过。一般来说,重新开一次舱门就是一次严重差错或者事故。

实际上,每个机场几乎每天都有旅客被"减掉"。航空公司也最不愿意这种情况发生,所以在机票和登机牌上都有明显的提示。在登机截止时间前都会反复广播提醒,有的甚至点名广播:"乘坐××航班的××乘客尽快到××号登机口登机。"

(二) 贵宾服务礼仪

重要旅客(简称要客,又称贵宾)在机场候机、乘机、接机时可在贵宾休息室休息或会谈,所以几乎每个民航机场都有贵宾休息室。鉴于贵宾的重要性及特殊性,贵宾服务员必须具备良好的职业道德及强烈的工作责任心,规范的仪容仪表及礼仪知识,以及敏锐的观察能力、良好的沟通能力等综合素质,经过严格系统的培训,以及工作岗位的实践锻炼,才能胜任此项工作。

1. 贵宾迎送礼仪

(1) 掌握贵宾服务礼貌用语特点。贵宾服务用语应态度诚恳、自然大方、礼貌亲切、表达准确、音量适中、发音温和。

(2) 掌握规范的礼仪动作。女性通常为V字步腹前握手式,男性以垂臂式站姿迎客。表情亲切温和,应用真诚的眼神和甜美的微笑向客人问候。在迎接贵宾时,通常行30度鞠躬礼,送别时行45度鞠躬礼。

2. 贵宾室服务礼仪

贵宾服务员在为贵宾提供服务时的每个程序、每个动作都有极其严格的要求,应当通过学习来熟练掌握贵宾服务技能及服务礼仪。

1）出入贵宾休息室礼仪

贵宾到机场后，一般都在预定的贵宾休息室休息候机。服务员需要多次进出休息室为贵宾提供饮料、毛巾等服务，平常看似简单的开关门、进出门在这里都有严格的要求。这个环节的学习可以多一些实操训练，凡是有门的教室都可作为实操训练的场地，通过训练把学到的礼仪运用于实际生活中，使这个部分的礼仪和技能得到巩固和提高。

（1）服务员需要进入贵宾休息室时，必须敲三下门，节奏平稳，声音大小以贵宾能够听见为宜，起到通报的作用。

（2）进入休息室后不能转身关门，而是身体面向贵宾，用手伸到背后轻轻把门关上。当离开休息室时，走到休息室门口，同样先开门，然后转身面向贵宾退出，再轻轻把门关上。

（3）主动开关门礼仪。在贵宾进出休息室时，服务员要主动帮助把门打开和关上。关门的动作要轻，手握住门把手推开或关上，然后松开把手，不发出门与门框的碰撞声，以免影响贵宾的谈话。

2）托盘服务礼仪

贵宾服务所用的托盘以圆形为宜，主要是圆形托盘不容易被别人碰撞到，物品放在中间有助于掌握平衡。使用托盘时必须垫好托盘垫纸或配套的专用布垫以防止滑落。正确掌握托盘的使用方法，会使服务员的身体姿态与端托盘的姿势看上去既协调又美观。

（1）左手小臂抬至身前，大臂与小臂成90度角，小臂、手腕与手面成一条直线，手掌向上，五指张开，手心下凹。

（2）将托盘置于左手上，使左手处于托盘下方的中间位置，使左手5根手指及左手掌根部成为手与托盘之间的着力点，右手扶住托盘边缘，协助控制托盘的平衡。

（3）行进中保持目光平视，只可用眼睛的余光确认托盘中物品的状态。

（4）行进中保持托盘的稳定，走路起伏不可过大，脚步不能太快。

3）毛巾服务礼仪

毛巾服务是贵宾入座后的第一道服务，无论室内外温度为多少，毛巾的温度以微热为宜，毛巾的湿度以拧不出水为准。摆放时一条毛巾使用一个小毛巾碟。

送毛巾的时间一般与第一遍饮料同时送，通常为贵宾入座后2分钟内送上，5分钟后撤下。

4）饮料服务礼仪

宾客进入休息室后首先送上毛巾及白开水（常温）或热茶，毛巾及玻璃杯（或茶杯）同时摆放在托盘内。服务时毛巾碟在托盘外侧，玻璃杯（茶杯）在内侧，以方便拿取。

同时向客人介绍饮料的种类，询问客人需要什么饮料，按照客人的要求尽量予以提供。

3. 贵宾服务人员的服务意识培养

服务员在服务过程中所体现的"微笑、主动、热情、周到"等衡量标准不是有关的规定和凭个人的自我感觉，而是服务对象——乘客的评价。我们通常要求乘务员对待乘客像对待"上帝"一样。可是，"上帝"的性格、爱好我们并不知道。不同航空公司对乘务员的服务意识培养有不同的要求。海南航空公司对服务员有个非常特别的要求，就是对"眼神"的运用。旅客通过服务员的眼神，感受其服务中的微笑、礼貌、热情是发自内心的还是纯职业化的。

长荣航空公司要求乘务员不能第一时间满足乘客的要求时,不能对乘客说:"抱歉,请稍等。"因为这是对乘客的否定性回答,而是用"好的,马上"来代替。

民航贵宾服务员的服务意识养成实际上与日常生活息息相关,热爱自己的职业是前提,太多的牢骚和不满会影响自己的工作情绪。同时,有礼貌地对待身边的每个人,可以培养良好的礼貌习惯,把乘客当成自己的亲朋好友就不会有距离感。还要善于学习,多了解乘客的需求,就能为其提供恰到好处的个性化服务。另外,同事之间团结和谐,有宽容之心,能形成轻松愉快的工作氛围。当然,熟练掌握服务技巧,处理问题就能更加得心应手。习惯成自然,正是在平常的点点滴滴中,服务意识得以不断养成和提高。

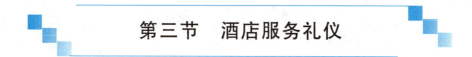

第三节　酒店服务礼仪

酒店是一个综合性接待服务单位,服务是酒店"软件"的重要部分,服务礼仪则是酒店为宾客提供优质服务的保障,贯穿于酒店服务接待工作的全过程。酒店员工在具备岗位专业知识技能外,还必须掌握本岗位的服务礼仪规范,并在工作中付诸实践,酒店的优质服务才能得以顺利实现。前厅部、客房部和餐饮部是酒店的重要业务部门。

一、前厅服务礼仪

前厅部位于酒店门厅处,是酒店为宾客提供服务的第一站。前厅部是联络和协调饭店各部门对客服务的综合性部门,为客人提供预订、行李、接待、问讯、收银和电话转接等服务。前厅是宾客最先抵达和最后离开饭店的区域与部门,宾客对饭店的"第一印象区"和"最终印象"都在这里产生,前厅各岗位的服务质量是酒店服务质量的重要标志之一。

(一)迎宾服务礼仪

酒店迎宾人员主要包括迎宾人员、门童和行李员等。

1. 大门迎宾

(1)迎宾人员应着制服上岗,仪容整洁,仪态端庄,面带微笑,精神饱满地站立在饭店正门前,恭候宾客光临。迎宾人员上岗期间应坚守工作岗位,不得靠门、靠墙、蹲坐或离岗、串岗。

(2)面对乘客要一视同仁,主动上前、亲切问候,并施以15度的鞠躬礼。宾客乘坐车辆抵达时,门童要主动上前热情相迎,车辆停稳后,应为客人开启车门并为其护顶。对于老弱病残幼的宾客应多加注意,拉开车门后应主动搀扶或采用适宜方式,照顾其上下车。

(3)雨雪天气时要撑伞迎送,以防宾客被淋湿。

(4)客人带有行李时,行李员应主动上前帮客人搬运行李,搬运时应小心、不可用力过大,请客人一起清点行李件数并检查行李有无破损。当有客人坚持亲自拿物品时,应尊重客人意愿,不要强行接过来。在推车装运行李时,要轻拿轻放,切忌随地乱堆、叠放或重压

（5）门童用手示意客人进入酒店大厅，如非自动门或旋转门，要为客人拉开酒店正门，并致欢迎语问候。

2．进店服务

（1）陪同客人到总服务台办理手续时，行李员应双手背后侍立在宾客身后一米外等待，替客人看管行李并随时听从客人吩咐和总台服务员的提示。

（2）待客人办妥手续后，应主动上前向客人或总台服务员取房间钥匙，护送客人到房间。迎领客人时，应走在客人的左前方一米左右处，遇转弯处，要面带微笑向客人示意，对于客人的行李物品要轻拿轻放，对易碎和贵重物品尤其要加以小心。

（3）与宾客同乘电梯时，应按住按钮，礼让宾客先入电梯，并按下楼层按钮。在电梯内，行李员应尽量靠边站立，并将行李尽量靠边放置，以免碰撞客人或妨碍客人通行；到达楼层时，礼让客人先出电梯门。

（4）引领客人进房时，先按门铃或者敲门，停顿三秒钟后再开门。开门时，先扫视一下房间无问题后，再请客人进房间。

（5）进入客房后，将行李物品轻放在行李架上或者按照客人的要求将行李放好。箱子的正面要朝上，把手朝外，以便客人取用。与客人核对行李，确定无差错后，可简单介绍房间内的设施和使用方法。询问客人是否有其他要求，如客人无要求，应礼貌告别，及时离开客房。

（6）离开房间时，面对客人，后退一两步，自然转身退出房间，将房门轻轻拉上，注意不能关门太重以防造成宾客不悦。

3．离店服务

（1）行李员到楼上的房间去搬运行李时，进房前无论房门是关还是开着，均要按门铃或敲门通报。对宾客的各种行李物品要轻拿轻放，对团队行李要集中摆放，以免丢失或错拿。

（2）放好行李后，要清点行李件数并向宾客做好物品交代，然后鞠躬施礼，感谢宾客的光临，向客人告别："欢迎再次光临"，"祝您旅途愉快"。

（3）轻轻关上车门，不要用力太重而惊吓客人，注意不要让宾客的衣服被车门夹住。

（4）车辆启动时，应面带微笑，挥手告别，目送客人离去。

4．寄存行李服务

行李员主要负责客人的行李接待工作。除了在客人入住离店及退房时为客人运送行李以外，还要负责客人行李的寄存服务。行李寄存分为长时间寄存和临时寄存两种。

（1）首先向客人了解寄存物品的情况，如果发现有易碎或不宜保管物品，应礼貌地向客人作解释。

（2）在收存行李前应向客人报明行李件数，并对行李做简要检查，如发现有破损，应立即向客人说明。

（3）在行李卡上填写日期、经手人、行李件数、提示牌编号、提取时间、客人的房间号码等。将行李卡下联撕下交给客人保管，告知客人届时凭行李卡下联提取行李，如客人寄存行李的提取时间超过一天，则请客人在行李卡上联签名。

（4）对寄存的易碎物品应挂上"小心轻放"的标志，把行李卡上联和提示牌挂在行李的显眼位置上。

（5）对集中堆放的行李，要用绳子绑好。

（6）凡进入行李房的行李，均要在存放行李登记本上登记。

（7）当客人持行李卡提取行李时，应问明客人的房间号码、行李特征、行李件数等相关问题。进入行李房后，迅速寻找行李卡下联所记的"提示牌"编号，再核对行李卡的上下联号码、行李件数、房间号码是否一致无误，如无差错则把行李上的行李牌、提示牌摘下，连同所取的行李一起送到前台。

（8）如有他人代取行李时，应将两份寄存单核实准确，再将代取者的姓名、住址、单位、证件号填写清楚，请代取者签名。如代取者无另一寄存单，客人又无来电说明，则不能将行李转交给代取者。

（9）非当天存取的行李卡下联丢失，则要求客人说出姓名、房间号码、行李件数和行李特征，如与所要取的行李及行李卡上联的记录无误，先让客人拿出能证明身份的证件，连同行李卡上联复印在一起，要求客人在复印件上写下收条并签名，然后才把行李交回客人核对，随后由经手人签名、写上日期等，与行李牌上联一起钉在收条右上角，收入"无卡提物登记本"存档。

5. 残疾宾客服务礼仪

（1）问候肢体残疾客人时，服务员应亲切友好、表情自然。对于乘坐轮椅的客人，服务员应保证与客人目光平视。问候盲人客人时，服务员应在一定距离处通过声音提示让客人及时辨听周围情况。提示时，应语气柔和、语调平缓、音量适中。问候聋哑客人时，服务员应微笑着注视客人，通过眼神向客人传递友好、平等的信息。

> **知识活页**
>
> **为你打开"成功服务"之门的 9 把金钥匙**
>
> （1）客人是我们的衣食父母。
>
> （2）始终给客人一个微笑。
>
> （3）真诚、友好、诚实。
>
> （4）提供敏捷的服务。
>
> （5）学会使用两套具有魔术般魅力的话语。当客人向你走来时，你要说："我能助你吗？"（May I help you?）当客人向你道谢时，你要说："不用谢。"（You are welcome.）
>
> （6）要佩戴好你的身份牌。
>
> （7）每一位服务员都要以自己经过修饰的容貌为骄傲。
>
> （8）要有与他人互助合作的团队工作精神。
>
> （9）在客人问候你之前，先用尊称向客人问候。如是 VIP（贵宾）或常客，应使用姓名称呼。

（2）为肢体残疾的客人提供引领服务时，应走最短路线，做到走平路时适当关注、走坡路时适当帮助。引领盲人客人行走时，应事先征得其同意。为盲人客人指示方向时，应明确告诉客人所指人或物相对于客人的方位，不使用指向性不明的表述。引领残疾客人乘坐电梯时，引导者应适当关注肢体残疾客人，积极帮助盲人客人。引领盲人客人上下楼梯或乘坐自动扶梯时，引导者应先一步上下，然后回身照应客人。引领过程中，引导者应不断通过声音提示和放缓脚步的方式，及时提醒盲人客人前面的路况。

（二）总台接待服务礼仪

饭店总服务台也称总台或前台，它既是饭店的"窗口"，又是饭店管理的"中枢神经"。它负责处理宾客的接待服务工作，包括接待、问讯、收银等功能。总台工作涉及面广，影响大，总台各岗位工作人员的服务水平在很大程度上关系到饭店的服务质量。

1. 接待问询服务礼仪

（1）总台服务员在总台后站立，着装整洁，仪态端庄，面带微笑，精神饱满地目视前方，随时恭候宾客。切忌和同事闲聊、吃东西或喝水。

（2）对待客人要笑脸相迎，主动招呼，热情问候。要有问必答，口齿清楚。对饭店设施、各部门服务时间、具体位置等情况应详细介绍。不轻易说"不知道"，避免说"也许"、"大概"之类没有把握或含糊不清的话。对一些客人提出的要求无法满足时，应向其表示歉意，请求其谅解与合作。

（3）接受来电查询，应热情帮助解决，件件要有结果、有回音。如不能马上回答，应讲明等候时间，以免对方因久等引起误会。

（4）在任何情况下都不得讥笑、讽刺客人，不能与客人争辩，更不允许语言粗俗、举止鲁莽。在宾客因误解、不满而投诉时，要以诚恳的态度耐心听取宾客的意见，不要中途打断，更不能回避和置之不理。

（5）如有众多宾客同时问询，应从容不迫地逐一回答，做到忙而不乱、井然有序，使不同的客人都能得到适当的接待和满意的答复。

2. 接待住宿服务礼仪

（1）主动问候客人："您好，女士（先生），需要住房吗？""您好，请问有预订吗？"并礼貌地注视着宾客的眼睛，传达出热情、友好、尊重和诚恳的信息。

（2）客人较多时，要按先后顺序依次办理住宿手续，做到办理一个，接待一个，招呼后一个，以使客人不感到受冷落。

（3）接待入住客人，主动询问其需求及细节，介绍房间设施、价格，介绍时应口齿清晰，语速适中，层次分明，专业术语通俗化。

（4）听清宾客要求后，尽量按照客人的需要为其安排房间，确认房间的种类、房价、付款方式、离店日期等。

（5）如遇客房已满，应耐心向未能入住的宾客表示歉意，同时可以推荐其他饭店，并感谢客人的光临，希望其下次再来饭店入住。

（6）按照有关规定，在接待宾客入住时，应该仔细查验宾客的有关证件。确认无误后，应有礼貌地迅速将证件还给宾客，并予以感谢。同时，知道客人的姓氏后，要尽早称呼，以示对客人的重视和尊重。

（7）住房通知单、迎宾卡填好后,连同钥匙牌双手递交给客人,轻声告诉客人楼层和房间号,并致祝愿语,微笑目送客人离开。

（8）及时做好客人资料的存档工作,以便在下次接待时,能有针对性地提供服务。

3. 接待离店结账服务礼仪

（1）宾客来结账时。要热情、周到、迅速、准确地处理客人的退房事宜。收款数目要当面结清,不能有丝毫含糊,避免客人有被多收费的猜疑。

（2）结账完毕,应向客人鞠躬道谢,并致以祝福,欢迎客人再次光临。

（三）电话总机礼仪

电话总机是饭店内外信息沟通联络的枢纽和形象窗口。电话接待是在通话双方不露面、看不见表情和手势的情况下进行的,接话人的声音和通话方式是服务礼仪的重要表现方式。

1. 接听电话

（1）电话铃响,立即接听,一般电话铃响不应超过三声。在铃响三声后接听,应向顾客致以歉意:"对不起,让您久等了。"

（2）致以亲切问候,自报饭店名。

（3）在通话中应使用敬语和其他礼貌用语,并注意始终带着微笑通话,通过友好的声音来传递饭店对客人诚挚的欢迎。

2. 认真倾听

（1）要认真倾听对方的来电事由,按要求逐条回答客人或转接。

（2）对于客人的话听得不清楚或不明白,应委婉地请客人再重复一遍,不能不耐烦,更不能置之不理,或者将错就错,把电话随意拨转出去。

（3）当客人有急事,而恰逢分机占线不能接通时,更要耐心解释清楚,对于拨错号码的客人,同样应以礼相待,而不能训斥对方。

（4）客人有留言,应记下有关事宜、时间、地点和姓名并向客人保证及时转达,对于来电查询的客人,应热情相待,在可能的情况下尽自己的努力去办。

（5）接到客人的电话投诉,要高度重视,并"换位思考",站在顾客的立场上认真听取顾客的抱怨,了解实质性原因。同时,快速行动,把客户投诉及时地向相关部门反映,并将处理结果和相关信息及时反馈给客人。

3. 致谢告别

通话结束后,应热情道谢告别,待对方挂断电话后,方可放下电话。

4. 叫醒服务

为客人提供叫醒、请勿打扰等电话服务时,话务员应该认真做好记录,并复述一遍。将时间和房号录入计算机或做好记录,按时通过电话叫醒客人。若是贵宾和重要客人,则派专人叫醒或提前5分钟以电话叫醒。

（四）大堂副理服务礼仪

（1）接待客人要积极热忱,精力集中,以谦和、富有同情心的态度认真倾听,不打断客人的讲话。

（2）对于客人投诉的问题，要详细询问，并当面记录，以示郑重。

（3）能够换位思考，为客人考虑，以积极负责的态度处理客人的问题和投诉，在不违反规章制度的前提下尽可能满足客人的要求。

（4）当客人态度不好时，要保持冷静，待客人平静后再委婉地解释与道歉，不能与客人发生争执。

（5）尽量维护客人的自尊，同时也要维护好酒店的形象和声誉，在坚持原则的前提下，机智灵活地处理问题。

（6）对客人的任何意见和投诉均应给予明确、合理的答复，力争在客人离开酒店前解决，并向客人表示歉意和感谢。

二、客房服务礼仪

客房是饭店的主体部门之一，承担着向客人提供住宿的具体职能，它是宾客在饭店逗留时间最长的地方，客房服务人员的服务态度和服务水准如何，直接关系到宾客对饭店的印象。客房服务员要注意基本的礼仪规范，按照要求统一着制服，仪容整洁，仪态端庄，面带微笑，精神饱满；上岗期间不得靠门、靠墙、靠窗蹲坐或离岗、串岗，应坚守工作岗位；服务中要多使用"您"、"请"、"谢谢"、"对不起"、"再见"等文明用语。

（一）迎宾送客礼仪

1. 迎宾

（1）接到来客通知后，楼层服务员应该在楼梯口以合乎礼仪的站立姿势，恭候宾客的到来。

（2）宾客抵达时，服务员应面带微笑，表示热情欢迎，并施以15度的鞠躬礼。若逢节假日，应对每一位客人特别给予节日的问候，如："新年好！""圣诞快乐！"使客人产生宾至如归的亲切感。

（3）对客人手中的行李要主动帮助提拿，对需要帮助的宾客要及时给予最大限度的照顾和帮助。

同步思考

在协助老人、儿童、残疾人等需要帮助的宾客时，应注意什么问题？

理解要点：

第一，在为老人和儿童服务时要注意在语速、步速上适当放慢一点；

第二，在为老人服务时，要注意特别予以尊重；

第三，在为儿童服务时，要注意身高上的差异，在交流的时候，可以弯腰或者蹲下；

第四，对残疾人要特别注意保护其自尊心，既要做到仔细周到，又不让其感到特殊对待。

（4）引领客人到房间应走在客人左前方一米左右位置，到客房后用中指或食指指节轻轻敲门三次，然后再开启房门。开门后侧立一旁，敬请客人进入。简单介绍客房的主要设备、服务项目和服务时间。询问客人："还有什么我能为您服务的吗？"然后告别，祝客人住宿愉快，轻轻将门关上。

2. 送客

（1）了解客人离开的需求并尽力提供帮助，检查客人委托代办事项是否已经办妥。

（2）宾客离开时，要诚恳、真挚地向客人告别，祝宾客一路平安，欢迎其再次光临，并配以鞠躬礼。

(二) 日常服务礼仪

1. 客房清洁服务礼仪

1) 入室礼仪

进入有客人的房间前，应站立端正，平视门镜，按门铃通报身份。按门铃需间隔 10 秒钟，得到客人允许后方可进门。见到客人时应礼貌问候。离开房间到门口时，应面对客人退出房间。开关房门动作应轻缓。

2) 客房清洁服务礼仪

清洁客房时，应选择在客人外出时进行，并尊重客人的住宿习惯。进入客房前应按铃两次并报告本人身份，等候客人开门或确定房内无人再用工作钥匙开门，开门前再次敲门确认。清洁房间时应使客房房门保持开启状态。

3) 客房服务礼仪

整理房间时动作要轻，要迅速。如需当着客人的面清洁客房，应尽量避免打扰客人，并严格按操作标准提供迅速、快捷的服务。提供相关服务时，应尊重客人隐私和住宿习惯，不翻看客人的物品，一般不宜改变客人物品的摆放位置。

2. 问询服务礼仪

（1）客人前来问询，应面带微笑，注视客人，主动迎接问好。认真倾听客人问询的内容，耐心回答问题，做到百问不厌、有问必答、用词恰当、简明扼要。

（2）服务中不能推托、怠慢、不理睬客人或简答地回答"不行"、"不知道"。遇到自己不清楚的问题，应请客人稍候，请教有关部门或人员后再回答，忌用"也许"、"大概"、"可能"等模糊语言应付客人。遇到超出业务范围不便回答的问题，应表示歉意。

（3）客人较多时，要做到忙而不乱、井然有序，应先问先答、急问快答，使得不同的客人都能得到适当的接待和满意的答复。

（4）接受客人的留言时，要记录好留言内容或请客人填写留言条，认真负责，按时按要求将留言转交给接收人。

（5）在接听电话时，看到客人来临，要点头示意，请客人稍候，并尽快结束通话，以免让客人久等。放下听筒后，应向客人说："对不起，让您久等了。"以示歉意。

（6）接到宾客的投诉时，首先要耐心倾听，让客人把话说完，令客人情绪平静下来。将客人的投诉意见记下来，然后向上汇报。详细了解情况，做出具体分析，如果是设备问题，应采取措施或者马上修理。

同步思考

如何在宾客情绪激动的情况下与其有效沟通？

理解要点：

第一，在宾客情绪激动时，服务人员要保持冷静、克制。

第二，服务人员应耐心倾听客人的叙述，给客人一个情绪平复的窗口。

第三，在坚持基本原则的基础上，尽量给宾客一个圆满的答复和解决方式。

3. 其他客房服务礼仪

（1）客房维修服务礼仪。房间如需维修时，应首先真诚地向客人致歉，感谢客人的理解和支持，并及时为客人提供附加值服务。维修完毕，维修人员应主动清扫维修垃圾，及时通知客房部整理客房，使客房尽快恢复原状。客房部应及时回访客人，就对客人造成的不便再次向客人致歉。

（2）客人需要洗涤或熨烫衣服时，客房服务员应及时收取客人衣服，并按时送还，按规定将洗涤好或熨烫好的衣服挂放整齐。

（3）客人租借用品时，房务员应热情受理，并向客人礼貌申明相关租借规定。如果无法提供租借用品，应主动提供建议，尽量帮助客人解决问题。

（4）清扫人员在过道内遇到客人，应立即停止手中的工作，向客人微笑致意，鞠躬15度，并轻声问候："您好！"待客人通过后再继续手中的工作。

4. 特殊情况服务礼仪

观察客人的习惯和禁忌，注意客人的身体变化，掌握客人的特殊要求，为客人及时提供各种周到细致的服务，并最大限度地满足客人提出的一切正当要求。如逢客人生日，应送上祝福。

（1）宾客在住宿期间生病，服务员应主动询问其是否需要到医院就诊，并给予热情关照，切不可自行给客人用药或代客买药。若客人患突发性疾病，应立即报告上司，并主动询问是否需要诊治，不可拖延时间。

（2）宾客住店期间，若发生酗酒现象，服务员应理智、机警地处理，尽量安置酗酒客人回房休息，并注意房内动静，必要时应采取措施。对醉酒吵闹的客人，要留意其动静，避免出现损坏客房设备、卧床吸烟而引起火灾、扰乱其他住客等事件，必要时通知上司和保安人员。对醉酒酣睡的客人，服务员要同保安人员一起扶其进房，同时报告上司。切不可单独搀扶客人进房或为客人解衣就寝，以防客人醒后产生不必要的误会。

（3）客人称钥匙遗忘在客房，要求服务员为其开房门时，应请客人出示住房卡，核对日期、房号、姓名等无误后，方可为其开门。若客人没有住房卡，应请客人到总台核对身份无误后，方可为其开门。

（4）客人在客房内丢失财物，服务员应安慰并帮助客人回忆财物丢失的过程，同时向上司和保安部报告，协助有关人员进行调查，不能隐情不报。

> **同步思考**
>
> 　　1.客房服务员发现宾客患病后,在积极建议他去附近医院就医的同时,为什么还要及时向上司报告?
> 　　答:为了确保事件的解决更加周密、严谨。
> 　　2.客房服务员发现醉酒酣睡的客人,要同保安或者其他工作人员一起扶其进房,同时报告上司,不可单独搀扶客人进房或为客人解衣就寝,这是为什么?
> 　　答:为了安全起见,以免客人酒醒之后产生误会和纠纷。

三、餐厅服务礼仪

当代社会,人们对餐饮服务水平的要求越来越高。饭店餐饮部要满足客人的要求、提升饭店的声誉,主要应做好三个方面:食品、饮料和服务。餐厅服务人员不仅要求具备高超的专业服务技能,还需要为客人提供热情、真诚和周到的礼仪服务。

(一)领台岗位服务礼仪

1. 迎宾服务礼仪

(1)餐厅迎宾服务人员应着装整洁挺括,仪容端庄,站姿优美,精神饱满,面带微笑,恭候在餐厅大门两侧,做好迎宾准备。

(2)在客人走近餐厅约1.5米时,应面带微笑注视客人,热情问候,对熟悉的客人宜用姓氏打招呼。当男女宾客一起走进来,应先问候女宾,再问候男宾。

(3)迎宾服务人员在接待中要积极主动,热情适度,耐心周到,保持良好的心态,给客人留下良好的第一印象。

(4)问清客人是否有预订,对已有预订的客人,要迅速查阅预订单或预订记录,将客人引到其所订的餐桌。如客人没有预订,应根据客人到达的人数、客人喜好、年龄、身份等情况安排合适的餐桌。

2. 引位服务礼仪

(1)引领客人应注意"迎客走在前,送客走在后,客过要让道,同走不抢道"的基本礼仪。引领时应在宾客左前方1米左右的距离行走,并用手示意"请跟我走",并不时回头示意宾客。

(2)主动请宾客入座,按照先主宾后主人、先女宾后男宾、先年长者后年轻者的顺序拉椅让座。多余的餐具和餐椅应及时撤走。

(3)客人入座后,值班服务员应及时递送香巾、茶水,并礼貌地招呼客人使用。递送时按顺时针方向从右到左进行,递送香巾要使用毛巾夹;端茶时要轻拿轻放,切忌用手指触及杯口。

(4)若餐厅内暂无空位,应向宾客表示歉意,并询问宾客是否愿意等候。如果客人表示可以等候,应让客人到休息室或想法设椅让客人暂坐等候;如果客人无意等候,应热情相送,并欢迎再来。

(二) 餐间服务礼仪

餐间服务中,服务员要做到"四勤",即眼勤、嘴勤、手勤、腿勤。工作中要注意仪态,多人站立时,应站在适当的位置,排列成行。

(1) 客人入座后,服务员要立即递上干净、无污损的菜单。应双手将菜单递送到客人面前,说:"请您点菜。"

(2) 客人考虑点菜时,服务员不要以不耐烦的语气或举动来催促,而应耐心等候,让客人有充分的时间选择菜肴。

(3) 为客人点菜时,应准备好纸和笔,微笑站立在客人一侧,认真记录客人点的每一道菜和饮料,点菜结束后要复述一遍,杜绝差错。

(4) 同客人说话时,要热情亲切,面带微笑,有问必答。当客人犹豫不定征求服务员意见时,应视时间、客人人数、大致身份、就餐目的等具体情况,善解人意地为客人推荐合适的菜肴。

(5) 了解每日菜肴供应情况,如果客人点的菜当日没有现货供应,要礼貌致歉,求得客人谅解,并向客人建议点其他类似的菜,防止出现客人连点几道菜均无货可供的尴尬局面。

(三) 上菜与分菜服务礼仪

(1) 上菜应从客人左侧进行,上菜位置在副主人右边,以不打扰客人为宜,但不要从主人和主宾之间上菜。每上一道新菜,须将前一道菜移至副主人一侧,将新菜放在主宾、主人面前,以示尊重。

(2) 上菜应按照顺序进行,依次为冷菜→例汤→热菜→汤→面点→水果。宴会在开餐前10分钟上齐冷盘,上冷盘的要求为:荤素搭配,盘与盘之间的间距相等,颜色搭配巧妙;所有冷菜的点缀花垂直冲向转盘边缘,入座10分钟后开始上热菜。传菜时必须使用托盘,热菜必须热上,凉菜必须凉上。并要控制好出菜和上菜的速度。

(3) 服务员要做到"三轻",即走路轻、说话轻、操作轻。传菜时要做到端平走稳、汤汁不洒、忙而不乱,上菜和撤菜动作要干净利落,做到轻、准、平、稳,不推、拉餐盘。

(4) 上菜时要选择合适的位置,宜在陪坐之间进行,不要在主宾和主人之间操作。上菜时要报菜名,必要时简应介绍所上菜肴的特色、风味特点等。

(5) 如菜肴较多,一般在一道菜用过1/3以后,再开始上下一道菜。每上一道菜,须将前一道菜移至副主人一侧,将新菜放在主宾、主人面前,以示尊重。菜上齐后,应礼貌告诉客人:"菜已上齐,请慢用。"

(6) 注意菜肴在台面的摆放格局。摆菜的基本要求是:讲究造型艺术,注意礼貌,尊敬主宾,方便食用。冷菜摆放时要注意荤素、色彩、口味的搭配;鸡、鸭、鹅、鱼等带头尾的菜,应根据当地的上菜习惯摆放。

(7) 派菜由服务员左手垫上布将热菜盘托起,右手使用派菜用的叉、匙,依次将热菜分派给宾客。派菜要掌握好数量,做到分派均匀,要做到一勺准,不允许把一勺菜分给两位宾客,更不允许从宾客的盘中往外拨菜。

(8) 及时撤下不用的和用过的餐具,撤换餐具时要先征得客人同意。如果客人正在使用餐具,应稍等片刻或轻声询问。撤换时动作要轻,不要将汤汁洒在客人身上。撤换的餐具要从一般客人的右侧平端出去,如果菜汤不小心洒在同性客人的身上,可亲自为其擦净;如洒在异性客人身上,则只可递上毛巾,并表示歉意。

(9) 撤盘一次不宜太多,以免发生意外。不要当着宾客的面处理餐盘内的残留物或把餐具堆起很高再撤掉。

(四) 斟酒服务礼仪

(1) 为客人斟酒时,要先征得宾客的同意,讲究规格和操作程序。凡是客人点的酒水,开瓶前,服务员应左手托瓶底,右手扶瓶颈,商标朝向主人,请其核对选酒有无差错,既可表现对客人的尊重,也证明商品质量的可靠。

(2) 服务操作要按照规范要求,应先从主宾开始,按顺时针的顺序逐次服务,主人的酒最后斟。斟酒在客人的右侧进行,不可站在同一位置为二位客人同时斟酒。

(3) 开拉酒水饮料瓶盖时,应在客人的侧后方朝外拉开,倒香槟酒或其他冰镇酒时,要用餐巾包好酒瓶再倒,以免酒水喷洒或滴落在客人身上。

(4) 斟酒量的多少,要根据酒的类别和要求进行。斟酒时手指不要触摸酒杯杯口,倒香槟或其他冰镇酒类,要使用餐巾包好酒瓶再倒。斟酒完毕,将瓶口稍稍抬高,顺时针旋转45度,提瓶,再用左手的餐巾将残留在瓶口的酒液拭去。

(五) 结账服务礼仪

(1) 客人用餐完毕要求结账时,服务员应立即核实账单,确定账单无误后将其放在收款盘里或收款夹内,账单正面朝下,反面朝上,送至客人面前,请客人过目。

(2) 当客人要直接去结账时,应客气地告诉客人账台的位置,并用手势示意。

(3) 住店客人签字,服务员要立即送上笔,同时有礼貌地请客人出示迎宾卡或房间钥匙。核实迎宾卡或钥匙时,检查要认真,过目要迅速,并向客人表示感谢。

(4) 客人起身离去时,应及时为客人拉开座椅,并注意观察和提醒客人不要遗忘随身物品。

(5) 服务员送客人至餐厅门口,向客人礼貌道别,可说"再见"、"欢迎您再来"等,目送客人离去。

四、康乐服务礼仪

康乐部作为向客人提供娱乐、健身等服务的部门,其特点是服务项目较多、设备设施精良、岗位分工较细等。工作人员必须认真履行职责,提供优质服务。

(一) 健身房服务员

(1) 着装整齐,仪容端庄,笑脸迎客,礼貌问候。

(2) 热情主动介绍设备器材的性能和操作方法,介绍健身项目的运动规则。客人要求指导时,应立即示范,热情讲解。

(3) 有的项目(如网球、壁球、桌球、乒乓球等),客人需要陪练时,应立即示范,服务员可按有关规定,请客人在办理付费手续后陪练。需协助记分时,也要乐意相助,不可无故推托。

(4) 当客人健身时,要特别注意客人的安全,随时准备提供保护,以防意外。

(5) 客人健身完毕,要礼貌送客,热情告别。

(二) 保龄球服务员

(1) 客人到来时,要表示欢迎,并把干净完好的保龄球鞋礼貌地递送给客人。

(2) 请客人选择适当重量的保龄球,恭敬地分配好球道,并送上记分单,主动征询是否需要协助记分。

(3) 对初次来的客人,要根据其性别、年龄、体重等,帮助选择重量适当的保龄球,并详细介绍活动的步骤与方法,提醒客人注意避免发生扭伤或损坏球道、设备等意外事故。

(4) 及时、有礼地询问客人需要什么饮料。

(5) 活动结束后,要礼貌地收回保龄球,恭请客人结账,然后道谢并礼貌告别。

(三) 卡拉 OK 包房服务员

(1) 客人来包房,要热情接待,礼貌问候,并引领客人到包房内适当的位置上。

(2) 迅速将酒水、食品从右侧送到客人的桌上,并根据客人的需要而适时补充。递送酒水时不要挡住客人的视线。

(3) 主动向客人介绍歌曲,帮助客人查找歌名。

(4) 在合适的时机为客人鼓掌,调动客人情绪。

(5) 结束后,恭请客人结账,礼貌道别。

教学互动

互动问题:服务礼仪对于酒店、旅行社、空乘这些行业和工作岗位有什么作用?

要求:

1. 教师不直接提供上述问题的答案,而引导学生结合本节教学内容就这些问题进行独立思考、自由发表见解,组织课堂讨论。

2. 教师应把握好讨论节奏,对学生提出的典型见解进行点评。

本章小结

内容提要

本章讲述了导游服务礼仪、空乘服务礼仪和酒店服务礼仪三部分内容。

导游是旅游活动的具体组织者、安排者和联系者,在整个旅游活动中处于非常重要的地位。导游接待礼仪包括导游形象礼仪、导游接待服务礼仪等。良好的导游接待礼仪是旅游活动圆满完成,与旅客和各方面实现有效沟通的重要保证。

空乘服务礼仪包括乘务员形象礼仪和客舱服务礼仪。良好的空乘服务礼仪有助于塑造良好的民航企业员工个人形象和企业形象。

酒店接待礼仪是指饭店服务人员出于对客人的尊重和友好而在服务中遵循礼仪。前厅服务礼仪包括迎宾服务礼仪、前台接待服务礼仪、电话总机礼仪。客房服务礼仪包括迎宾送客礼仪和日常服务礼仪。餐厅服务礼仪包括迎宾入座礼仪、点菜服务礼仪、餐间服务礼仪和结账送客礼仪。

核心概念

导游形象礼仪　导游接待服务礼仪　客舱服务礼仪　乘务员形象礼仪　前厅接待服务礼仪　客房服务礼仪　餐厅服务礼仪

重点实务

掌握导游礼仪规范在旅游服务中的灵活运用；空乘礼仪在民航服务中的灵活运用；酒店服务礼仪在酒店对客服务中的灵活运用。

知识训练

一、简答题

1. 导游带客游览服务礼仪规范有哪些？
2. 导游接站服务礼仪规范有哪些？
3. 乘务员在客舱巡视过程中的礼仪规范有哪些？
4. 前厅迎宾礼仪规范有哪些？
5. 客房服务员进入客房应注意哪些礼仪规范？
6. 点菜服务礼仪应遵循哪些礼仪规范？

二、讨论题

1. 酒店迎宾员在面对不同宾客（如常客、贵宾、残疾客人）时，该如何接待引领？
2. 导游员为不同宾客（如老人、儿童、外国人）讲解时应注意的礼仪规范有哪些？

能力训练

一、理解与评价

各个岗位（酒店前厅、酒店餐厅、客舱等）的服务礼仪各有哪些异同？

二、案例分析

重要的便笺

在北京某四星级酒店的客房部，实习生服务员小任正在清扫一间离店房。看到客人的行李已经全部收拾好，整齐地摆放在行李架上，小任就开始去收拾垃圾。她看到床头柜上有一张皱巴巴的便笺，认为是客人不要的废纸，便顺手把它丢进垃圾袋中。房间整理好，小任就去整理其他房间。那个房间的客人回来后，急忙找小任说："小姐，你有没有看一张小纸片？上面有个电话号码对我很重要。"小任一听傻了眼，就说："您的电话号码是不是在床头柜的便笺纸上写的？"客人说："我记得好像是放在那里。"小任说了声："对不起，我去给您找。"她马上到工作车上寻找，翻了半天，终于在垃圾袋里找回了客人记有电话号码的那张便笺，立即送还给客人。客人不住地向小任道谢。小任此时心里真不是滋味，是自己粗心扔掉了客人记的电话号码纸，给客人添了麻烦。还好及时找到了，没有耽误客人的事。小任经过此事后，便懂得了客房内无论是什么东西，哪怕是张小纸片，只要是客人的东西，都要保存

好,而不能随便扔进垃圾袋,否则会引起投诉,并且给客人带来大麻烦。

(资料来源:http://wenku.baidu.com/view/972ddfa6dd3383c4bb4cd252.html.)

问题:

1. 小任的服务违反了什么礼仪规范?

2. 正确的做法是怎样的?

三、实训项目

1. 物品准备:饭店员工制服(包括前厅迎宾、门童、总台人员制服),大件行李,手提包,雨伞,旅行社门市柜台等。

2. 角色扮演:一批学生分别扮演前厅服务人员与住店客人,演示迎宾、引领、入住、登记客房服务礼仪;另一批学生分别扮演旅行社门市工作人员与前来咨询的客人,演示旅行社门市接待礼仪,请其他学生找出不合规范之处。

3. 模拟导游:学生扮演导游和游客,在校内某一景点进行导游带团的服务礼仪演示,并进行现场观摩评议。

第八章
涉外礼仪

学习目标

通过本章学习,应当达到以下目标:

职业知识目标:了解旅游涉外礼仪的概念和基本通则;了解欧洲、亚洲、美洲、非洲主要客源的礼仪习俗;掌握涉外接待活动的基本礼仪规范。

职业能力目标:运用本章专业知识研究相关案例,掌握基本的国际交往礼仪,培养对外交往活动中的相关专业技能和交往技巧。

职业道德目标:结合涉外礼仪知识的教学内容,依照涉外交往规范和准则,在涉外活动中,能够以包容的心态和开放的胸襟,表现出与世界各国人民相互尊重、平等相待的友好礼仪风范。

引例:"女士优先"应如何体现

背景与情境:在一个秋高气爽的日子里,迎宾员小贺穿着一身剪裁得体的新制服,第一次独立地走上了迎宾员的岗位。一辆白色高级轿车向饭店驶来,司机将车停靠在饭店豪华大转门的雨棚下。小贺看到后排坐着两位男士、前排副驾驶座位上坐着一位身材较高的外国女宾。小贺移步上前,以优雅的姿态和专业的动作,先为后排客人打开车门。做好护顶、关好车门后,小贺迅速走向前门,准备以同样的礼仪迎接那位女宾下车,但那位女宾满脸不悦,使小贺茫然不知所措。通常后排座为上座,一般凡有身份者皆在此就座。优先为重要客人提供服务是饭店服务的常规程序,这位女宾为什么不悦?

(资料来源:陈刚平,周晓梅.旅游社交礼仪[M].北京:旅游教育出版社,2000.)

启示:伴随着国际交往活动越来越普遍,人们参与涉外活动的机会也日益增多。了解国际交往中应当遵循的国际惯例,熟知国际礼仪,从而避免因为文化、习俗的差异而产生的交往中的不便与矛盾,是非常重要的。在西方社会,"女士优先"是一个普遍被接受的礼仪原则,在日常社交活动中,尊重女士,请女士优先入座离座、上下车、进出门等,已经形成一种社会的共识。西方人有一种形象的说法:"除女士的

小手提包外,男士可以帮助女士做任何事情。"迎宾员小贺未能按照国际上通行的做法先为女宾打开车门,导致那位女宾满脸不悦。在涉外活动中,中方人员要尊重西方的这一礼仪原则。

第一节　旅游涉外礼仪概述

国际礼仪就是人们在国际交往中必须遵守的礼仪规范和行为准则,也可称为人际交往中的国际惯例。它是在国与国的交往中产生,由大家约定俗成并共同遵守的。遵循国际礼仪可以提高交往质量,有效避免因为各自文化、习俗差异而产生的误会。

一、旅游涉外礼仪的概念

国际礼仪是人们在国际交往中必须共同采用并且遵守的礼仪规范,是否懂得和遵守国际礼仪,成为衡量一个国家、民族文明进步程度的重要标准。

礼仪是人们在社会生活中交往时共同遵守的行为规范和处事准则。人们在相互交往时,要注意礼貌礼节,国与国之间交往,更加需要讲究礼仪。国际礼仪的出现是以国家的存在和不同国家之间的频繁交往为前提的。无论在东方,还是在西方,国际交往已有很长的历史。在长期国际交往的过程中,既有和平相处、友好往来、合作共融,也有矛盾、争斗和战争,这些都需要进行沟通和交流,需要有共同遵守的规范与准则,于是就逐渐形成了许多国家间通行的国际礼仪。国际礼仪可以分为两类:一类是国际社会上约定俗成并且为大家所遵守的礼仪;另一类是各国各民族固有并且一直传承延续的风俗习惯,外宾到此必须遵守。

随着近代工业的迅速兴起,商品经济的大规模发展,人际交往日趋频繁,交际礼仪成为人们社会生活中不可或缺的因素。讲究礼节、注意礼貌、遵守一定的礼仪规范,已成为现代文明社会生活的一项重要标志。现代的国际关系,伴随人类交往的不断增长,已有了巨大的发展变化。首先是国际交往的规模和数量日益扩大和增加。其次是各国之间的交往已越来越频繁。再次是国际交往的途径不断增加,国际交往的内容更加丰富,参加国际活动的人员范围广、数量多。

礼仪习惯的演变,加上国际关系迅速、广泛发展,必然使过去通用的国际礼仪规则也发生相应的变化,从而形成适应时代发展需要的现代国际礼仪。国际礼仪作为世界各国普遍认同和遵守的行为规范和处事准则,与其他礼仪相比,既有共性,又有独特性。正确了解这些特征,对于我们进一步认识和运用国际礼仪有很大帮助。

（一）国际礼仪具有普遍性的特征

国际礼仪以国际惯例为基本内容，是国际交往中约定俗成的习惯性做法。在某一个国家或者某一个地区通行的礼仪，只要没有在世界范围内通用就不是真正意义上的国际礼仪。相反，在世界范围内通用的礼仪，尽管没有被少数国家或地区所接受，却不影响其国际礼仪的性质。世界上不同国家、不同民族的风俗习惯千差万别，正因为这样，在国际交往中一定要有遵循国际惯例的意识，只有遵守这些国际惯例，才能使交往双方互相尊重，才能实现积极有效的交流与沟通。

例如，座次的排列，在国际国内交往中都是一个不可回避的问题。中国的传统做法是以左为尊，但是国际交往中约定俗成的惯例是以右为尊。因此，中国人在参加涉外活动时，也要遵守以右为尊的座次礼仪。因为欧美文化与我国的国情、习俗有较大的差异，因此在礼仪的实际运用中就必须考虑所处的环境，就应该有国际化的胸怀、国际化的视野，就要讲究国际规则，运用国际礼仪。

（二）国际礼仪具有包容性的特征

国际礼仪是世界各国、各民族在长期交往中逐步形成的行为规范和处事准则，它是以国际范围为适用范围的，吸纳了世界不同国家和不同民族的礼仪形式和内容，并非某一个国家、某一个民族所创造的。国际礼仪主要起源于西方国家，受西方文化影响较深，但是不能认为国际礼仪就是欧美礼仪。现在通行的国际礼仪，不仅有欧洲、美国的礼仪，也包括世界其他国家礼仪的精华部分。因此说，国际礼仪与世界各国、各民族本身所具有的礼仪文化是相互依存、相互补充和相互包容的关系。随着国际礼仪的不断演变，它将越来越多地借鉴吸收世界各国礼仪中的优秀成分，从而发展成为更加具有包容性和丰富性的礼仪规范体系。

（三）国际礼仪具有与时俱进的特征

国际礼仪活动更加讲求实效，活动的形式更加多样化。礼仪植根于不同国家、不同民族的习俗中，中国的礼仪是中华民族的文化结晶，欧美的礼仪是欧美文化的结晶，那么国际礼仪就是国际大家庭文化的结晶，但这个礼仪的结晶是以不同时代为背景的。社会的发展、历史的进步会出现很多新问题、新情况。同时，随着经济全球化，各个国家、各个地区、各个民族之间的交往日益密切，它们之间的礼仪也就不断地相互影响、相互渗透、相互取长补短，不断地增加新的内容。这就要求国际礼仪与时代同步变化、发展，以适应新形势下的新要求。

二、国际礼仪通则

国际礼仪作为国际社会成员所遵守的行为规范和处事准则，必然存在一些具有普遍意义和指导性的基本原则。在国际交往中，可能会出现各种各样、错综复杂的情况与问题，熟悉和了解国际礼仪的基本原则，对于我们解决、处理这类问题具有重要意义。同时，掌握国际礼仪的基本原则可以使自己的言行举止更加符合国际礼仪的要求，有利于充分发挥礼仪在国际关系中的积极作用。

（一）忠于祖国

对于世界上任何一个国家的公民，在从事涉外活动时，忠于自己的祖国都应该是放在第一位的，是最基本的要求。在涉外活动的具体实践中，遵守忠于祖国的基本原则，主要表现

在要热爱祖国、热爱人民、拥护本国政府等方面。同时,在国际交往中,严守纪律,不随意谈论我国内部未公开发布的信息、不泄露国家机密,也是忠于祖国的具体表现。

(二) 遵时守信

遵时守信作为国际礼仪的基本原则之一,事关信誉和形象。遵时是指约会必须要信守时间约定,参加任何外事活动,都应该按照约定的时间准时到达,由于难以预料的因素导致失约或迟到,要向对方及早通报,解释缘由并表示歉意。守信是指在一切国际交往中应该慎重承诺,量力而行,必须严格遵守承诺,做出承诺就一定要兑现。在现代社会,信誉就是效率、信誉就是形象、信誉就是生命。在国际交往中,信守时间,遵守承诺,是取信于人的基本要求。

(三) 入乡随俗

入乡随俗是指了解交往对象所在国家和地区的特有习俗,予以尊重并遵从。入乡随俗包括对交往对象所在国家、地区的宗教、风俗、习惯、语言等方面的尊重,了解其与本国、本民族文化的不同和禁忌,在言谈举止上引起重视,在理解的基础上予以尊重。世界各国、各民族在其发展的历史过程中,创造了光辉灿烂的文化,形成了各种风俗习惯,很多民族非常重视自己的文化和习俗,若无意中出现行为不恭或触犯了禁忌,就会引起不愉快,造成不良影响,甚至发生纠纷。所以说,入乡随俗有益于增进国际交往中彼此之间的理解与沟通,有助于恰如其分地向交往对象表达我方的亲善友好。另外,我方在涉外交往中作为客人时,应当"客随主便",这也是入乡随俗的一种具体表现。

(四) 不卑不亢

在涉外活动中,每一个人都必须意识到自己代表着自己的国家,在交往中,既不能自卑畏惧、低三下四,也不能趾高气扬、傲慢无礼。妄自菲薄和狂妄自大都是无知的表现,更不符合国际礼仪通则。正确的态度应是不卑不亢、热情有度,用规范得体的方式塑造、维护自己的个人形象。在涉外交往中,不卑不亢是事关国格、人格的大是大非问题,"外交无小事",外事人员的一言一行都代表着国家与民族的形象,在涉外交往中,待人不仅仅要热情友好,更重要的是要把握好分寸。

(五) 求同存异

世界各国的礼仪和习俗都存在着一定程度的差异,不同文化背景的人的礼仪和习俗有着各自的特点,许多民族的习惯与国际上通行的礼仪有所不同甚至大相径庭。对于这些差异性,应首先予以承认,"求同存异"就是承认这些差异性的具体做法。"求同",就是要遵守有关礼仪的国际惯例,要重视礼仪的"共性"。"存异"则要求对他国的礼俗予以尊重,不可忽略礼仪的"个性",并在必要的时候采用双方共同接受的礼仪,保留不同点。

(六) 以右为尊

在国际交往中,无论是在政务活动、商务往来、文化交流还是社交应酬、私人交往等场合,只要涉及位次,原则上都讲究以右为尊。以右为尊的具体做法是:在涉外交往活动中,为了表示对客人的尊重,主人应主动居左,请客人居右。由于我国的传统做法是以左为尊,在国际交往中,要特别注意内外有别,坚持以右为尊的国际通则,以表示对交往对象的尊重。

(七)女士优先

女士优先是国际社会公认的一条重要的礼仪原则,其含义是在一切社交场合,每一名成年男子,都有义务尊重、照顾、关心、保护女士,并且想方设法、竭尽所能地为女士排忧解难。强调女士优先,不是因为女性是弱者,值得同情、怜悯,而是因为西方人认为女性是人类的母亲,对女性给予优待,是对母亲的尊重和感恩。值得注意的是,女士优先主要适用于社交场合。另外,在阿拉伯国家、东南亚地区以及日本、韩国等国,"男尊女卑"的意识依然比较浓厚。

(八)尊重隐私

个人隐私指的就是一个人出于个人尊严和其他某些方面的考虑,不愿意公开、不希望别人了解或打听的个人秘密或者私人事宜。在国际交往中,人们普遍讲究尊重个人隐私,认为尊重个人隐私与否是一个人在待人接物方面有没有教养、能不能尊重交往对象的重要标志之一。在许多国家,个人隐私还受到法律的保护。因此,在涉外交往中,一定要充分尊重对方的个人隐私权,在言谈话语中,凡涉及对方个人隐私的一切问题,都应该自觉地、有意识地予以回避,在发现对方不想回答时,要适可而止。在国际交往中,收入支出、年龄大小、恋爱婚姻、健康状况、家庭住址、个人经历、信仰政见等都属于个人隐私问题,要尊重外国友人的个人隐私,就必须自觉地避免在与对方交谈时主动涉及这些方面的问题。

第二节 主要客源国礼仪

风俗是人类社会发展中长期沿袭下来的各种习惯的总和。习惯则是维护风俗并将其传给下一代的最简单的一种形式。世界上有200多个国家和地区,人口约50多亿人,分属于2000多个大小民族。由于各国地理位置、气候条件、历史沿革、社会制度的不同,因而有着各自独特的礼仪习俗和生活特点。了解世界各民族的礼仪习俗,不仅能帮助我们开阔视野、增长知识,而且能使我们透过礼仪习俗的表象,深化对不同民族心理素质的认识,也是我们开展对外联络,促进经济、文化交流的重要前提。

一、亚洲主要客源国礼仪习俗

亚洲是世界上较早的人类文明发祥地之一,亚洲许多国家和地区有着丰富的、各具特色的自然旅游资源和人文旅游资源。由于历史、文化、地缘等方面的密切联系和便利条件,从20世纪80年代后期开始,东亚、东南亚、东北亚各国就成为中国旅游业的重要客源国。

(一)韩国的民俗礼仪

韩国位于亚洲东北部,与我国山东半岛隔海相望,是我国的近邻。首都为首尔,国花为木槿花,国歌为《爱国歌》,货币名称为韩元。

1. 节庆习俗

韩国的节日较多,有元宵节、清明节、端午节和重阳节等,而端午节也是韩国的儿童节。韩国民众喜闻乐见的体育活动有射箭、拔河、风筝、摔跤、围棋,同时,女性还流行荡秋千的传统习俗。

2. 礼貌礼节

韩国人民的民族自尊心强,人们普遍注重礼貌礼节。韩国人初次见面时,常以交换名片相识。若与长辈握手,还要以左手轻置于其右手之上,躬身相握,以示恭敬;与长辈同坐,要保持姿势端正、挺胸,绝不敢懒散;若想抽烟,须征得在场长辈的同意;用餐时,不可先于长者动筷等。男子见面,可相互行鞠躬礼并握手。但女性与人见面通常不与他人握手,只行鞠躬礼。韩国人注重服饰,男子穿西服、系领带。

如果应邀去韩国人家里做客,按习惯要带一束鲜花或一份小礼物,用双手奉上。受赠者不应当着赠送者的面把礼物打开。进入室内时,要将鞋子脱掉留在门口,这是最基本的礼仪。

3. 饮食习惯

韩国人爱吃辣,以他们热气腾腾的辛辣食物而自豪。对韩国人来说,汤是每餐必不可少的。韩国人在用餐时很讲究礼节,用餐时不随便出声,不可边吃边谈。多数人使用筷子进餐。

4. 禁忌

韩国人认为"4"是个不吉利的数字,因此,许多楼房的编号严禁出现"4"字,医院、军队绝对不用"4"字编号。韩国人喜欢单数,忌讳双数,在饮茶或饮酒时,主人总以1、3、5、7的数字编号来敬酒、布菜。

知识活页

韩国的商务礼俗

前往韩国进行商务访问的最适宜时间是每年2月到6月以及9月、11月和12月,应尽量避开多节的10月以及7月到8月中旬、12月中下旬。

韩国商务人士与不了解的人来往,要有一位双方都尊敬的第三者介绍和委托,否则不容易得到对方的信赖。为了介绍方便,要准备好名片,中英文或韩文均可,但要避免在名片上使用日文。到公司拜会,必须事先约好。会谈的时间最好安排在上午10点到11点左右,下午2点或3点也可。

韩国商人不喜欢直说或听到"不"字,所以常用"是"字表达他们有时是否定的意思。在商务交往中,韩国人比较敏感,也比较看重感情,只要感到对方稍有不敬,生意就会告吹。韩国人重视业务中的接待,宴请一般在饭店举行,吃饭时所有的菜一次上齐。

(二)日本的民俗礼仪

日本是亚洲东部的一个由群岛组成的国家。首都为东京,以日语为国语,国花为樱花,国歌为《君之代》,货币名称为日元。

1. 节庆习俗

日本的主要节日为元旦,其庆祝方式相当于中国的春节。除夕晚上全家团聚吃过年面,半夜听钟声"守岁",各寺庙钟声齐鸣,响108下,据说可以消除108个魔鬼。元旦早晨吃年糕汤,下午全家出动去亲友家拜年。成人节(1月15日),按日本法律规定,年满20周岁为成年。儿童节有男孩子节和女孩子节之分。女孩子节(3月3日)又称"雏祭",凡有女孩子的家庭要陈设穿着民族服装的玩具女娃娃。男孩子节(5月5日)旧称"端午节",过去与我国端午节相似,家家户户吃糕团或粽子。有所不同的是,节日里凡有男孩的家庭,家门外要挂上各色大小不一的鲤鱼旗,家里有几个男孩就挂几面鲤鱼旗。樱花节(3月15日至4月15日),在此期间日本各地樱花盛开,男女老幼纷纷参加游园赏花活动,并饮酒跳舞,迎接春天的到来。敬老节(9月15日),这一天人们都到退休的老人家中表示慰问,在整个社会上形成一种尊重老人的风尚。

2. 礼貌礼节

日本人遵时守信,在公共场合注重保持安静和干净。日本是一个以注重礼仪闻名的国家,在日常生活中,人们非常讲究礼貌,注重礼节。凡对客人、长者和上级都要用敬语讲话,初次见面时要鞠躬。鞠躬要脱帽,眼睛向下,表示诚恳亲切。初次见面,只是鞠躬,一般不握手。如果遇到老朋友或比较熟悉的人,则会主动握手。如遇女性,女方主动伸手才可握手,但不要用力或久握。日本人一般不愿在走廊中拉着客人长谈,喜欢在休息室或房间交谈。

日本人比较注重仪表,在正式场合一般穿礼服。和服是日本传统的民族服装,在隆重的社交场合或节庆时,日本人会穿和服出席。主人未请客人宽衣时,不要随便脱衣;如需要宽衣,应先征得主人的同意。一般场合不允许穿背心或赤脚,否则,会被认为是不礼貌的行为。

3. 饮食习惯

日本人的饮食习惯与我国人民有许多相似之处。主食为米饭,副食主要是蔬菜和鱼类。日本人爱吃鱼,如蒸鱼、生烤鱼、炸鱼片、鱼片汤等,但都要把骨刺去掉。他们还有吃生鱼片的习惯,吃时一定要配辣根,以便解腥杀菌。日本人喜欢吃清淡的菜,忌油腻,爱吃味鲜带甜的菜。还爱吃牛肉、鸡蛋、清水蟹、海带、精猪肉、豆腐等,但不喜欢吃羊肉、肥肉和猪内脏。

4. 禁忌

日本人忌荷花图案,认为荷花是妖花。忌绿色,认为绿色是不祥之兆。忌"9"、"4"等数字,因"9"在日语中的发音和"苦"相似。赠送礼品时,切勿赠数字为"9"的礼物,否则会产生误会,以为你把对方看作强盗。"4"的发音和"死"相同,故在安排食宿时,要避开4层楼和4号房及4号餐桌等。日本商人还忌"2月"、"8月",因为这是营业的淡季。此外,日本人讨厌金银眼的猫,认为看见这种猫的人要倒霉。

同步思考

问题:日本和服穿着的场合主要有哪些?

理解要点:成人节,婚礼,重要的社交活动。

(三) 泰国的民俗礼仪

泰国位于中南半岛中部,是亚洲产象最多的国家之一。泰国产象,尤以白象为珍贵,敬之如神,故泰国又有"白象国"之称。以佛教为国教,泰国上至王公,下至平民,90%以上的人信奉佛教。僧人身穿黄衣,故有"黄衣国"之称。首都为曼谷,以泰语为国语,国花为睡莲,国歌为《泰王国歌》,货币名称为泰铢。

1. 节庆习俗

主要节日为元旦,又称佛历元旦,庆祝活动十分隆重。送干节(泰历4月3日至16日),"送干",在泰语中是"求雨"的意思,因泰国的送干节内容和缅甸的泼水节相似,故又称"泼水节"。水灯节,又称佛光节(泰历12月15日),是泰国传统节日之一,它不仅是喜庆丰收、感谢河神的节日,也是青年男女追求爱情和祈求神佑的欢乐日子。春耕礼(泰历5月),是由国王亲自主持的宫廷大典之一。

2. 礼貌礼节

泰国人在待人接物中,有许多约定俗成的规矩。朋友相见,双手合十,互致问候,晚辈向长辈合十行礼,双手要举到前额,长辈也要合十回礼,以表示接受对方的行礼。年纪大或地位高的人还礼时,手部不必高过前胸。行合十礼时双掌举得越高,表示尊敬的程度越深。在特定场合下,平民、官员乃至总理拜见国王及其近亲时行跪拜礼。国王拜见高僧时也须下跪,儿子出家为僧,父母亦跪拜于地。

3. 饮食习惯

主食为大米,副食主要是鱼和蔬菜。泰国人特别喜爱吃辣椒,还喜食鱼露。不喜欢酱油,不爱吃牛肉和红烧的菜肴。

4. 禁忌

泰国人非常重视头部,认为头颅是智慧所在,是神圣不可侵犯的。如果用手触摸泰国人的头部,则被认为是极大的侮辱,如果用手打了小孩的头部,则认为小孩一定会生病。睡觉忌头向西方,因日落西方象征死亡。忌用红笔签名,因人死后用红笔将其姓氏写在棺材上。脚被认为是低下的,忌用脚踢门,否则会受到人们的指责。此外,泰国人就座时,最忌跷腿,把鞋底对着别人,这被认为是一种侮辱性的举止——把别人踩在脚底下。妇女就座时,双腿要靠拢,否则会被认为缺乏教养。

(四) 新加坡的民俗礼仪

新加坡是马来半岛南端的小国,风景优美,气候宜人,是以"花园城市"享誉世界的国家。新加坡一词来自梵文,是"狮子城"之意。国花为卓锦·万代兰(亦称胡姬花),国歌为《前进吧,新加坡》,货币名称为新加坡元。

1. 礼貌礼节

新加坡人非常讲究礼貌礼节,该国旅游业得以迅速发展的一个重要原因就是服务质量高。其风俗习惯因民族及宗教信仰而异。新加坡华人的传统习俗与我国相似,如两人见面时相互作揖或鞠躬、握手;新加坡印度血统的人仍保留着印度礼节和习俗,妇女额头上点着檀香红点,男人扎白色腰带,见面时合十致意;新加坡马来血统、巴基斯坦血统的人则按伊斯兰教的礼节行事。新加坡特别讲究卫生,在该国随地吐痰、弃物者均要受到法律制裁。

2. 饮食习惯

主食为米饭、包子,早点多用西餐,不吃馒头,下午常吃点心。副食品主要为鱼虾,如炒鱼片、炒虾仁、油炸鱼等。偏爱中国的广东菜。信奉伊斯兰教的人喜欢吃咖喱牛肉。水果方面,爱吃桃子、荔枝、梨等。

3. 禁忌

新加坡人忌说"恭喜发财"之类的话,他们认为"发财"两字含有"横财"之意,而"横财"就是不义之财。因此祝愿对方"发财",无异于挑逗、煽动他人损人肥己,是对社会有害的行为。新加坡人视紫色、黑色为不吉利之色。黑、白、黄为禁忌色。和新加坡人谈话,忌谈宗教与政治方面的问题。

(五) 马来西亚的民俗礼仪

马来西亚位于东南亚,马来西亚人大多信奉伊斯兰教,其他宗教信仰者虽有,但为数不多。国花为扶桑花,国歌为《我的祖国》,首都为吉隆坡,货币名称为林吉特。

1. 节庆习俗

除国庆节、元旦外,马来西亚的穆斯林要过两个重要的宗教节日,即开斋节和古尔邦节。

2. 礼貌礼节

马来西亚人友好善良,注重礼貌礼节,尊老爱幼,其礼貌礼节规范类似于其他信奉伊斯兰教的国家。

3. 饮食习惯

大多数马来西亚人受伊斯兰教的影响,喜食牛、羊肉,饮食口味清淡,怕油腻,爱吃的其他副食还有鱼、虾等海鲜和鸡、鸭等家禽以及新鲜蔬菜。马来西亚人爱椰子油和椰子汁,他们用椰子油烹调做菜,并用咖喱粉作为调料。他们爱好用烤、炸、爆、炒、煎等烹调方式做菜,口味甜中带辣。

4. 禁忌

马来西亚人忌谈及猪、狗的话题。忌食狗肉、猪肉,忌讳使用猪皮革制品,忌用漆筷(因漆筷在制作过程中用了猪血)。不能用左手为别人传递东西,认为左手是不干净的。此外,在公共场合,不论男女,衣着都不得露出胳膊和腿部。忌讳的数字是0、4、13。在马来西亚是禁酒的,因此在用餐时不用酒来招待客人。

二、欧洲主要客源国礼仪习俗

欧洲位于东半球西北部,那里国家众多,人口相当密集,民族种类较多,语言要用语系分

类。习惯上,人们还可以把欧洲细分为东、南、西、北、中五个区域。其中,北欧的瑞典、芬兰、丹麦、挪威,西欧的英国、荷兰、法国、比利时,中欧的德国、奥地利、瑞士,以及南欧的意大利、西班牙等国家,自然环境优美,文化古迹颇多,国民生活水平较高,吸引世界各地游客去观光游览。同时,每年大量的欧洲游客也涌向世界各地,欧洲是世界上较大的旅游客源地。

(一) 英国的民俗礼仪

英国是大不列颠及北爱尔兰联合王国的简称。英国位于欧洲西部大西洋的不列颠群岛上。英格兰人占80%以上,其余为苏格兰人、威尔士人和爱尔兰人等。大部分英国人信奉基督教,少部分英国人信奉天主教。首都为伦敦,国花为玫瑰花,国歌为《神佑女王》,以英语为国语,货币名称为英镑。

1. 礼貌礼节

英国人较保守,注重礼节和自我修养。讲究衣着打扮,什么场合穿什么服饰都有一定惯例。见面时对尊长、上级和不熟悉的人用尊称,并在对方姓名之前冠以职称、衔称或先生、女士、夫人、小姐等称呼,亲友和熟人之间常用昵称。初次相识的人相互握手,微笑并说:"您好!"在大庭广众之下,人们一般不行拥抱礼,男女之间除热恋者之外一般都不手拉手走路。

英国人时间观念很强,而且照章办事。若请英国人吃饭,必须提前通知,不可临时匆匆邀请。到英国人家里赴宴,不能早到,以防主人还未准备好而导致失礼。与英国人谈话不要涉及政治、宗教和有关皇室的小道消息,也要避免使用English(英格兰人)这个词,而要用British(不列颠人),这样会使所有英国人感到满意。他们非常注重隐私,不喜欢被问及家事、私事、个人职业、收入、年龄、婚姻等。英国人尤其讲究"绅士"、"淑女"风度,认为这种风度是他们的骄傲。他们感情内向,不轻易动感情或表态。他们视夸夸其谈为缺乏教养,视自吹自擂为低级趣味。人们交往时常用"请"、"对不起"、"谢谢"等礼貌用语,即使家庭成员之间也是如此。

2. 饮食习惯

英国人不爱辣味,喜欢清淡、鲜嫩的口味。早餐丰盛,午餐较简单,晚餐为一天中的正餐,喜爱吃牛(羊)肉、鸡、鸭、野味、油炸鱼等。讲究一些的英国人通常还要把午后茶也算一餐。英国人用餐时调味品大都放在餐桌上,由进餐者自由挑选。

英国人爱喝茶,把茶当作每天必不可少的享受,茶叶消费量居西方各国之首。英国人喝茶的习惯不同于中国,倒茶前,要先往杯子里倒入冷牛奶或鲜柠檬,加点糖,再倒茶制成奶茶或柠檬茶。他们还喜欢喝威士忌、苏打水、葡萄酒和香槟酒,有时还喝啤酒和烈性酒。在斋戒日和星期五,英国人正餐一律吃鱼,不食其他肉类,因为这是耶稣的受难日。

3. 禁忌

英国人忌用人像、大象、孔雀作服饰图案和商品装潢。他们认为大象是愚笨的,孔雀是淫鸟、祸鸟,连孔雀开屏也被认为是自我吹嘘和炫耀。忌数字"13"和"3"。与英国人坐着谈话忌两腿张得过宽,更不能跷起二郎腿。若站着谈话,不可把手插入衣袋。忌当着英国人的面耳语和拍打肩背。忌送百合花,他们认为百合花意味着死亡。

(二) 法国的民俗礼仪

法国位于欧洲大陆的西部。大多数法国人信奉天主教。首都为巴黎,国花为鸢尾花,国歌为《马赛曲》,以法语为国语,现在的货币名称为欧元。

1. 礼貌礼节

法国人热情开朗,浪漫乐观,喜欢交际,非常健谈。法国人讲究服饰美,尤其是法国女性衣着非常时髦,深谙化妆的技巧。法国化妆品的产量和质量都居世界前列,尤其是香水和口红。法国人热爱自由,纪律性不强,与法国人约会必须事先约定时间,不要早到。法国人非常讲究公共卫生,在公共场所不能有懒散动作,也不能大声喧哗。

法国人喜欢行亲吻礼。据考证,法国是世界上最早公开行亲吻礼的国家,也是使用亲吻礼频率最高的国家。

2. 饮食习惯

法国人的烹调技术世界闻名,用料讲究,花色品种繁多,其口味特点是肥浓、鲜嫩、味美,注重色、香、味和营养。法国人早餐一般爱吃面包、黄油,喝牛奶、浓咖啡等;午餐喜欢吃炖鸡肉、炖牛肉、炖火腿、炖鱼等;晚餐很讲究,多吃猪肉、牛(羊)肉、鱼、虾、海鲜、蜗牛、家禽等肉类,忌食无鳞鱼。法国人烹调时用酒较多,肉类菜不烧得太熟,如牛排三四分熟即可,有的肉最多七八分熟。对牡蛎一般喜欢生吃,配料爱用蒜、丁香、香草、洋葱、芹菜、胡萝卜等。法国人不吃辣的食品,喜欢酥食点心和水果。爱喝葡萄酒、威士忌、牛奶、红茶、咖啡、清汤等。法国人喜食奶酪,号称"奶酪王国",奶酪品种超过300种。

3. 禁忌

法国人忌黄色的花,认为其是不忠诚的表示。忌黑桃图案,认为不吉利。忌墨绿色(第二次世界大战期间德国纳粹的军服是墨绿色的)。忌仙鹤图案,认为其是蠢汉和淫妇的象征。忌送香水和化妆品给女士,因为它有过分亲热或图谋不轨之嫌。

(三)德国的民俗礼仪

德国位于中欧西部。一半以上德国人信奉基督教,其他德国人多信奉天主教。首都为柏林,国语为德语,国花为矢车菊,国歌为《德意志之歌》,现在的货币名称为欧元。

1. 节庆习俗

主要节日有慕尼黑啤酒节(每年9月最后一周到10月第一周),节日期间,人人举杯开怀畅饮,啤酒的消费量居于世界第一位,所以称慕尼黑为"啤酒之都"。狂欢节(每年11月11日11时11分开始,到次年2月复活节前夕结束),狂欢节的最后一个星期四称为"妇女节",这一天妇女们不但可以坐市长的椅子,还可以拿着剪刀,在大街上剪下男子的领带。

2. 礼貌礼节

德国人勤勉、矜持、有朝气、守纪律、好清洁、爱音乐。德国人颇为注重衣着打扮,外出时必须穿戴整齐;见面打招呼须在姓前加上头衔,不要直呼其名;时间观念强,约会讲究准时。在宴席上,男子坐在女性和地位高的人的左侧,女士离开和返回饭桌时,男子要站起来以示礼貌。请德国人进餐,事先必须预约。与他们交谈最好谈原野风光。个人的业余爱好多为体育活动。接电话要首先告诉对方自己的姓名。

3. 饮食习惯

早餐简便,一般只要吃面包、喝咖啡即可。午餐为主餐。主食为面包、面条、米饭,副食为土豆、瘦猪肉、鸡鸭、野味、鸡蛋等,不大喜欢吃羊肉、鱼虾、海味。菜肴喜清淡、酸甜,不喜

欢辣味。德国人喜欢喝啤酒,被称为"啤酒之国"。德国人在外聚餐,一般要各自付钱。

4. 禁忌

德国人忌茶色、红色、深蓝色。服饰和其他商品包装上忌用纳粹标志或类似符号,忌食核桃,忌随意送玫瑰花。

知识活页

德国的成人礼

在宗教习俗里,年满14岁就算是成人了,便要举行成人礼。德国的成人礼不仅有宗教的含义,而且还被赋予了新的意义。每年的4—5月份,全国年满14岁的少男少女都要集体举行成人礼。由政府要员和社会名人向他们讲解作为成人应对社会承担的责任和义务,并勉励他们努力学习,好好报效祖国,接着是举行宣誓仪式。最后,在晚上举行舞会,共同庆祝人生重要的转折点。

(四)俄罗斯的民俗礼仪

俄罗斯位于欧洲东部和亚洲北部。主要宗教为东正教。首都为莫斯科,国花为向日葵,以俄语为官方语言,货币名称为卢布。

1. 节庆习俗

俄罗斯人除重视宗教节日外,还把圣诞节的传统习俗与过新年结合起来,身穿皮袄的圣诞老人称冬老人,代表旧岁;体态轻盈的雪姑娘,代表新年。这一老一少在辞旧迎新的晚会上,给人们分发礼物,受到大家欢迎。大多数俄罗斯人喜欢在家乡过年,男子们痛饮伏特加,当电视或广播里传出的克里姆林宫的钟声响了12下后,男女老少互祝新年快乐。

2. 礼貌礼节

俄罗斯人性格开朗、豪放、集体观念强。主人给客人吃面包和盐,是最尊重的表示。他们与人见面,大都行握手礼,熟人之间还行拥抱、接吻礼。男人外出活动时,十分注重仪表仪容,一定要把胡子刮净;赴约准时,在社交场合,处处表现出对女性的尊重。

3. 饮食习惯

俄罗斯人以面包为主食,以肉、鱼、禽、蛋为副食。喜食牛、羊肉,爱吃带酸味的食品,口味较咸,较油腻。喜吃焖、煮、烩、炖的菜,也吃烤、炸的菜。对黄瓜、西红柿、土豆、萝卜、洋葱等蔬菜以及奶酪、水果特别喜爱。俄罗斯人爱喝酒,酒量一般较大,喜欢酒精浓度高的烈酒。不爱喝葡萄酒、绿茶,喜欢喝加糖的红茶。

4. 禁忌

与俄罗斯人说话,要坦诚相见,不能在背后议论第三者,更不能说他们小气。对女性要十分尊重,忌问她们的年龄和服饰价格等。

(五)意大利的民俗礼仪

大部分意大利人信奉天主教。首都为罗马,国花为雏菊,国歌为《马梅利之歌》,以意大利语为官方语言,货币名称现为欧元。意大利的旅游资源丰富,旅游业十分发达。

1. 节庆习俗

意大利人过圣诞节、复活节、降灵节的盛况为世人所瞩目。此外,意大利还有国庆节(6月2日)、建城节(4月21日)、狂欢节(每年2月中旬进行)、情人节(2月14日)等。

意大利过除夕之夜别具一格,人们燃放爆竹烟火,并在一起唱歌跳舞。午夜时分,家家户户将旧瓶、旧盆、旧坛、旧罐等全部扔出户外摔碎,这是意大利人过新年的传统方式。

2. 礼貌礼节

意大利人热情好客,亲友之间经常跳舞联欢。待人接物也颇多艺术情调,见面礼是握手或招手示意;对长辈、有地位和不太熟悉的人,须称呼其姓,并冠以"先生"、"太太"、"小姐"和职称;与意大利人谈话要注意分寸,一般谈论工作、新闻、足球皆可,不要谈论政治和美式橄榄球。

3. 饮食习惯

意大利人喜欢吃面食,如通心粉、馄饨、葱卷等。爱吃牛(羊)肉、鸡、鸭、鱼、虾、海鲜等。菜肴以原汁原味闻名。烹调以炒、煎、炸、焖著称。酒(特别是葡萄酒)是意大利人离不开的饮料,不论男女几乎每餐都要喝酒,甚至在喝咖啡时,也要掺上一些酒。每逢节日,更是开怀痛饮。

4. 禁忌

意大利人忌菊花,因菊花盛开的季节,正是他们扫墓祭奠亡灵之时。

三、其他主要客源国礼仪习俗

美洲以巴拿马运河为界,分为北美洲和南美洲。大洋洲是世界第七大洲,是由澳大利亚、新西兰等组成的。非洲位于东半球的西南部,面积仅次于亚洲,是世界文明的发源地之一。

(一) 美国的民俗礼仪

美国地处北美洲中部。50%的人信奉基督教和天主教,其余的人大多信奉犹太教和东正教。首都为华盛顿,国花为玫瑰花,国歌为《星条旗永不落》,以英语为国语,货币名称为美元。

1. 礼貌礼节

美国人以不拘小节著称于世。因为他们一般性格开朗、举止大方,即使素不相识,谈笑间也毫不拘束。美国人第一次同他人见面常直呼对方的名字,不一定行握手礼,有时只是笑一笑,打声招呼就可以。

美国人不随便送礼,只有在朋友生日、结婚时送上礼品。当被邀请去朋友家做客时,必须预备小礼物送给主人,收到礼物的人要马上打开,夸奖并感谢一番。美国人在接到礼物、参加宴会、得到朋友帮助时,都要写信致谢;赠送亲友礼品时也要写信,或者在礼品上附卡片。美国人一般有晚睡晚起的习惯,因此,在外出参观时,需及时提醒他们。

2. 饮食习惯

美国人的口味特点是咸中带甜,喜生、冷、清、淡。一般不在厨房用调料,而是把酱油、醋、盐、胡椒等放在餐桌上自行调味。喜爱黄油做的菜肴,忌食动物内脏。美国人一般不喝

热饮,除非是热咖啡等,爱喝冰水和矿泉水、冰啤酒等。

3. 禁忌

美国人忌蝙蝠图案,认为它是凶神恶煞的象征,黑猫也被看作不吉利的动物。忌问个人收入和财产状况,忌问女性婚姻状况、年龄及衣饰价格等。忌讳数字13和星期五。

(二)澳大利亚的民俗礼仪

澳大利亚位于太平洋西南部和印度洋之间。95%的居民是英国及其他欧洲国家移民的后裔,98%的居民信奉基督教,其余多信奉犹太教、佛教和伊斯兰教。首都为堪培拉,国花为金合欢花,国歌为《澳大利亚,前进》,通用英语,货币名称为澳元。

1. 礼貌礼节

澳大利亚人办事认真爽快,喜欢直截了当,待人诚恳、热情,见面时喜欢握手,以名字相称。乐于结交朋友,即使是陌生人,也不排斥。重视公共道德,组织纪律性强,赴约准时并爱惜时间。女性较保守,对待女性不能太随意,做客可送葡萄酒和鲜花。

澳大利亚人酷爱体育活动,他们认为,如无体育活动,生活就会空虚。橄榄球、游泳、冲浪、钓鱼都是他们非常喜爱的项目。

2. 饮食习惯

澳大利亚人的饮食习惯和口味与英国人较相似。菜要清淡,不吃辣。喜爱鱼类、蛋类、火腿、牛羊肉,也喜爱吃中餐,如脆皮鸡、油爆虾、糖醋鱼等。餐桌上的调味品种类多,啤酒是最受欢迎的饮料。

3. 禁忌

与英国人相仿。

(三)埃及的民俗礼仪

埃及位于北非东部。古埃及是世界四大文明古国之一。居民主要为阿拉伯人,约占87%,科普特人约占11.8%。居民多信奉伊斯兰教。首都为开罗,以阿拉伯语为官方语言,国花为莲花。货币名称为埃及镑。

1. 礼貌礼节

埃及人见面行握手礼,有时见面也行亲吻礼(同性之间)。人们最广泛使用的问候语是"祝你平安"。当斋月来临,人们常问候"斋月是慷慨的",回答是"真主更慷慨"。埃及人很和蔼,如果一方有什么差错,要说声"很抱歉"。交谈时,宗教是一个不讨好的话题,因此最好避而不谈。席间如果有人为了去祈祷而中途退席,客人要耐心等待,因为他们很快就会回来。进入清真寺前要脱鞋,接送东西要使用双手或右手。浪费食物,尤其浪费面饼,被认为是对神的亵渎。

2. 饮食习惯

主食为面饼。副食爱吃豌豆、洋葱、萝卜、茄子、西红柿、卷心菜、南瓜、土豆等蔬菜。忌食猪肉、海味、虾蟹和各种内脏以及奇形怪状的食物。喜欢吃甜食,喝红茶和咖啡,禁止饮酒。他们进餐时,如果没有必要,一般不与人交谈。

3. 禁忌

埃及人忌蓝色和黄色,认为蓝色是恶魔的象征,黄色是不幸的象征,遇丧事都穿黄衣服。

埃及人还忌针,因为针在埃及是贬义词,每日下午3至5点是严禁买针和卖针的时间,以避"贫苦"、"灾祸"。

知识活页

怎样礼貌地和非洲人交往

和非洲人交往时,特别对穆斯林,千万不能用左手递食物,而要用右手;不要与他们谈及政治;在他们做礼拜时,不要打扰他们。表示友好时可行握手礼,并要显得落落大方。对黑人不能直呼其为"黑人",而应该称非洲人或某国人,否则他们会认为这种称呼是对他们的歧视,不礼貌。所以,我们要注意他们的民族种类和宗教信仰,以便了解他们使用的语言和基本习俗。非洲人大多数爱好音乐、舞蹈,高兴时会手舞足蹈,对此不要表露出吃惊的神态,而应理解和尊重他们。由于历史的缘故,非洲人很注意别人对他们的尊重程度,所以礼貌服务对他们有着特殊的意义。

第三节 旅游涉外礼仪实务

在国际交往中,无论是官方的或者民间的,许多外事(涉外)活动,往往是通过各种礼宾活动进行的。礼宾接待工作包括迎送、会见和会谈、签字仪式、庆典活动等内容。无论是哪一项内容,都应以符合宾主双方的习惯为出发点,以宾主双方满意为落脚点。

一、迎送外宾礼仪

迎接和欢送是国际交往中最常见的礼仪。做任何工作都应该善始善终,外交接待活动更是如此。对外宾的迎送活动,关系到其对被访国家的第一印象和最后印象。为了做好接待工作,需要事先了解对方的来访目的与要求、抵离的具体时间与地点,以及来访人员的姓名、身份、性别、年龄、生活习惯、宗教信仰、饮食爱好与禁忌等,根据有关资料制定具体详尽的接待方案,确定迎送规格和主要活动的日程安排。

(一)迎送规格

俗话说:"没有规矩,不成方圆。"在外交接待活动中,首先需要确定迎送人员的规格,以免出现由不相称的人员负责接待。迎送规格的高低,通常是根据来访者的身份、愿望、两国关系等因素来决定的。

确定迎送规格,最主要的是确定由哪一级人员出面迎送。通常依据来访者身份、访问性质、访问目的,并适当考虑两国关系以及参照国际惯例,来确定迎送人员的规格。基本原则为:迎送外宾人员与外宾的身份对等,由于各种原因不能完全对等时可灵活变通,由职位相

当的人或副职出面,但是主人与客人的身份不能相差太大。如遇特殊情况当事人无法到场,应指派代表前去,并以礼貌的方式向对方做出解释,适当表示歉意。

(二) 常规迎送规格

1. 官方迎送

迎送准备工作主要由外事部门负责,根据有关资料制定具体详尽的迎送方案,确定迎送规格。迎送规格的高低,通常是根据来访者的身份、愿望、两国关系等因素来决定的。对外宾的迎送规格,一般应按常规办理,主要是依据来访者的身份和访问目的,考虑到两国关系的现状及发展趋势等加以确定。通常,主要的迎送人员要与来访者的身份对等,有时当事人不在当地或临时身体不适,可由职位相当的人士或副职出面迎送,但要注意向对方做好解释。总之,主人的身份不能与客人相差太大,并尽可能与来访者对口、对等。

比如外国国家元首、政府首脑正式到访,其迎送仪式一般由身份相当的领导人和一定数目的高级官员出席,有的还通知各国(或部分国家)驻该国使节参加;长期在本国工作的外国人士和外国使节、专家等到任、离任时,本国有关方面亦应安排相应人员迎送。

2. 民间迎送

迎送民间团体时,不举行官方正式仪式,但需根据客人的身份、地位,安排对口部门、对等身份的人员前往迎送。一定要精心选择迎送人员,数量上要加以限制,身份上要大致相仿,职责上要划分明确。

(三) 礼宾次序

礼宾次序是指国际交往中对出席活动的国家、团体、各国人士的位次按某些规定和惯例进行排列的先后次序。一般来说,礼宾次序体现出东道国对各国来宾所给予的礼遇,在某些国际性的集会上则表示各国主权地位的平等。

礼宾次序的排列虽然在国际上已有一定惯例,但各国做法不尽相同。常用的排列方法有以下三种。

1. 按身份与职位高低排列

这是礼宾次序排列的主要依据。在官方活动中,通常按身份与职务的高低安排礼宾次序。例如,按国家元首、副元首、政府首相、部长、副部长等顺序排列。各国提出的正式名单或正式通知是确定职务高低的依据,由于各国的国家体制不同,部门之间的职务高低也不尽一致,要根据各国的规定,按相应的级别和官衔进行安排。在多边活动中,有时按其他方法排列。无论按何种方法排列,都应考虑身份和职务。

2. 按国家名字的字母顺序排列

多边活动中的礼宾次序也常采用按参加国国名字母顺序排列,一般以英文字母排列居多,如国际会议、体育比赛等。对于第一个字母相同的国家则按第二个字母排列,以此类推。联合国大会的席位次序也按英文字母排列。但是,为了避免一些国家总是占据前排席位,每年抽签一次,决定本年度大会席位以哪一个字母打头,以便让各国都有排在前列的机会。在国际体育比赛中,体育代表团(队)名称的排列和开幕式出场的顺序一般也按国名字母排列,东道国一般排在最后。体育代表团观礼或召开理事会、委员会等,则按出席代表团团长的身份高低排列。

3. 按通知代表团组成的日期先后排列

在一些国家举行的多边活动中,按通知代表团组成的日期先后排列礼宾次序,也是国际上经常采用的一种方法。东道国对同等身份的外国代表团,按派遣国通知代表团组成的日期排列,或按代表团抵达活动地点的时间先后排列,或按派遣国决定应邀派遣代表团参加该活动的答复时间先后排列。究竟采用何种方法,东道国在致各国的邀请书中都应加以说明。

在实际工作中,礼宾次序的排列常常不能按一种方法进行,而是几种方法交叉使用,并考虑其他因素,包括国家间的关系、所在地区、活动的性质与内容或对于活动的贡献大小以及参加活动者在国际事务中的威望、资历等等。例如,通常把同一国家集团的、同一地区的、同一宗教信仰的或关系特殊的国家的代表团排在前面或排在一起。对同一级别的人员,常把威望高、资历深、年龄大者排在前面。有时还考虑业务性质、相互关系、语言交流等因素。例如,在观礼、观看演出或比赛,特别是在大型宴请时,除考虑身份、职务之外,还应将业务性质对口、语言相通、宗教信仰一致、风俗习惯相近的安排在一起。

总之,在礼宾次序安排工作中,要全面、周到、细致、耐心、慎重地考虑,设想多种方案,以免因礼宾次序方面的问题而引起不必要的外交误解或麻烦。

同步案例 重要的礼宾次序

1995年3月在丹麦的哥本哈根召开联合国社会发展世界首脑会议,出席会议的有近百位国家元首和政府首脑。3月11日,与会的各国元首与政府首脑合影。按照常规,应该按礼宾次序名单安排好每位元首、政府首脑所站的位置。首先,这个名单怎么排,究竟根据什么原则排列?哪位元首、政府首脑排在最前?哪位元首、政府首脑排在最后?这项工作实际上很难做。丹麦和联合国的礼宾官员只好把丹麦首脑(东道国主人)、联合国秘书长、法国总统以及中国总理、德国总理等安排在第一排,而对其他国家领导人,就任其自便了。好事者事后向联合国礼宾官员"请教",答道:"这是丹麦礼宾官员安排的。"向丹麦礼宾官员核对,回答说:"根据丹麦、联合国双方协议,该项活动由联合国礼宾官员负责。"

(资料来源:马保奉. 外交礼仪浅谈[M]. 北京:中国铁道出版社,1996.)

问题:丹麦和联合国的礼宾人员是如何灵活应用礼宾次序的?

分析提示:国际交往中的礼宾次序是很重要的,在国际礼仪活动中,如安排不当或不符合国际惯例,可能会引起争议,影响国与国之间的关系。在礼宾次序安排上,既要做到大体平等,又要考虑到国家之间的关系,以及参加活动人员的资历、年龄、宗教信仰等等。礼宾次序需要考虑的因素很多,但它不是硬性的教条,特别情况下需要灵活运用、见机行事,不能总是生搬硬套。比如上面案例中,无法全部兼顾时,只能照顾到主要人员。

(四)迎送程序

1. 掌握时间

对于时间问题,要预先由双方约定清楚。负责迎送的人员要在来宾启程前后再次予以

确认。如果外宾乘坐的飞机等交通工具的抵离时间发生变化,要及早通知全体迎送人员和有关单位。根据实际需要,迎送人员应该提前到达迎送地点,不能出现让客人等候的情况。

2. 地点及迎送人员的安排

根据来访对象的不同而选择不同的场地和规格进行接待,如外国国家元首、政府首脑正式到访,其迎送仪式一般在机场或车站举行,有的在特定场所(如总统府、议会大厦、国宾馆等)举行。举行仪式的场所悬挂宾主双方国旗(宾方挂在右面,主方挂在左面),在领导人行进的道路上铺红地毯。

一般安排身份相当的领导人和一定数量的高级官员出席,人数不宜过多。所有的迎送人员应提前到达指定地点,并可在迎送过程中安排主要人物或主要部门负责人与来宾握手。

3. 献花

在国际交往的迎送程序中还有一项重要的仪式就是给来宾献花。献花一般由儿童或青年女性在主人与客人握手后献上鲜花。献花须用鲜花或以鲜花扎成的花束,且要保持鲜花鲜艳、整洁。献花要特别注意各国的献花礼仪,注意各国的献花避讳。一般忌用菊花和黄色花朵(各国对花的品种及颜色的忌讳不同)。接待信仰伊斯兰教人士时,不能由女性献花。

4. 介绍

宾主见面后,应互相介绍。通常首先由礼宾人员,或者由欢迎人员中身份最高者先将前来迎接的人员按照职位从高到低的顺序介绍给外宾。然后,来宾中的主要负责人再将他方人员介绍给我方人员。如果双方早就相识,则不必介绍,直接上前握手,互致问候即可。与外宾见面时表示友好的方式有多种,如握手礼、合十礼、拥抱礼、鞠躬礼、点头礼或脱帽致意礼等。

5. 欢迎仪式

涉外接待的欢迎仪式一般从简,主要是应做好各项接待准备、安排工作。如果是国宾级的接待,需先奏客方国歌,全体人员行肃穆礼,军人行军礼,鸣放礼炮,礼炮最高规格为21响,在国家元首来访时燃放;一般政府首脑来访时鸣放19响;副总理一级来访时鸣放17响。随后,来访国宾在主人的陪同下检阅三军仪仗队。

6. 陪车

涉外活动中,对外宾抵达后的迎接和访问结束后的送行,一般都应该由东道主安排人员陪同乘车,有时安排主人陪车,有时安排其他人员陪车。如果主人陪车,主人应该坐在客人的左侧;如果乘坐的是两排座位的轿车,翻译等随员应坐在司机旁边;如果是三排座位的轿车或商务车,随员就应坐在主人前面的加座上;上车时,接待服务人员应主动打开车门,请来宾从右侧门先上,主人从左侧门上车;如果客人先上车,坐到了主人的位置上,则不必请客人挪动位置,车门应由接待服务人员关好。

7. 送别

外宾的行程全部结束即将离开本地时,东道主应该做好送行工作。对一般来宾不举行送行仪式,如果是重要客人,东道主一方应安排送行活动。送行人员要提前到达送行地点,来宾抵达后,主人与主宾相见,随后在主人的陪同下,主宾与主人方的送别人员一一握手告别;然后主人在主宾的陪同下,与来宾方其他人员一一握手告别,并预祝外宾旅途愉快。最后，来宾在主人的陪同下，正式登上乘坐的交通工具，宾主双方再次握手道别。

二、会见、会谈礼仪

会见、会谈是外事（涉外）活动中一种常见和重要的活动。

会见是国际交往中常采用的礼宾活动形式，一般也称接见或拜会。凡身份高的人士会见身份低的，或主人会见客人，一般称为接见或召见。凡身份低的人士会见身份高的，或客人会见主人，一般称为拜会或拜见。拜见君主，又称谒见、觐见。我国一般不作上述区分，统称会见。接见或拜会后的回访，称回拜。会见就其内容来说，有礼节性会见、政治性会见和事务性会见三种。礼节性会见，时间较短，话题较为广泛。政治性会见一般涉及双边关系、国际局势等重大问题。事务性会见则指一般外交事务安排、业务商谈等等，外交交涉一般称为召见。会见形式根据对象不同又分个别约见和大型接见。个别约见是指国家领导人或某部门负责人就某一方面的外交事务或业务问题，与个别人士或使馆人员进行会面商谈的一种礼宾活动。大型接见是指国家领导人会见一国或几国群众团体或国际会议代表。

会谈是指正式访问或专业访问中，双方或多方就某些比较重大的政治、经济、文化和军事等共同关心的问题交换意见，或就具体业务进行谈判的活动。参加会谈的双方或多方主要领导人的级别、身份原则上是对等的，所负责的事务和业务也是对口的。如国外由总统、总理率领的代表团参加会谈，我方则由国家主席、总理出面；如外方是外交部长出席，则我方也是外交部长出席。会谈一般来说内容较为正式，政治性和业务性都较强，要特别注意保密。代表团身份和规格很高的国事会谈还要悬挂双方国旗。

会见和会谈都应该遵循一定的礼仪规范。

（一）国旗的悬挂礼仪

国旗是一个国家的象征和标志。人们往往通过悬挂国旗，表示对祖国的热爱或对他国的尊重，在国际交往中，如何悬挂国旗，已形成各国公认的惯例。

按国际关系准则，一国元首、政府首脑在他国访问期间，在其下榻处及乘坐的交通工具上悬挂国旗（或元首旗），是一种外交特权。东道国接待来访的外国元首或政府首脑时，在隆重的场合下，于贵宾下榻的宾馆和乘坐的汽车上悬挂对方（或双方）的国旗（或元首旗），是一种礼遇。此外，国际上还公认，一个国家的外交代表在接受国境内有权在其办公处或官邸以及交通工具上悬挂本国国旗。

在国际会议上，除了会场悬挂与会国国旗外，各国政府代表团团长亦按会议组织者的有关规定在一些场所或车辆上悬挂本国国旗（也有不挂国旗的）。有些体育比赛、展览会等国际性活动，也往往悬挂有关国家的国旗。

在建筑物上或室外悬挂国旗，一般都应日出升旗、日落降旗。如需降旗致哀，则先将旗升至杆顶，再下降，下降幅度约为杆长的1/3。日落降旗时，需先将旗升至杆顶，然后再下降。国际上有些国家致哀时不降半旗，而是在国旗上方挂黑纱表示。不能使用破损或污损的国旗。平时升国旗一定要升至杆顶。

按国际惯例，悬挂双方国旗，以右为上，以左为下。两国国旗并挂，以旗本身面向为准，客方国旗在右，本国国旗在左；汽车上挂旗，则以汽车行进方向为准，驾驶员右手为客方，左手为主方。所谓主客，不以活动举行所在国为依据，而是以举办活动的主人为依据。例如：

外国代表团来访,在东道国举行的欢迎宴会上,东道国为主人;在答谢宴会上,来访者是主人。

国旗不能倒挂。一些国家的国旗由于图案和文字的关系,不能竖挂和反挂。有的国家明确规定,竖挂需另制旗,将图案和文字转正。正式场合悬挂国旗要把正面朝向观众,即以旗套的右边为准。如把两面国旗挂在墙壁上,应避免交叉挂法和竖挂法,而应用并列挂法。

各国国旗的图案、式样、颜色、比例,均由本国宪法规定。不同国家的国旗,由于比例不同,两面旗帜悬挂在一起,就会显得大小不一。因此,并列悬挂不同比例的国旗,应将其中一面适当放大或缩小,以使旗的面积大致相同。

多面国旗并挂,主方在最后。如系国际会议,无主客之分,则按会议规定之礼宾顺序排列。

常用的挂旗方法如图8-1至图8-3所示。

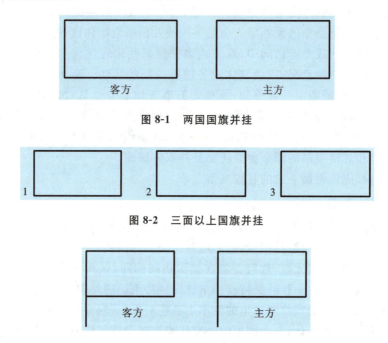

图8-1　两国国旗并挂

图8-2　三面以上国旗并挂

图8-3　并列悬挂

知识活页

升挂外国国旗的限制

为维护我国的国家主权,外国国旗即使在我国境内合法升挂,也应受到一定的限制,具体包括以下内容。

(1)在我国升挂的外国国旗,必须规格标准、图案正确、色彩鲜艳、完好无损,为正确而合法的外国国旗。

(2) 除外国驻华使领馆和其他外交代表机构之外,凡在我国境内升挂外国国旗时,一律应同时升挂中国国旗。

(3) 在中国境内,凡同时升挂多国国旗时,必须同时升挂中国国旗。

(4) 外国公民在中国境内平日不得在室外和公共场所升挂其国籍国国旗。唯有其国籍国国庆日可以例外,但届时必须同时升挂中国国旗。

(5) 在中国境内,中国国旗与多国国旗并列升挂时,中国国旗应处于荣誉地位。外国驻华机构、外商投资企业、外国国民在同时升挂中国和其本国国旗时,必须将中国国旗置于上首或中心位置。外商投资企业同时升挂中国国旗和企业旗时,必须把中国国旗置于中心、较高或者突出的位置。

(6) 多个国家的国旗并列升挂时,旗杆高度应该统一。在同一旗杆上不能升挂两个国家的国旗。

(二) 座次安排礼仪

1. 会见的座次安排

会见在国际上通常安排在会客厅或办公室进行。有时宾主各坐一边,有时穿插坐在一起。某些国家元首会见还有其独特的礼仪形式。在布置形式上,各国也不一样。有的国家主宾的座位是特制的,有的则是主宾同坐一个三人长沙发。

外国领导人来我国访问,会见安排比较简单,无特殊仪式。会见地点安排在人民大会堂或中南海。会见时的座位安排一般为客人坐在主人的右边(个别情况例外),译员、记录员安排在主人和主宾的后面。其他客人按礼宾顺序在主宾一侧就座,主方陪见人员在主人一侧就座,座位不够时可在后排加座。会见示意图如图8-4所示。

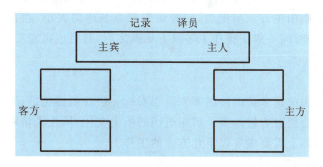

图 8-4 会见示意图

2. 会谈的座次安排

双边会谈通常用长方形、椭圆形或圆形桌子,宾主相对而坐,以正门为准,主人在背门一侧,客人面向正门,主谈人居中。

如会谈桌呈一字形排列,则以进门的方向为准,客人居于右方,主人居于左方(见图

8-5)。译员的座位安排在主持会议的主宾和主人的右侧,其他人按礼宾次序左右排列。记录员一般是在会谈桌的后侧另行安排桌椅就座。如参加会谈的人数较少,也可安排在会谈桌边侧就座。多边会谈可将会谈桌摆成圆形、方形等(见图8-6)。

小范围的会谈,一般不用会谈桌,只设沙发,双方座位按会见座位安排。

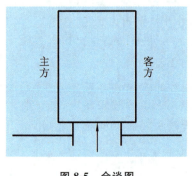

图 8-5　会谈图

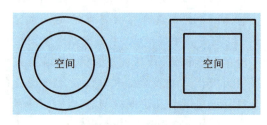

图 8-6　多边会谈图

(三) 其他注意事项

提出会谈会见要求的一方,应该把要求会见者的姓名、职务以及目的首先告知对方,同时,将自己一方参加会见的人员名单,包括姓名、性别和职务等较详细的情况提交给对方。被要求会见的一方得到通知后要及时做出安排,并尽快通知对方会见的时间、地点、会见人员和注意事项等。如因故不能接待,也应及时通知对方并予以解释。

会见或会谈场所应备足座位,并根据参加人员的数量和场所的面积,决定是否安装扩音设备。会谈如用长桌,应事先在现场放置中外文座位卡。

主人应在门口迎接客人,位置可在楼正门,也可在会客厅门口,如果主人不到门口迎接,则应安排工作人员在门口迎接,并将宾客引入会客厅。会见结束后,主人应送客到车门口道别,目送客人离去后再离开。

如果准备合影,应事先安排好合影人员位置。一般是主人居中,以主人右首为上,主客双方间隔排列,两端则由主方人员把边,同时还要考虑场地的大小,能否把所有合影人员都摄入镜头等。合影的时间一般安排在主客双方见面之后,有时也可安排在会见、会谈之后。

三、参观游览礼仪

在国际交往中,为应邀来访的外国客人适当安排一些参观游览活动,既可以丰富对方的生活,也可以借此机会使对方进一步了解东道国的历史文化、风土人情和建设成就。为外宾安排参观游览时,大体上需要做好以下几方面的工作。

(一) 提前布置场地

接待具有一定礼仪规格的外宾,应该在被参观单位的适当地方悬挂外宾国家国旗和我国国旗,以表示尊重和欢迎。国旗的正确悬挂法是客右主左。另外,还可在外宾必经的路口及道路两旁,张贴欢迎的标语、口号。如果参观的外宾较多,应提前准备扩音设备,以便介绍情况时,前后人员都能听到。可以参观游览的地方一般允许摄影、录像,如遇不允许摄影、录像的地方,现场要竖立中外文"禁止拍照"标志牌,提醒人们注意。

(二) 陪同参观游览

按国际惯例,外宾前往参观,一般都应安排相应身份的人员陪同,如有身份高的主人陪同,应提前通知对方。接待单位也要有一定的人员出面,并根据需要安排翻译、解说、导游人员以及必要的工作人员来维持参观的正常进行。陪同外宾参观游览的翻译人员,事先应做好充分准备,态度热情诚恳,精神饱满,体现出对外宾的友好感情。翻译过程中要实事求是,不擅自掺杂自己的意见或增减谈话的内容。如翻译有问题或未听清楚,应及时向外宾说明,绝不能不懂装懂。参观游览中,我方人员不要中途离去或不辞而别。

(三) 安排解说介绍

接待人员在接待外宾参观游览之前,首先要尽量了解外宾的特点、要求和可能提出的问题,以便在接待中能够针对性地回答外宾关心的问题,并进行必要的解释。对于基本情况,最好准备一份中外文对照说明书,说明书中的介绍应简明扼要、实事求是、把握分寸。这样既能满足外宾的需要,也能留作纪念,加深印象,并且扩大宣传效果。

(四) 维持现场秩序

在外宾参观游览过程中,我方陪同人员对外宾要有礼貌,不要让群众围观尾随或指手画脚地议论,维持现场秩序。如果外宾主动与现场群众交谈,挥手致意或点头表示友好,我方也应友好答话和给予相应的表示。参观游览中,除了照顾好主要外宾外,也要兼顾其他外宾。有些外宾对参观游览的内容兴趣很高,看得仔细,应有人专门照顾,并做好联络工作。

四、购物礼仪

外宾身处异国他乡,感受当地的风土人情,会希望购买一些当地土特产和精美的纪念品。这应该是一件非常令人愉快的事情,同时,也有一些必须注意的事项和基本规则需要遵守。

(一) 付款方式

许多外国人一般不使用现金付款方式,而是习惯使用信用卡或支票簿,他们除了购买一些比较小的商品或者给服务人员一些小费外,随身从来不带过多的现金。但是按照我国的消费习惯,支票簿的使用率比较低,某些地区可能只能使用现金。因此,我们要向外宾说明这种情况,使其做好现金方面的准备,既给自身带来便利,也可受到商家的欢迎。

(二) 维护自身权益

提醒外宾购物时要注意维护自身的合法权益。首先,要看清楚价格是否有欺诈,检查要购买的商品质量是否合格。要向商家索要商品的说明书或质量保证书。一旦购物的权益受到侵害,要采用文明、合法、理智的方式,与商家共同协商解决,或者诉诸法律。

提醒外宾注意每个国家对出入该国海关的客人所携带的商品数量都有专门的规定。如果超出规定,轻者会被所在国海关追加关税,重者会被重罚、没收或禁止出关,造成不必要的损失。

(三) 遵守文明规则

选购商品时,要适当遵守当地的购物习惯。比如:对于一些特别贵重的商品及某些易碎

的玻璃制品,切忌随意触摸;不要随意开启未购买的商品的包装;未经商家允许,不要随意试用、试穿所售商品;同时应注意"入乡随俗",遵守所在国法律,不得购买当地的珍稀动植物等。

(四) 注意商品禁忌

在外宾购物过程中,可以有选择地向其介绍具有民族特色的物品。比如,中国的风筝、筷子、民间手工艺品、茶叶等。向外宾推荐的物品一定不能有悖于其风俗习惯。应该主动回避在内容、色彩、图案、形状、数目、包装等方面可能与外宾习俗有悖的商品。

教学互动

互动问题:原苏联的一位外交家说过:"要想唤起一个人身上的活力,只要将他安排在外交岗位上即可,在那里,他会产生一种为全体人民负责的责任感,其个人的自尊将会同全民族的荣誉融合在一起。"所谓"外事无小事,事事是大事",在外事接待过程中,要重点关注外宾对我方迎送活动的哪些反应?

要求:
1. 教师不直接提供上述问题的答案,而引导学生结合本节教学内容就此问题进行独立思考、自由发表见解,组织课堂讨论。
2. 教师把握好讨论节奏,对学生提出的典型见解进行点评。

本章小结

内容提要

本章较系统、清晰地介绍了亚洲地区、美洲和大洋洲地区、欧洲地区、非洲地区等主要客源国的节庆习俗、礼貌礼节、饮食习惯及禁忌。介绍了涉外国际礼仪的概念特征和基本通则;介绍了国际交往中的礼仪知识;明确了涉外接待活动的基本礼仪规范和具体做法。

在涉外交往活动中,熟悉国际礼仪知识,遵守国际交往的基本原则,才能更好地维护国家尊严,并向外宾表示我方的尊敬和友好。

核心概念

旅游涉外礼仪　国际礼仪通则　节庆习俗　文化禁忌　迎送规格　礼宾次序　座次安排　客源国

重点实务

通过本章的学习,使旅游涉外人员熟悉并应用相关的国际礼仪知识,在国际交往中能够更好地维护国家尊严,成功地树立国家形象,避免不必要的误会和摩擦,成为中外关系的友好使者。

知识训练

一、简答题

1. 什么是国际礼仪通则？具体包括哪些方面？
2. 会见、会谈的常用座次一般怎么安排？
3. 涉外宴请时应注意哪些方面的基本环节？
4. 日本人用筷子有哪些忌讳？
5. 法国人对花卉、图案、颜色有哪些忌讳？
6. 对外宾赠送礼品应该注意什么？

二、讨论题

1. 重视礼宾次序的意义是什么？
2. 东西方游客的饮食习惯有哪些差异？

能力训练

一、理解与评价

在接待外国客人时，如何体现"女士优先"这一原则？

二、案例分析

"左撇子"的尴尬

张女士是商务工作者，由于业务成绩出色，随团到中东地区某国家考察。抵达目的地后，受到东道主的热情接待，并举行宴会招待。席间，为表示敬意，主人向每位客人一一递上一杯当地特产饮料。轮到张女士接饮料时，一向习惯于"左撇子"的张女士不假思索便伸出左手去接。主人见此情景脸色骤变，不但没有将饮料递到张女士的手中，而且非常生气地将饮料重重地放在餐桌上，并且不再理睬张女士，这令张女士非常尴尬。

（资料来源：陆永庆.旅游交际礼仪[M].大连：东北财经大学出版社，2001.）

思考：

1. 主人对待张女士的态度发生变化并且不再理睬的原因是什么？
2. 结合本案例，分析我们与外宾交往时应该注意什么。

三、实训项目

涉外接待礼仪实训

1. **物品准备**：准备涉外接待的不同场合所需的一些演示道具，如迎接外宾所需的小旗子，涉外宴请时需要的座次卡，馈赠外宾的礼品等。

2. **实训安排**：假设涉外接待的不同场合，如迎送外宾、涉外宴请、文艺晚会、参观游览、礼品馈赠等，请部分学生遵循不同场合的礼仪要求对外宾开展接待服务，并请其他学生找出不合规范之处。

3. **注意要点**：实训操作时，在注意涉外接待的不同场合的接待礼仪的同时，也要注意接待流程的合理性和规范性。

第九章
宗教礼仪

学习目标

通过本章学习,应当达到以下目标:

职业知识目标:了解佛教礼仪、基督教礼仪、伊斯兰教礼仪的基本概念及主要内容。

职业能力目标:运用本章知识,研究相关案例,增强对宗教礼仪的认识,并能在生活中自觉、自如运用相关知识,展示良好的职业素养。

职业道德目标:结合宗教礼仪教学内容,结合职业道德规范,分析企业或从业人员在宗教礼仪中的言行规范,强化职业道德素养。

引例:佛像文身引发的案件

背景与情境:美国《时代》周刊2014年4月23日报道,一名英国女游客日前因手臂纹有佛像在斯里兰卡被机场警方拘留,并面临被驱逐出境的命运。

据报道,该女子4月22日从印度抵达科伦坡国际机场后被逮捕。警方称,在地方法官下令将其驱逐出境之前,她一直被拘留,但并未详细说明对她的指控内容。从以前的一系列案件看,斯里兰卡对威胁佛教的事件表现得高度敏感。

报道称,同年3月,一名英国游客因手臂上文有佛像而被限制入境;2013年8月,3名法国游客因亲吻佛像被判缓期徒刑;2010年,美国歌手阿肯申请斯里兰卡签证遭拒,原因是他的音乐电视画面中有多名衣着暴露的女子在佛像前跳舞。

(资料来源:http://world.huanqiu.com/exclusive/2014-04/4979030.html.)

启示:对于各地的宗教礼仪,大家都要熟知并尊重,去国外旅游之前,要做好攻略,尤其是要清楚地了解当地的宗教信仰和禁忌,千万不要因为"无知"而引发不必要的麻烦。

第一节 宗教礼仪概述

宗教,是人类社会发展到一定历史阶段后出现的一种文化现象,属于社会意识形态。主要特点为,相信现实世界之外存在着超自然的神秘力量或实体,它统摄万物而拥有绝对权威、主宰自然进化、决定人世命运,从而使人对其产生敬畏及崇拜,进而引申出信仰认知及仪式活动。宗教礼仪是指宗教信仰者为对其崇拜对象表示崇拜与恭敬所举行的各种例行的仪式、活动,以及与宗教密切相关的禁忌与讲究。世界上存在着多种宗教,自然也就存在着多种宗教礼仪。在社会生活里,宗教礼仪不仅是各种宗教之间相互区别的显著标志,而且是各种宗教用以扩大宗教组织、培养宗教信仰的重要手段。

一、宗教礼仪的类别

宗教礼仪大致可分以下三种。

第一种是物象礼仪,即向神佛献上各类物品,几乎所有宗教都有这样的礼仪。

第二种是示象礼仪,这是较高层次的宗教礼仪,指在表达对神佛的崇拜、敬畏和祈祷等感情时,将一些宗教礼仪规范化、符号化、象征化,以增加宗教礼仪的崇高性和神圣性。世界上各大宗教礼仪多为这类礼仪,它是宗教生活的重要组成部分。

第三种是意象礼仪,它超越了一般形式礼仪,是最高层次的宗教礼仪,是信教者发自内心深处对宗教的理性认可。

宗教能够存在的最起码的条件有三个:神(神物),人,以及人和神的关系。神是信仰的对象、崇拜的对象。任何宗教都相传在现实世界之外存在着超自然的实体——神,神主宰着自然和人类,因而对之敬畏和崇拜。人是信仰的主体,是宗教实践的载体,离开了人,宗教就不能存在。但是,只有神和人这两个条件,宗教还不能成立,还必须有第三个条件,即人和神的关系。人和神的关系是通过一系列宗教礼仪来实现的。宗教礼仪用以沟通人和神的关系,是信仰的主体与客体的中介和桥梁。在宗教的形成史上,只有当人、神之间通过礼仪建立起联系,宗教才真正产生。原始人相信万物有灵和灵魂不灭,还不是真正意义上的宗教。到后来,当原始人根据他们自己的生活样式和需要来想象和虚构神灵世界及其生活样式,并把自己的本质和心理状态附加给神灵,以为神灵有同人一样的需求和喜怒哀乐,于是规定了一套对神灵崇拜的仪式来表现人与神灵之间的关系,企图用祭祀、崇拜、祈祷、赞颂等仪典讨好神灵,影响神灵的意志,使之多赐福、少降灾,在此时,人与神的关系才建立起来,真正意义上的宗教才得以产生。所以,宗教礼仪与宗教是同时产生的。

> **同步思考**
>
> 宗教礼仪与社交礼仪有何关联，两者又如何区分？
>
> 理解要点：两者出现的先后顺序，前者对后者的形成有何作用，两者的功能，在人们日常生活行为中有哪些宗教礼仪仍然保留。

二、宗教礼仪的功能

在现代社会里，宗教是一种不容忽略的客观存在。宗教实际上是人类社会发展到一定阶段时所出现的一种社会的、历史的现象。它是人类文化的重要组成部分，属于意识形态的范畴。宗教超越民族和国家的界限，通过宣扬相同的精神理念、外在仪式和道德标准，整合不同地区人们的行为方式和思想情感，有着非常强的影响力。

（一）宗教礼仪能加强信仰者与他所信仰的神之间的联系，强化个人信仰

宗教礼仪使有限存在（人）和超人性存在（神）联系并结合在一起。使人圣化，使神俗化，形成一条人与神沟通的道路。人通过祈祷、献祭这些行动为媒介接触神，同时神对人做出应答，通过这种双向交流，强化宗教对象实在性的感觉，增强人的宗教情感。

宗教礼仪，如涂油礼、驱邪仪式、进餐仪式等，似乎纯粹是崇拜的动作，其实它们是宗教能量的来源，就像给一个物体加热，给一个物体通电，就是使它与热源、电源接触一样。巩固和强化信徒的宗教情感，其重要方法就是通过礼仪，使信徒同神接触。同时，宗教礼仪通常是集体举行的、有固定的程序，伴之以动人心弦的音乐，充满激情的动作，以及物质的祭品，使仪式更具感染力。人们都有这样的体会，当大家参加一个为公共的激情所鼓舞的集会时，会有自己单独活动时所没有的思想感情与行动。宗教礼仪又是定期的，有周期地重复进行的，因而能巩固信徒的宗教感情，增强其对宗教的兴趣。

（二）宗教礼仪能加强个人和他所从属的社会之间的联系，提升集体的内聚力

宗教体验带有个体的性质，对于任何宗教礼仪，不同的参加者，其个人体验也不可能完全一样。但是任何一种宗教都有其普遍的教义，有其共同的信仰，这些信仰通过礼仪表现出来，使之普遍化、固定化。宗教信仰有一种共同的、特殊的集体性，即表示支持这种信仰，并参加作为其组成部分的宗教礼仪。所以，宗教礼仪在本质上具有集团性，它是集体表示情绪体系的一种手段。因此，宗教礼仪具有超越个人的权威和制约力，它是作为对个人的一种约束力而发生作用的。

宗教礼仪使属于个人的宗教体验变为大众所共同体验的感情，加强了信仰者与他所信仰的神之间的联系，产生群体化的宗教感情，实际上同时加强了个人与他所从属的社会之间的联系，巩固和发展了群体的共同意识。可以说，宗教礼仪是集团感情、集团统一性的象征化，而定期举行的宗教礼仪又能加深这种共同感情和强化集团的结合力。人类学家涂尔干和布朗认为，共同仪式的主要功能是集体效忠这种感情的表现与再确定。他们认为，人们聚集在一起举行礼仪，是为了要显示与进一步加强他们认同与凝聚的意识。特别是当这种共同的宗教感情同民族感情结合在一起，使宗教感情变为民族的共同心理和传统习惯，那么，

这种结合起来的情感就具有了巨大的内聚力。

（三）宗教礼仪能满足信徒的心理需要，使他们获得信心、希望和安全感

原始人创造宗教，根源于对异己的自然力量的依赖感、恐惧感和神秘感。在强大的自然力面前，人感到自身力量渺小，无能为力，惧怕神的惩罚，又希望获得神的帮助。因此，人对神有恐惧和希望相互交织的双重心理。他们相信人和神是互相依赖的，不仅人依赖神，神也需要人，如果没有人对神的贡献与牺牲，神们就会死去。原始人相信，通过一定的礼仪，可以取悦于神，获得神的庇护，缓和严峻的自然异己力量的压迫，保证农作物的丰收，打猎的胜利和人身的安全。朱狄在《原始文化研究》中指出，原始人"去献祭时，人是自然的奴隶；献祭归来时，人是自然的主人，因为他已与自然后面的神灵达成了和解。恐惧和不安被削弱了，人以祈祷和献祭换来了心理的平衡"。原始人相信，礼仪改善了他们同神的关系，使诸神成为他们的朋友、他们的亲人、他们天然的保护者，这一点在图腾崇拜中表现得尤为明显。人们用歌唱、舞蹈、戏剧、祭品等来崇拜图腾神，洋溢其中的是一种愉快的信任感。犹太教和基督教认为，人的生命、人的地位、人的尊严、人的幸福都源于神的恩赐。只有神能够赎人类的罪，拯救人于水火之中。只有神才能使灵魂得以安宁。只有神才能使自己洗净罪过而进入天国，获得永恒的幸福。人对神唯有惧怕和崇敬。

宗教礼仪使人获得精神力量。许多宗教礼仪是在人生有重大意义的时刻举行的，例如出生、成人、结婚、疾病、死亡等等，这被认为是使人顺利地从人生的一种状态过渡到另一种状态所必需的宗教措施。举行了这种礼仪，人们获得了心理平衡，产生了精神力量；否则，人们忧心忡忡，担惊受怕。一切宗教在某种意义上说都是由精神所支配的，构成宗教力量的主要成分是意识的力量。宗教礼仪似乎是一种神秘活动，但正是通过这种活动，使宗教感受进入人们的意识，鼓励他们、熏陶他们，使他们的生命力更旺盛了，激情更高昂了，感觉变得更强烈了。这种精神感受尽管是人间虚幻的与神的交往而产生的，却是一种真实存在的感受，它产生的精神力量也是真实的。

（四）宗教礼仪能不断创造和再创造宗教信仰本身，维持信仰形态的永续性

宗教信仰的主观性极强，从纯粹意义上说，它是个别的、独立的东西。不同的个体有不同的宗教体验，也可以单独进行崇拜。另外，宗教是随着社会物质生活条件的变化而不断变化的。不同的时间和空间，人不可能有同一的信仰。为了维持宗教信仰形态的存在，必须从信仰的个体性、特殊性中抽出其共同性，使之普遍化和一般化，其方法，一是颁布教义，二是制定礼仪。

在未开化的社会中，没有文字借以表达教义，礼仪具有教义的作用；在高级宗教中，礼仪使宗教感情群体化，起着巩固教义的作用。礼仪不仅是一种把信仰观念表达于外的动作或符号体系，而且还集合了各种方法来周期性地创造和再创造信仰本身。系统研究宗教礼仪或从宗教学角度研究宗教礼仪是20世纪才开始的。目前已经形成了礼仪先行论、社会学派的礼仪论、功能学派的礼仪论、礼仪象征论等学派。宗教礼仪是宗教信仰观念的行为化，因而不同的宗教有不同的礼仪，同一宗教在不同的发展阶段上，随着教义的某种变化，礼仪也会发生变化。

> **教学互动**
>
> 互动问题:讲讲你所见所闻的宗教礼仪小故事及感悟。
> 要求:
> 1. 讲述时间为3分钟。
> 2. 讲述者要精心组织,语言精练、内容清晰、富有启迪。
> 3. 请其他学生点评。

第二节 佛教礼仪

一、佛教的由来

佛教起源于公元前6世纪至公元前5世纪的古印度,创始人为释迦部落的王子乔达摩·悉达多,后被尊称为释迦牟尼。佛教的经典是《大藏经》,由经、律、论三部组成,总称"三藏"。佛教与基督教、伊斯兰教并称世界三大宗教,是当今世界上最古老的宗教之一。全世界约有3亿佛教教徒,分布在86个国家和地区,主要是在亚洲。中国可以说是佛教的第二故乡。

佛教在周朝时已经陆陆续续传到中国,但并不是正式传入。佛教正式传入中国是东汉永平十年(公元67年),在中国已经有1900多年历史。东汉明帝时,遣蔡愔等十八人为使,到大月氏国求佛法。永平十年(公元67年)请得迦叶摩腾和竺法兰二僧,用白马载着佛像和经典来到洛阳。翌年,明帝建白马寺,令迦叶摩腾、竺法兰二僧讲经,并请人进行翻译。现存的《四十二章经》即于此时译出。这是佛教传入中国并译经之始。

二、佛教的派系

佛教主要有三大派系,即北传佛教、南传佛教和藏传佛教。

(1)北传佛教。经过西、北印度传入西域,然后传播到中原。由于现在主要在汉族中流行,也被称为"汉传佛教"。该派自称为"大乘佛教",特色是要求修行者在自我解脱的同时也要解脱世人。该派认为,原来佛教中只顾自己修行解脱不管世人的说法是下乘,认为只有修行成功之后发愿普度众生才能真正称为"佛菩萨"。该派在传经至今天的中亚地区时接受了当时残存的"马其顿-希腊"文明的影响,最早给佛教人物塑像,而在此之前,佛教是用莲花等物来代表佛的。该派传入汉地后,经过两汉、三国、魏晋和南北朝,逐渐吸收中原文化,到隋唐开始进行大规模本土化。在此过程中,由于对经卷的认识不同而出现了许多小的派别,包括禅宗、华严宗、天台宗、三论宗、法相宗、净土宗、密宗等。汉传佛教在长期的汉地传播中大量吸收儒家思想以及道教的诸多思想和典仪,已和古老的印度佛教有较大差别,被称为中国自产的佛教。

(2) 南传佛教。自称"上座部",是经过南印度和斯里兰卡,然后传入东南亚的佛教派别。这一派别坚持原始佛教的做派,主张个人自悟自救,修行得阿罗汉果,因此被其他宗派称为"小乘"。又由于这一宗派是利用古斯里兰卡语言——巴利语传播,故又被称作巴利语佛教。这一传承在东南亚又融合了当地古老的波罗门信仰和精灵信仰,故颇具神秘色彩。

(3) 藏传佛教。这一派别主要是经过尼泊尔进入西藏的,分为前弘和后弘两个时期。前弘时期是古代吐蕃时期,佛教和西藏本土的苯教进行了激烈的信徒争夺,佛教进入了吐蕃上层,称为吐蕃国教。这一传承到8世纪朗达玛灭佛后势力逐渐衰弱。后弘期是从11世纪开始,西藏佛教再次兴盛的时期,很多西藏僧人到印度求经,回到西藏后进行翻译。多数分支派别是在这个时期形成的。

三、佛教礼仪的表现形式

(一) 称谓礼仪

中国人素重礼仪,在称谓方面亦十分讲究。而佛教的称谓多属中印合璧,不仅特殊,而且颇具神秘色彩。

佛教的教制、教职在各国不尽相同。在中国寺院中,一般有"住持"(或称"方丈",是寺院负责人)、"监院"(负责处理寺院内部事务)、"知客"(负责对外联系),可尊称"高僧"、"大师"、"法师"、"长老"等。佛门弟子依受戒律等级的不同,可分为出家五众和在家两众。出家五众是指沙弥、沙弥尼、式叉尼、比丘、比丘尼。在家两众是指:优婆塞和优婆夷。出家的佛教徒俗称"和尚"(僧)和"尼姑"(尼),最好尊称"法师"、"师太"。不出家而遵守一定戒律的佛教徒称"居士",可尊称为"檀越"、"护法"、"施主"等。在佛教称谓中,应注意以下几点。

(1) 不得单称名字,对年长比丘应尊称"长老"、"某老法师"、"某某上人"、"某大师"或"师父"、"法师"。

(2) 对年长比丘尼应尊称"师太"、"尼师"、"法师"、"师父"等。若无法分辨是比丘或比丘尼,皆可一律尊称"师父"。

(3) 对年轻的比丘、比丘尼,可仅称"师父"或于其名号下加称"师"字。

(4) 因僧尼出家后一律姓释,出家入道后,由师父赐予法名。故请问大德名号时,当先合掌,然后说"请问上下"、"请问师父尊号"、"请问法师尊号上下"。

(5) 于大德(年长德高的僧人)前,不可自称"我"字。当视关系而自称"后学"、"门生"、"晚学"、"末学"、"学人"或"弟子"、"学生"等。

(二) 主要节日

佛教有很多节日,佛菩萨出生、出家、成道、涅槃都在各自的信仰者中形成节日,历经传承,孕育出许多佛教节日。在这些节日里,向自己心中崇拜的偶像敬献供品、忏悔己过、布施斋僧、持斋念佛,以表达虔诚的宗教情怀和慈悲济世之心。

1. 佛诞节(浴佛节)

每年的农历四月初八,是中国佛教徒纪念释迦牟尼佛诞辰的一个重要节日。相传在

2600多年前，释迦牟尼从摩耶夫人的肋下降生时，一手指天，一手指地，说"天上天下，唯我独尊"。于是大地为之震动，九龙吐水为之沐浴，因此各国各民族的佛教徒通常都以浴佛等方式纪念佛的诞辰。

佛诞节前，佛教徒将寺院打扫一新，将殿堂佛像擦拭干净。一般在四月初七日，许多善男信女即已云集佛寺准备参加于次日清晨举行的纪念法会。寺院幢幡宝盖招展，香花灯烛及各色供品林立。香花丛中的几案上安放着一个铜盆，盆中注满了用旃檀、紫檀、郁金、龙脑、沉香、麝香、丁香等配制成的香汤，汤中立着一尊铜质童子像，一手指天，一手指地，即释迦太子像。沐浴开始前，寺院住持率领全寺僧众礼赞诵经，随后持香跪拜、唱浴佛偈或念南无本师释迦牟尼佛，僧众和居士们一边念一边依次拿小勺舀汤浴佛。浴完佛像后再用一点香汤点浴自己，表示洗心革面、消灾除难。若参加的人太多，则采取由僧人手持醮浴过佛的净水的杨枝为信众点浴的方式。整个仪式庄严隆重，洋溢着一片吉祥喜庆的气氛。

2．盂兰盆节

农历七月十五日（有些地方，尤其华南地区，是七月十四日，相传是宋代末年蒙古人入侵某地，居民为逃难而提早一天过节），道教称为中元节，佛教称为盂兰盆节（简称盂兰节），民间俗称鬼节、七月半。在汉字文化圈不少地区都有相关的节日活动。

相传那一天地狱大门打开，阴间的鬼魂会放禁出来。有子孙、后人祭祀的鬼魂回家去接受香火供养；无主孤魂就到处游荡，徘徊于任何人迹可至的地方找东西吃。所以人们纷纷在七月，举行设食祭祀、诵经作法等"普度"、"施孤"布施活动，以普遍超度孤魂野鬼，防止它们为祸人间，又或祈求鬼魂帮助去除疫病和保佑家宅平安。因此某些地区在这一天会有普度的习俗，称为"中元普度"，后来更发展为盛大的祭典，称为盂兰盆节。

目前，已有极少数寺院开始恢复和实行结夏安居的旧制，有的寺院在盂兰盆节恢复了宣讲《佛说盂兰盆经》的法会，以至于广大信众愿意在这一天打斋供众，并按照当地的风俗习惯，或布施还愿，或放生，或求受三皈五戒、听法师讲经，或请僧人打普佛等。

3．成道节（腊八节）

农历十二月初八，是纪念释迦牟尼成佛的节日。腊八节又称腊日祭、腊八祭、王侯腊或佛成道日，原来是古代欢庆丰收、感谢祖先和神灵的祭祀仪式，除祭祖敬神的活动外，人们还要驱疫。这项活动来源于古代的傩。史前时代的医疗方法之一即驱鬼治疾。作为巫术活动的腊月击鼓驱疫之俗，今在湖南新化等地区仍有留存。后演化成纪念佛祖释迦牟尼成佛的宗教节日。夏代称腊日为"嘉平"，商代为"清祀"，周代为"大蜡"。因在十二月举行，故称该月为腊月，称腊祭这一天为腊日。先秦的腊日在冬至后的第三个戌日，南北朝开始才固定在腊月初八。

"腊者，逐疫迎春"，腊八节又谓之"佛成道节"，亦名"成道会"，实际上可以说是十二月初八为腊日之由来。据传，佛教创始人释迦牟尼修行深山，静坐六年，饿得骨瘦如柴，曾欲弃此苦，恰遇一牧羊女，送他乳糜，他食罢盘腿坐于菩提树下，于十二月初八之日悟道成佛，为了纪念而始兴"佛成道节"。中国信徒出自虔诚，遂与"腊日"融合，方成"腊八节"，并同样举行隆重的礼仪活动。

4．涅槃节

纪念释迦牟尼佛逝世的节日。释迦牟尼一生传道说法45年，足迹遍布恒河两岸。他在

80岁那年在拘尸那加城外的娑罗双树林中逝世。这一天是二月十五日,后来被佛教徒尊为"涅槃节"。

涅槃在佛教教义中是指修佛的最高境界。达摩有"涅槃者,涅而不生,槃而不死"之论,此既涅槃"空"境。涅槃原意是火的熄灭或风的吹散状态,意译为灭、灭度、寂灭、安乐、无为、不生、解脱、圆寂。含义有多种:熄除烦恼业因,灭掉生死苦果,生死因果都灭,而人得度,故称灭或灭度;众生流转生死,皆由烦恼业因,若熄灭了烦恼业因,则生死苦果自熄,名为寂灭或解脱;永不再受三界生死轮回,故名不生;惑无不尽,德无不圆,故又称圆寂;达到安乐无为,解脱自在的境界,称为涅槃。

此外,中国还有许多佛菩萨的节庆,在这些节日期间,大部分的寺院也会举行纪念仪式,诵持与佛菩萨相关的经典或礼拜忏仪等。如代表欢喜的弥勒菩萨圣诞,正值新春佳节,一般寺院均举行礼拜千佛法会,象征迎接弥勒菩萨早日降诞成佛,并以此贺年。观世音菩萨以其大慈大悲、救苦救难的广大悲愿,受到民间普遍信奉,因此观音菩萨圣诞、出家、成道纪念日,一般寺院均举行观音七,或礼拜大悲忏,或举行有关观音菩萨雕塑、画像展等修持、纪念活动。另外,在民间也会举行规模庞大的观音庙会等节庆活动。在药师佛、阿弥陀佛圣诞时,寺院则举行三至七天的佛七或药师法会。

中国的佛教节庆,不但展现佛菩萨慈悲智能的精神,也反映佛教与中国民间固有思想、习俗相互融合发展的信仰特色。

(三)佛教弟子之行仪

佛教弟子是指学佛的七众弟子,即比丘、比丘尼、式叉摩那尼、沙弥、沙弥尼、优婆塞、优婆夷。佛教弟子之行仪主要有以下两种。

(1)合十为佛教徒常用的礼节。左右双手合掌,十指并拢,置于胸前,身体微躬,以表示由衷的敬意。

(2)五体投地为佛教最高礼节。"五体"指头、两肘和两膝。按佛教规矩,在行顶礼时,要五体投地。其具体做法是:立正合掌,先以右手撩衣,屈两膝并着地,两肘着地,接着头着地,最后两手掌翻上承尊者之足。礼毕,收顶头,收两肘,收两膝,起立。藏传佛教的五体投地礼则幅度更大。

非佛教弟子者,进入佛教之地时也要注意遵守佛教基本礼节,以示对佛教的尊重。

(1)入寺。入寺门后,不宜中央直走,进退俱当顺着个人的左臂迤边行走,入殿门里,帽及手杖须自己提携,或寄放为佳,万不可向佛案及佛座上安放。

(2)拜佛。大殿中央拜垫是寺主用的,不可在上礼拜,宜用两旁的垫凳,分男左女右拜用,凡有人礼拜时,不可在其头前行走。

(3)阅经。寺中若有公开阅览的经典,须先净手,放案上平看,不可握着一卷,或放在膝上。衣帽等物尤不可放在经上。

(4)拜僧。见面称法师,或称大和尚,忌直称为"出家人"、"和尚"。与僧人见面常见的行礼方式为两手合一,微微低头,表示恭敬,忌握手、拥抱、摸僧人头等不当礼节。向他顶礼时,假若他说一礼,不可再继续强拜,凡人礼佛、坐禅、诵经、饮食、睡眠、经行、入厕的时候,俱不可向他礼拜。

(5)法器。寺中钟鼓鱼磬,不可擅敲,锡杖衣钵等物,不可戏动。

（6）听经。随众礼拜入座，如自己后到，法师已经升座，须向佛顶礼毕，向后倒退一步，再向法师顶礼。入座后，不向熟人招呼，不得坐起不定、咳嗽谈话。如不能听毕，但向法师行一合十，肃静退出，不得招手他人使退。

四、佛教的禁忌

佛教的禁忌，是以佛教的教义弘扬和事业兴盛为目的。佛教自传入中国后，同各地的民俗、文化相融合，形成不同的禁忌。皈依佛门的人，无论在家、出家，为了发慈悲心，增长功德，都要持佛教的戒律。

（一）基本戒律："五戒十善"

"五戒"，就是杀生戒，偷盗戒，邪淫戒，妄语戒，饮酒戒。

"十善"实际上是五戒的分化和细化，分为身、语、意三业的禁忌，其内容如下。①身体行为的善（禁忌）：不杀生，不偷盗，不邪淫。②语言方面的善（禁忌）：不妄语，不两舌，不恶口，不绮语。③意识方面的善（禁忌）：不贪欲，不嗔恚，不邪见。

（二）饮食禁忌

1. 过午不食

按照佛教教制，比丘每日仅进一餐，后来也有进两餐的，但必须在午前用毕，过午则不能进食。在东南亚一带，僧尼和信徒一日两餐，过了中午不能吃东西，午后只能喝白开水。在我国汉族地区，因需要在田里耕作，体力消耗较大，晚上非吃东西不可，所以少数寺庙里开了"过午不食戒"，但晚上所吃的东西称为药食。

2. 不吃荤腥

荤食和腥食在佛门中是两个不同的概念。荤专指葱、蒜、辣椒等气味浓烈、刺激性强的东西，因为吃了这些东西不利于修行，所以为佛门禁食。腥则指鱼、肉类食品。东南亚国家僧人多信仰小乘佛教，或者到别人家托钵乞食，或是由附近人家轮流送饭，无法挑食，所以无论素食、肉食，只能有什么吃什么。我国大乘佛教的经典中有反对食肉的条文，汉地僧人是信奉大乘佛教的，所以汉族僧人和很多在家的居士都不吃肉。在我国内蒙古自治区和西藏自治区，僧人虽然也信奉大乘佛教，但是由于气候和地理原因，缺乏蔬菜，所以食肉。但无论食肉与否，大、小乘教派都禁忌荤食。

此外，佛教还要求僧人不饮酒、不吸烟。不饮酒也包括不饮一切能麻醉人的饮料，比如粳米酒、果酒、大麦酒、啤酒等。麻醉神经与分泌系统的各种"毒品"更在禁忌之列。吸烟虽然不是五戒范围的内容，但吸烟是一种具有精神依赖性的不良习惯或嗜好，体现了一种精神追求和贪欲，同佛教要求的清净无我的境界不相符，因此吸烟当然也是佛教的禁忌之一。不吃零食也是佛教对僧人的要求，这既是僧人威仪的需要，也是僧人的修行需要。所以，同出家人共处时，不宜向僧人敬烟；同桌就餐时，不宜将素菜荤叫，不宜对僧人敬酒、劝酒或者劝吃肉，也不宜提议同僧人干杯（茶、饮料等）。

（三）其他禁忌

1. 交往禁忌

佛教徒内部不行握手礼节，不要主动伸手与僧众相握，尤其注意不要与出家的尼众握手。非佛教徒对寺院里的僧尼或在家的居士行礼,以合十礼为宜。

2. 行为禁忌

寺庙历来被佛教视为清净圣地,所以,非佛教徒进入寺庙时,衣履要整洁,不能着背心、打赤膊、穿拖鞋。当寺内要举行宗教仪式时,不能高声喧哗以及做出其他干扰宗教仪式或程序的举动。未经寺内执事人员允许,不可随便进入僧人寮房以及其他不对外开放的坛口。另外,为保持佛门清净,严禁将一切荤腥及其制品带入寺院。

3. 祭拜禁忌

入寺拜佛一般要烧香,这是为了通过袅袅香烟扶摇直上,把诉诸佛的"信息"传递给众佛。在拈香时要注意香的支数,由于佛教把单数看成吉数,所以烧香时,每炷香可以有很多支,但必须是单数。

4. 国别禁忌

在缅甸,佛教徒忌吃活物,有放生与不杀生的习俗。忌穿鞋进入佛堂及一切神圣的地方。他们认为制鞋用的是皮革,是杀生所得,并且鞋子踏在脚下是肮脏的物品,会玷污圣地,受到报应。在日本,有佛事的祭祀膳桌上禁忌带腥味的食品,同时忌食牛肉。忌妇女接触寺庙里的和尚,忌妇女送东西给和尚。在泰国,佛教徒最忌讳别人摸他们的头。即使是大人对小孩的抚爱也忌讳摸头顶,因为按照传统的佛俗,认为头部是最高贵的部位,抚摸或其他有关接触别人头部的动作都是对人的极大侮辱。同时还忌讳当着佛祖的面说轻率的话。佛教徒购买佛饰时忌说"购买",只能用"求租"或"尊请"之类的词,否则被视为对佛祖的不敬,会招来灾祸。在中国,佛教徒忌别人随意触摸佛像、寺庙里的经书、钟鼓以及活佛的身体、佩戴的念珠等被视为"圣物"的东西。

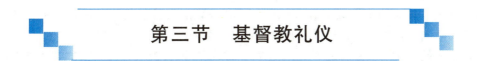

第三节　基督教礼仪

一、基督教的由来

基督教发端于公元1世纪巴勒斯坦地区犹太人的生活和信仰环境,公元1至5世纪基督教创立并从以色列传向希腊罗马文化区域。313年,君士坦丁大帝颁布米兰诏书,基督教成为罗马帝国所允许的宗教。391年,罗马皇帝狄奥多西一世宣布基督教为国教。基督教是全球信仰人数最多的教会,其教义的主要依据是基督教经典《圣经》。

按照基督教经典的说法,基督教的创始人是耶稣,出生在巴勒斯坦北部的加利利的拿撒勒,母亲名叫玛利亚,父亲叫约瑟。他于30岁左右(公元1世纪30年代)开始在巴勒斯坦地区传教。耶稣声称,他的来临不是要取代犹太人过去记载在旧约圣经中的律法,而是要成全它。耶稣思想的中心,在于"尽心尽意尽力爱上帝"及"爱人如己"两点。耶稣传道,宣讲天国的福音,劝人悔改,转离恶行。他的教训和所行的"神迹",在民众中得到极大回应。这使得

罗马帝政下的犹太教祭司团大受影响,深深感到自己地位不保,所以要把他除之而后快。后来门徒犹大告密,罗马帝国驻犹太的总督彼拉多将耶稣逮捕。耶稣受尽打骂侮辱,最后被钉在十字架上而死。依据其门徒们的说法,耶稣死后第三天从石窟坟墓中复活了,坟墓空了,他又多次向满心疑惑的门徒们显现。门徒们渐渐确信耶稣真的复活了,是胜过死亡的救主。在耶稣升天超离这世界的时空后,他的门徒们开始热心宣扬耶稣的思想,并且宣告他是复活得胜死亡的主。

信徒们组成彼此相爱、奉基督之名敬拜上帝的团体,就是基督教会。耶稣复活的这一天成为后世的复活节(每年春分以后又逢月圆的第一个星期日)。教会将12月25日定为耶稣的生日,亦即圣诞节(耶稣出生的日子已不可考)。

二、基督教的派系

基督教在广义上是奉耶稣基督为救世主的各教派的总称。

1054年,教督教分裂为东正教与天主教两大派系。16世纪,天主教内部发生反对教皇统治的马丁·路德宗教改革,分化出称为新教的一些宗派。从此,基督教分为天主教、正教(即东正教)、新教三大派系及其他小派系。在中国,基督教通常专指新教,又称耶稣教。

(1)天主教。天主教是基督教的主要宗派之一,又称公教,自明朝时就沿用的名称"天主教",已成为其正式的中文代名词。在基督教的所有公教会之中,罗马公教会(罗马天主教会)的会众最为庞大。

(2)东正教。东正教又称正教会或正统教会,是指依循由东罗马帝国所流传下来的基督教传统的教会,目前也是第二大教派,信徒主要分布在希腊、土耳其、俄罗斯、白俄罗斯、乌克兰、罗马尼亚、保加利亚、塞尔维亚等国。"正教"的希腊语(Orthodxia)意思是正统。与天主教不同,正教由一些被称为"自主教会"或"自治教会"的地方教会组成。这些教会彼此独立,但有着共同的信仰。

(3)新教。新教即基督教新教,汉语意为"基督教的新教会或新教派";或根据德国、英国、法国等欧洲宗教改革中心地区主要语言中对应单词的原意译为抗议宗、抗罗宗、反罗宗、反对教、誓反教、更正教、改新教等,也经常被直接称作"基督教",是与"公教"、"正教"并列的基督教三大派别之一。

三、基督教礼仪的表现形式

《新约·彼得前书》中写道:"务要尊敬众人,亲爱教中的弟兄。"礼仪在基督教中是尊重他人、彰显修养的主要形式。

(一)称谓礼仪

(1)牧师。拉丁文原意为"牧羊人",因耶稣自称"牧人",用"羊群"比喻信徒,故基督教大多教派称具有圣职的教牧人员为"牧师"。负责牧灵工作,管理教会事务,起"引导"作用,牧师是宗教职业者。

(2)长老。是由本教信徒推选的代表,负责管理教会事务,主要源自长老会(加尔文宗)。现有两种:一种是行政长老,专管教会行政事务;另一种是"按手"长老,专事辅佐牧师牧养信徒。现在的长老主要是从执事中推选,其职责仅限于本堂及所属聚会点,经本省两会同意,也可以牧养教导信徒,主持圣礼。

(3) 执事。源自《新约·使徒行传》,原意为"仆役",是由信徒推选出来帮助办理教会事务的信徒。执事非终身任职,注重服务和关怀工作。

(4) 传教士。我国称为"教士",其主要任务是辅佐牧师传道、管理堂点,牧养教导信徒。也有人称教士为布道员、传道员、传教师、传导员等。

(5) 义工传道员。是受过一定神学教育或培训的传道人员,可以讲道及牧养信徒。

(6) 信徒。一般是指经过牧师正式"领洗"的基督教教徒。

(7) 慕道友。未经牧师"领洗"的信教群众。

(8) 同工。基督教教牧人员之间的互相称呼。

(9) 同道。基督教信徒之间的互相称呼。

(10) 兄弟。基督教男信徒之间的互相称呼。

(11) 姊妹。基督教女信徒之间的互相称呼。

(二) 主要节日

1. 圣诞节

圣诞节是基督教各教派共同遵守的第一大圣节,在每年12月25日举行。《圣经》中并没有记载耶稣诞生的具体日子,也没有发现公元4世纪以前有关圣诞节具体日期的记录。在罗马基督徒习用的历书中发现公元354年12月25日页上记录着一句话:"基督降生在犹大的伯利恒。"一般认为把这天定为圣诞节始于公元336年的罗马教会,现在已被全世界大多数人所接受,已发展成为欧美一些基督教国家的节日。由于1月6日是古代教会纪念耶稣再次显现自己神性的"显现节",遂将12月25日至次年1月6日定为"圣诞节节期"。从12月24日日落开始,称为"圣诞夜"。当天举行圣诞礼拜,演出圣诞剧,再现耶稣降生的情景等。

圣诞老人是庆祝圣诞不可缺少的一位人物。据说他名叫尼古拉,生前是小亚细亚每拉城的主教,乐善好施,经常帮助穷人,死后被尊为圣徒,是一位身穿红袍、头戴红帽、慈眉善目、银发白须的老人,如今已成为吉祥如意的象征。圣诞树顶上的"圣诞星",象征当年耶稣降生时引导"东方三博士"到伯利恒来朝拜圣婴的引路星。圣诞节时人们互赠圣诞贺卡,印上有关耶稣降生的图画以及祝愿的话。

2. 复活节

复活节是基督教各教派共同遵守的第二大圣节,时间为每年春分第一次月圆后第一个主日,每年推算一次。为纪念耶稣受难后第三天即安息日的次日(周日)复活,基督徒在复活节举行隆重的礼拜,庆祝耶稣复活。复活节早晨,信徒们见面第一句话就是彼此报告"主复活了!"日出时,信徒们聚集在一起面向太阳高唱复活节赞美诗,还要在树丛或草丛中寻找象征生命、幸运的复活节彩蛋。

(二) 主要仪式

1. 洗礼

洗礼是入教者必须领受的第一件圣事,受了洗礼者才算是正式教徒,受洗者一般须于受洗前接受一段时间的基本教义培训并经口试(称为"考信德")及格。洗礼方式一般分为点水礼和浸礼两种。点水礼由牧师用手蘸"圣水"(经过祈祷祝圣的清水)点在受洗者额上,并念"奉圣父、圣子、圣灵的名,为你施洗",有的还蘸水在受洗者额上画一个十字架"圣号"。浸礼多数在教堂特设的"浸礼池"中举行。牧师和受洗者都立在水中,由牧师扶住受洗人快速在水中浸一下全身,并说"奉圣父、圣子、圣灵的名,为你施浸"。洗礼表示受礼者"悔改信主",并经圣水"洗净罪过"。

2. 礼拜

礼拜是基督教最经常举行的礼仪,一般每星期日举行一次,多由牧师主领。除这种经常性礼拜外,也有特殊的礼拜,如为死者举行的追思礼拜、在某特定节日举行的节日礼拜。有的教会有固定化的礼拜程式和固定祷文。一般教会礼拜的主要程式是由牧师向信众讲道——引用《圣经》中的某些章节来宣传教义。有的程式比较自由,没有主领人讲道,而由与会者即席作"见证"——讲述亲身的经历来证明《圣经》的真理。祈祷也无固定祷文,祷告末尾大都说"这都是靠着我主耶稣基督的功劳",然后全体参加礼拜者说"阿门"(意为"诚心所愿"),有的人在听到领祷者说到他所特别赞成的话时,也会说"阿门"。

3. 祈祷

祈祷俗称祷告,是指基督徒向上帝和耶稣表示感谢、赞美、祈求或认罪的行为。祈祷包括口祷和默祷两种形式,个人可以独自在家进行,也可以在聚会时,由牧师或神父作为主礼人。祈祷者应始终保持必要的仪态,维系一种"祭神如神在"的虔诚。礼毕,须称"阿门"。

4. 告解

告解俗称"忏悔",是天主教的圣事之一,是耶稣为赦免教徒在领洗后所犯的罪过,使他们重新得到恩宠而订立的。忏悔时,教徒向神父或主教告明所犯罪过,并表示忏悔。神父或主教对教徒所告请罪指定补赎方法,并为其保密。

除此之外,基督教还有一些常见的仪式。例如,基督教为教徒实行见证和为教职人员授予圣职时,把手按在领受者头上,并念诵经文,称为按手礼。基督教徒结婚时要举行婚礼,有请牧师证婚的习惯。在教堂内举行时,由牧师祈求上帝恩赐,祝福婚姻美满,白头偕老。基督教徒死后,举行殡葬礼,在火化之前由家属请牧师到家里为死者祈祷赎罪,欢送回"天国"。基督教徒家里死人不悲哀、不痛哭,他们认为死后回到天国是高兴的事。

同步思考

祷告和忏悔有何关联,两者又如何区分?

理解要点:祷告是指基督教徒向上帝和耶稣表示感谢、赞美、祈求或认罪的行为,忏悔是祷告的一种。

四、基督教的禁忌

基督教并没有一整套烦琐的用以规范信徒信仰和生活的清规戒律。对此,《圣经》中有一句话颇有代表性:"凡事我都可行,但不都有益处;凡事我都可行,但无论哪一件,我总不受它的辖制。"荣神益人是信徒言行的总则。基督教的禁忌主要表现在以下几个方面。

(一) 忌对婚姻不忠

根据《圣经》中伊甸园的记叙，基督教认为：第一，婚姻是神圣的，因为婚姻的起源是创造主自己；第二，婚姻应以一夫一妻为原则，上帝为亚当创造夏娃即表明这一道理。既然婚姻是神圣的，要求做到一夫一妻，因此基督教不主张离婚。基督教传统认为，离婚的前提是一方犯淫乱的罪。圣经中提到离婚的另一个可被允许的情形是，为信仰不同之故，一方自愿离去。

(二) 忌食血

不能把动物的血作为食物，其原因是血象征生命，是旧约献祭礼仪上一项重要的内容。而且，新约把血的作用解释为耶稣基督在十字架上流血舍命而带给人的救赎能力。血既然有如此重要的意义，所以出于纪念，不吃血成为《圣经》对基督徒的一种要求。勒死的牲畜也在基督教禁食之物之列，这与禁食动物血的禁忌是一脉相承的。因为勒死（包括病死，或其他非宰杀原因而死）的动物的血液未流出，已被吸收于肉中，故以不食为妙，当然也包含卫生的因素。

(三) 禁止看相、算命、占卜和占星术（星象学）等

因为这些行为除了相信一种上帝之外的干预人生的神秘力量外，还有一种宿命论倾向。基督教认为，每个人都是上帝所爱，都有自己的意志选择权，上帝不强加意志给人，而让人自愿选择人生道路，每个人又当为自己选择的行为负责。

忌讳崇拜除上帝以外的偶像。向基督徒赠送礼品，要避免上面有其他宗教的神像或者其他民族所崇拜的图腾。要尊重基督徒的信仰，不能以上帝起誓，更不能拿耶稣开玩笑。

(四) 守斋禁食

基督徒有守斋的习惯。基督教规定，教徒每周五及圣诞节前夕只食素菜和鱼类，不食其他肉类。天主教还有禁食的规定，即在耶稣受难节和圣诞节前一天，只吃一顿饱饭，其余两顿只能吃得半饱或者更少。基督徒在饭前往往要进行祈祷，如和基督徒一起用餐，要待教徒祈祷完毕后，再拿起餐具。

(五) 忌讳13和星期五

基督徒讨厌"13"这个数字和"星期五"这一天。在基督徒眼中"13"和"星期五"是不祥的，要是13日和星期五恰巧是同一天，他们常常会闭门不出。在这些时间，千万别打扰他们。

究其缘由，耶稣基督与门徒进行最后的晚餐时，出席的门徒一共有13个，其中一个门徒名叫犹大，是第13个加入到这顿晚餐之中的。正是他出卖了耶稣基督，使得犹太人因为犹大而蒙羞。至于星期五，从基督教传统意义上说，则是因为耶稣基督于星期五被钉上十字架，而使得人们感到害怕。此外，还有一些神学家说，最初的亚当与夏娃，是在星期五吞食了禁果的，人类历史上第一次爆发的大洪水，也是从星期五开始的。很多基督徒不会在星期五开始什么新项目，也不会在星期五出远门，因为他们害怕事情如果是开始于星期五，那从开始就会有厄运伴随。

> **教学互动**
>
> 互动问题：带领游客参观基督教堂时该注意哪几点？
> 要求：
>   1. 教师不直接提供上述问题的答案，引导学生结合本节教学内容，就这些问题进行独立思考、自由发表见解，组织课堂讨论。
>   2. 教师把握好讨论节奏，对学生提出的典型见解进行点评。

第四节　伊斯兰教礼仪

一、伊斯兰教的由来

伊斯兰教最初是阿拉伯人的宗教，诞生于 7 世纪初叶的阿拉伯半岛中西部商业重镇麦加，其后仅短短数十年时间，阿拉伯人便在新的宗教旗帜下迅速统一了阿拉伯半岛，并且向外扩张，建立了地跨亚非欧三大洲的阿拉伯帝国，使伊斯兰教变为世界性宗教。经历了 1300 多年的发展，现今伊斯兰教已传播至世界五大洲，拥有信众 10 亿人左右，并有 40 多个国家奉其为国教，特别是在亚非许多国家中，伊斯兰教对社会政治和文化有深远的影响。

唐宋时期(7 世纪至 13 世纪)伊斯兰教传入中国并发展起来。从元代开始，伊斯兰教成为与其他宗教并行的独立宗教信仰，它的基础是元代形成的几个信仰伊斯兰教的民族，即回族、撒拉族、东乡族，此外就是新疆地区皈依伊斯兰教的维吾尔族。由蒙古、回、汉、藏等民族混血形成的保安族，在 17 世纪时也接受了伊斯兰教。元代中国境内大部分地区都有穆斯林居住区，这时的穆斯林已不是唐宋时的"化外之民"，而是具有本土意识的穆斯林。此后伊斯兰教的发展是随着穆斯林人口的增长而发展的。

二、伊斯兰教的派系

伊斯兰教有逊尼派和什叶派两个主要教派。"逊尼"和"什叶"都音译自阿拉伯语，前者意为"道路"，指在穆罕默德之后，接受艾布·伯克尔、欧麦尔、奥斯曼和阿里四大哈里发所确立的行为规范和准则；后者意为"追随者"，特指第四大哈里发阿里的追随者。

在伊斯兰社会的领导权问题上，逊尼派承认四大哈里发和以后的伍麦叶王朝、阿拔斯王朝以及奥斯曼土耳其帝国哈里发的合法性；什叶派则认为只有阿里是穆罕默德的合法继承人，伊斯兰社会应该由阿里及其后裔领导，他们被尊称为伊玛目。

在教义方面，什叶派将信伊玛目作为基本信条之一，而逊尼派对此却不予承认。由于在伊玛目的数目和人选上存在分歧,什叶派又分为不同支派。其中的主流为十二伊玛目派,此外还有伊斯玛仪派、宰德派等派。

在历史上,什叶派形成了包括大阿亚图拉、阿亚图拉和霍贾特伊斯兰在内的宗教学者等级制度,这在逊尼派里是没有的。什叶派规定信徒必须追随一位宗教学者,这使得高级宗教学者具有巨大的社会影响力。

目前,逊尼派约占世界穆斯林总数的90%,什叶派约占10%。什叶派占人口多数的国家包括伊朗、伊拉克、巴林和阿塞拜疆,在黎巴嫩、也门、土耳其、沙特、阿联酋、科威特、叙利亚、阿富汗、印度和巴基斯坦等国也有一定数量。

三、伊斯兰教礼仪的表现形式

穆斯林应遵守伊斯兰教的道德规范,约束自己的言行。《古兰经》是伊斯兰教的唯一经典,也是指导穆斯林行为规范的范本。

(一) 称谓礼仪

(1) 哈里发。是伊斯兰教先知穆罕默德逝世后继续执掌政教大权者的称谓,原意为代理者、继任人。《古兰经》说,安拉创造人祖阿丹及以后的先知、善人均为他在"大地上的代理者",故哈里发还有替安拉治世之意。中国有些地区穆斯林把门宦创始人的继任者也称哈里发。

(2) 阿訇。是中国伊斯兰教教职称谓,波斯语的音译,旧译阿衡、阿洪。原为伊斯兰学者、宗教家和教师之意。在中国信仰伊斯兰教的各少数民族中,也是对具有伊斯兰教专业知识者的通称,维吾尔族穆斯林称为毛拉。凡在清真寺里学习多年且经学水平和道德操守都合格的人,经举行"挂帐"或"穿衣"仪式(毕业)后,即可受聘到清真寺任职,称为开学阿訇。因其讲经传教,主持宗教仪式,料理宗教活动,故又称教长。不任职者称为散班阿訇,也可应邀为穆斯林群众举行宗教仪式。

(3) 赫蒂布。是伊斯兰教教职的称谓。阿拉伯语的音译,意为宣讲者、劝教人。又译哈推卜、海提布。后专指在主麻日或节日向穆斯林宣讲伊斯兰教义的人,其宣讲词称"呼图白",故又称赫蒂布为念呼图白的人。在阿拉伯语中,赫蒂布与沙义尔(诗人)词义相近。在古代阿拉伯人中,赫蒂布是部落的谋士,被认为是智慧的化身,代表部落与敌方谈判。穆罕默德攻克麦加后,常以赫蒂布身份对公众宣讲教义,主持礼拜。直到正统哈里发时期仍然保持这一传统。故当时赫蒂布曾与领袖同义。后来逐渐成为世袭的教职,有薪俸,代表伊玛目接受新信徒。各教派对赫蒂布的宣讲地点及听众范围有不同的规定和限制。现在各清真寺均设有赫蒂布,较大的清真寺可设数名。在中国伊斯兰教史上,赫蒂布系"三道制"之一。

(4) 满拉。是中国伊斯兰教清真寺经堂学校学生的称谓。旧译"满喇"、"曼拉"。一说系阿拉伯语"毛拉"的变异,一说为突厥语"蒙拉"的转音,原意均为"伊斯兰学者"。在中国专指"求学的人",即清真寺经堂学校的学生。"满拉"的称谓,主要流行于陕、甘、宁、青等省区,其他地区则称"海里凡",系阿拉伯语"哈里发"(意为代理人、继承者)的转音。中国穆斯林取其"代圣传教者"、"宗教接班人"的意思。

(5) 穆艾津。指的是伊斯兰教宣礼师,即清真寺中按时呼唤信徒做礼拜的人。在中国,亦称念"邦克"的人,意为呼唤者、传布公告者,通常同穆艾津没有区别。

(二) 主要节日

1. 开斋节

伊斯兰教教历 10 月 1 日为开斋节,我国穆斯林称肉孜节、大尔代节。穆斯林在开斋节要净身、理发、剪指甲、穿新衣、吃枣子。到清真寺举行会礼,要去时、回时走不同的路,较富裕的穆斯林要施舍。会礼后,亲友互访,互赠礼品,举行庆祝活动。

2. 古尔邦节

古尔邦节亦称"宰牲节"。伊斯兰教教历 12 月 8 日至 10 日为古尔邦节,清真寺举行会礼。宰牲献祭,牲畜肉分三份,一份送亲友,一份施舍,留一份自食。亲友间互相拜会。古尔邦节的意义是学习易卜拉欣经受了考验,安拉改命易卜拉欣以绵羊作牺牲。

3. 圣纪节

圣纪节又称圣忌节,阿拉伯语称"冒路德节",与"开斋节"、"古尔邦节"并称伊斯兰教三大节日,在伊斯兰教教历 6 月 8 日举行,相传这天为穆罕默德的逝世日。为缅怀其功德,举行纪念活动,主要包括诵经、赞圣和讲述他的生平事迹。当日,穆斯林前往清真寺听教长、阿訇讲经,然后游玩一天,有的还宰杀牛羊,设宴聚餐。

(三) 主要仪式

1. 念功

念功的内容就是要教徒公开口诵:"除安拉外别无神灵,穆罕默德是安拉的使者。"伊斯兰教把这一信条作为信仰的基础和核心。

2. 礼拜(拜功)

伊斯兰教规定,教徒一天必须做五次礼拜:破晓时一次,叫晨礼;中午一次,叫晌礼;下午一次,叫晡礼;日落后一次,叫昏礼;入夜后一次,叫宵礼。每周五午后集中到清真寺内作集体礼拜,谓之"聚礼",阿拉伯语称"主麻"。礼拜时面向麦加的"克尔白"。

3. 斋戒(斋功)

伊斯兰教规定,每年都必须封斋一个月,封斋日期在伊斯兰教教历的 9 月,这个月称"斋月"。

4. 纳天课(课功)

这是伊斯兰教以神的名义征收的一种课税,是由初期的施舍发展而来的。它建立在阿拉这样一种观念的基础上,即认为这个世界上的财富是不洁净的,只有在把它部分地退给真主而使之洁净的条件下,才可以占有和使用。

5. 朝觐(朝功)

伊斯兰教规定,凡身体健康、经济条件允许的穆斯林,一生之内至少应到"圣地"麦加朝觐"克尔白"一次。朝觐在伊斯兰教教历每年 12 月上旬举行,朝圣的最后一天——12 月 10 日为宰牲节。朝圣的仪式十分繁杂,说法也不尽一致,大致过程如下。朝圣的第一个活动是受戒。朝圣者在进入麦加前,脱去平时衣服,改用两块白布遮身,一块披上身,一块遮下体(女子依然穿平时的衣服),不理发、不修容、不剪指甲,表示返古归朴,接近安拉。进入圣地后,不许争吵,不许伤害生灵。朝圣时,朝圣者排队绕"克尔白"黑石缓缓而行,亲吻黑石,表示接触了安拉,从此得到了安拉的宥赦,后世可进天国了。瞻吻黑石后,朝圣者要到索法和麦而韦两个小山之间疾行,以示感恩当年安拉赐水给阿拉伯人的始祖伊司马义,也表示对古圣先贤之怀念。然后所有朝圣者在此集中举行隆重的宗教仪式,第二天——12月10日,过古尔邦节。至此,算是完成了朝觐的功修。此外,到麦地那参拜穆罕默德的陵墓,也往往成为朝觐的一个内容。

四、伊斯兰教的禁忌

(一) 饮食禁忌

伊斯兰教对饮食有严格的规定。不食猪和不反刍的猫、狗、马、驴、骡、鸟类以及没有鳞的水生动物等。不食自死的动物、非穆斯林宰杀的动物、动物的血。穆斯林宰杀牲畜,要念经祈祷,采用断喉见血的方式,不用绳勒棒打、破腹等屠宰法。不食生葱、生蒜等有异味的东西。伊斯兰教禁止饮酒。

(二) 言行禁忌

忌在人前袒胸露背,忌在背后诽谤他人,忌别人在自己家里吸烟喝酒;保持道路清洁,不能在地上乱丢脏物,尤其是有害于人类的东西。信仰伊斯兰教的回族人喜爱绿色和白色,沐浴、洗漱用流动的水,视左手为不洁净,禁止用右手处理污秽事物;一般不说"猪"字,而说"亥";说故去的人为"亡人",说人去世为"无常"。去世的人忌用绫罗绸缎等一切丝织品,忌放一切陪葬品,用土葬;过春节不放鞭炮,不贴对联。

(三) 服饰禁忌

伊斯兰教在服饰方面的基本原则是顺乎自然,不追求奢华,讲究简朴、洁净、美观。其服饰禁忌主要有:禁止男性穿戴丝绸服饰以及佩戴金银等奢侈品,维护男性的勇敢和英雄气概,不要有软弱和女性的特征,放弃奢侈挥霍和放荡,从而根治来自人性的炫耀。至于妇女,她们可以享受金子和丝绸的装饰,这是为了确保女性的特征,满足妇女爱好装饰、取悦于丈夫的天性。但严禁妇女在外显露美姿和服饰(伊斯兰教认为妇女除两手、双足及面部外,其余身体部位均为羞体,不能暴露给丈夫和至亲以外的男子);严禁改变人类原造的矫饰行为,例如锉牙、刺青等,这种做法应受诅咒,是因为会改变安拉的原造,不满意安拉的前定,《古兰经》把这种改变称为来自恶魔的启示,因为恶魔致力于使其追随者迷误;忌讳穆斯林穿外教服装,禁止男子模仿妇女、妇女模仿男子的行为和装束,等等。

(四) 婚姻禁忌

伊斯兰教反对独身主义,主张男大当婚、女大当嫁,认为婚姻不单是男女双方为了满足情欲而进行的一种结合,而且是一个人对自己、家庭、社会、人类生存延续负有责任的重要行为,也是一个穆斯林遵从主命、履行先知穆罕默德教诲的具体表现。因而伊斯兰教积极提倡男女健康、合法的婚姻,禁止非法同居和私通等性关系。同时,为了防止混淆血缘、乱伦等不道德现象,在婚嫁方面规定了一些禁忌,主要有:严禁与有相近血缘、亲缘、婚缘和乳缘关系的人结婚,禁止与外教人结婚,严禁娶有夫之妇,禁止视离婚为儿戏,等等。

同步思考

伊斯兰教与佛教在对饮食的规定上有什么区别?
理解要点:从特殊节日饮食、饮食方式、饮食禁忌等方面思考。

教学互动

互动问题:佛教、基督教、伊斯兰教在宗教礼仪上的共同点是什么?

内容提要

本章讲述了宗教礼仪概述、佛教礼仪、基督教礼仪、伊斯兰教礼仪四部分内容。

本章首先介绍了宗教及宗教礼仪的概念、宗教礼仪的类别和功能。宗教礼仪主要有物象礼仪、示象礼仪、意象礼仪。宗教能够存在的最起码的条件有三个,即神,人,以及人和神的关系。宗教礼仪用以沟通人和神的关系,是信仰的主体和客体的中介和桥梁。于是人们规定了一套对神灵崇拜的仪式来表现人和神之间的关系,企图用祭祀、崇拜、祈祷、赞颂等仪典讨好神灵,影响神灵的意志,使之多赐福、少降灾。在这时,人和神的关系建立起来,真正意义上的宗教得以产生。所以,宗教礼仪和宗教是同时产生的。

佛教、基督教和伊斯兰教是世界三大宗教。本章分别从各类宗教的由来、派系、礼仪形式和禁忌四个方面来展开介绍。

核心概念

宗教　宗教礼仪　佛教　基督教　伊斯兰教

重点实务

佛教礼仪、基督教礼仪、伊斯兰教礼仪的知识在旅游服务中的运用。

知识训练

一、简答题

1. 什么是宗教礼仪?它的类别和功能有哪些?

2. 佛教礼仪的主要表现形式有哪些？禁忌有哪些？

3. 基督教礼仪的主要表现形式有哪些？禁忌有哪些？

4. 伊斯兰教礼仪的主要表现形式有哪些？禁忌有哪些？

二、讨论题

为什么我们要了解宗教礼仪知识？它对我们的旅游服务工作有何帮助？请结合自己的所见所闻展开讨论。

能力训练

一、理解与评价

我国一些国际大酒店在新员工培训中有一个"主要宗教礼仪知识"的板块，不仅要认真学习，而且考核还非常严格，有些员工认为这是小题大做，你对此如何理解？

二、案例分析

背景与情境：《环球时报》2015年6月一篇题为《中国游客在泰国形象调查：80%受访者非常不满》中写道："自去年12月中国游客大闹泰国亚航机舱以来，中国游客的'斑斑劣迹'频见网络和报端。今年2月，有媒体爆料，因部分中国游客不注重厕所清洁卫生，位于泰北小城清莱的白庙一度针对中国游客贴出禁令。没过几日，拍摄自清迈素贴山双龙寺的一段视频流出，显示一名说普通话的游客脚踢寺庙铜钟。这则视频在泰国社交媒体上迅速扩散，激起'黄袍佛国'民众的集体愤怒。今年3月，一名泰国模特在脸谱上发布视频，称自己在韩国济州机场排队等候退税时，中国游客不懂礼貌、强行插队，再次引发中泰网友激辩。"

问题：

1. 从这则新闻中，我们联想到了泰国佛教礼仪中的哪些禁忌？除文中所提到的，你还知道哪些？

2. 近些年来，随着中国民众经济水平的不断提升，以及中国人出境游人数的不断增加，有关中国人素质的问题反映也越来越多，其中也涉及一些宗教礼仪的问题，对待这些问题，你如何看？你对出境游的中国人有哪些建议？

推荐阅读 Recommended

1.《你的礼仪价值百万》(周思敏著,中国纺织出版社,2010年出版)

本书全面介绍了现代礼仪知识,把现代人应知应会的实用礼仪一网打尽。其语言魅力、交谈精髓让你无论是在个人交往中,还是在社会交往中,都将有所领悟,受用无穷。仔细地品读这本书吧!它会为你提供丰富的精神食粮,让你成为一个言谈得体、举止优雅的人。

2.《玩转职场的10条社交策略》(刘汉编著,中国华侨出版社,2011年出版)

为职场新人简述职场上的社交策略,详尽而生动地阐述了与不同群体交往的社交技巧,指出职场人在社交中的误区。语言精练、叙述生动、案例丰富、条分缕析,对刚刚进入社会的青年人具有非常重要的指导意义。

3.《现代交际礼仪实训教程》(张岩松、唐召英主编,清华大学出版社,2011年出版)

其内容体系是根据企事业单位日常交际活动所涉及的各方面礼仪而设定的,分为个人形象礼仪、日常交际礼仪、交际活动礼仪三大项目,每个项目下设若干个工作任务,各个具体任务分别为仪容、服饰、仪态、会面、通信、宴请、职场、交谈、涉外、会务、服务等。

4.《礼仪常识全精通》(孟庆强主编,中国纺织出版社,2011年出版)

本书分析了在日常礼仪中必须注意的上千个细节,内容新颖、全面、丰富,涵盖个人礼仪、社交礼仪、职场礼仪、商务礼仪、生活礼仪、饮食礼仪、民族礼仪、家庭礼仪、涉外礼仪等各个方面。这是一本增进礼仪修养的黄金读物,让你在熟悉、掌握并合理运用各种礼仪的基础上,拥有自信、得体、优雅的举止,成为光彩照人、人见人爱的人。

5.《魅力说话技巧》(美人沙龙编著,夏易恩绘图,万卷出版公司,2010年出版)

68个美人说话术,让你成为人见人爱的魅力女王!本书通过简单明了的图表与插画,解析女性的社交礼仪与用语,让你不仅人漂亮,话说得更漂亮!

6.《人际沟通技巧》(范文琼、丰晓流主编,华中科技大学出版社,2009年出版)

本书之价值,在于它像一部循序渐进的教科书,从初级的倾听、表达技巧,到高级的语言技巧,直至社交、家庭和公共场合的沟通技巧,可以说已将人际沟通的技巧一网打尽。

7.《110个国家的礼仪风俗》(林隆主编,中国城市出版社,2010年出版)

本书按照世界各洲分类,介绍了110个主要国家的礼仪与风俗情况,是目前国内介绍世界国家礼仪风俗最多、最全的图书。

参考文献

[1] 徐兆寿.旅游服务礼仪[M].北京:北京大学出版社,2013.
[2] 金丽娟.旅游礼仪[M].天津:天津大学出版社,2011.
[3] 袁平.旅游礼仪实务[M].上海:上海交通大学出版社,2012.
[4] 薛群慧,邓永进,庄新成.现代旅游接待礼仪[M].北京:北京大学出版社,2006.
[5] 舒伯阳,刘名俭.旅游实用礼貌礼仪[M].天津:南开大学出版社,2008.
[6] 胡柳.现代礼仪[M].上海:上海交通大学出版社,2015.
[7] 王亚欣,刘玉春.宗教文化旅游学[M].北京:中央民族大学出版社,2014.
[8] 魏凯,李爱军.旅游服务礼仪与实训[M].北京:中国旅游出版社,2014.
[9] 牟红,杨梅.旅游礼仪实务[M].北京:清华大学出版社,2008.
[10] 杨会兰.现代礼仪实操教程[M].北京:北京大学出版社,2011.
[11] 滕新贤.新编礼仪教程[M].北京:新华出版社,2014.
[12] 徐美萍.现代礼仪[M].上海:上海大学出版社,2010.
[13] 雷晶.旅游礼仪[M].武汉:武汉理工大学出版社,2010.
[14] 陆明义.中华传统礼仪文化常识[M].郑州:中州古籍出版社,2014.
[15] 李思凡.基督教文化概览[M].武汉:武汉大学出版社,2014.
[16] 谢炳国.基督教仪式与礼文[M].北京:宗教文化出版社,2013.

教学支持说明

全国高等职业教育旅游大类"十三五"规划教材系华中科技大学出版社"十三五"规划重点教材。

为了改善教学效果,提高教材的使用效率,满足高校授课教师的教学需求,本套教材备有与纸质教材配套的教学课件(PPT电子教案)和拓展资源(案例库、习题库、视频等)。

为保证本教学课件及相关教学资料仅为教材使用者所得,我们将向使用本套教材的高校授课教师和学生免费赠送教学课件或者相关教学资料,烦请授课教师和学生通过邮件或加入旅游专家俱乐部QQ群等方式与我们联系,获取"教学课件资源申请表"文档并认真准确填写后发给我们,我们的联系方式如下:

E-mail:lyzjjlb@163.com

旅游专家俱乐部 QQ 群号:306110199

旅游专家俱乐部 QQ 群二维码:

群名称:旅游专家俱乐部
群　号:306110199

教学课件资源申请表

填表时间：_____年___月___日

1. 以下内容请教师按实际情况写，★为必填项。
2. 学生根据个人情况如实填写，相关内容可以酌情调整提交。

★姓名		★性别	□男 □女	出生年月		★职务		
						★职称	□教授 □副教授 □讲师 □助教	

★学校		★院/系	
★教研室		★专业	
★办公电话		家庭电话		★移动电话	
★E-mail（请填写清晰）		★QQ号/微信号	
★联系地址		★邮编	

★现在主授课程情况	学生人数	教材所属出版社	教材满意度
课程一			□满意 □一般 □不满意
课程二			□满意 □一般 □不满意
课程三			□满意 □一般 □不满意
其 他			□满意 □一般 □不满意

教 材 出 版 信 息			
方向一		□准备写 □写作中 □已成稿 □已出版待修订 □有讲义	
方向二		□准备写 □写作中 □已成稿 □已出版待修订 □有讲义	
方向三		□准备写 □写作中 □已成稿 □已出版待修订 □有讲义	

请教师认真填写表格下列内容，提供索取课件配套教材的相关信息，我社根据每位教师/学生填表信息的完整性、授课情况与索取课件的相关性，以及教材使用的情况赠送教材的配套课件及相关教学资源。

ISBN（书号）	书名	作者	索取课件简要说明	学生人数（如选作教材）
			□教学 □参考	
			□教学 □参考	

★您对与课件配套的纸质教材的意见和建议，希望提供哪些配套教学资源：